国家民委铸牢中华民族共同体意识
古籍整理出版书系

黄带子的功名
《宗室贡举备考》整理与研究

王学深 著

光明日报出版社

**图书在版编目（CIP）数据**

黄带子的功名：《宗室贡举备考》整理与研究 / 王
学深著 . -- 北京：光明日报出版社，2025. 1. -- ISBN
978-7-5194-8368-5

Ⅰ. D691. 46

中国国家版本馆 CIP 数据核字第 2025PK8505 号

黄带子的功名：《宗室贡举备考》整理与研究

HUANGDAIZI DE GONGMING：《ZONGSHI GONGJU BEIKAO》ZHENGLI YU YANJIU

著　　者：王学深

责任编辑：房　蓉　　　　　　　　责任校对：郭玫君　温美静
封面设计：刘　丽　　　　　　　　责任印制：曹　诤
封面剪纸：初春枝　　　　　　　　封底篆刻：李苏先

出版发行：光明日报出版社
地　　址：北京市西城区永安路 106 号，100050
电　　话：010-63169890（咨询），010-63131930（邮购）
传　　真：010-63131930
网　　址：http://book.gmw.cn
E - mail：gmrbcbs@gmw.cn
法律顾问：北京市兰台律师事务所龚柳方律师

印　　刷：三河市华东印刷有限公司
装　　订：三河市华东印刷有限公司
本书如有破损、缺页、装订错误，请与本社联系调换，电话：010-63131930

开　　本：889mm×1194mm　1/16
字　　数：285 千字　　　　　　　　印　　张：15
版　　次：2025 年 1 月第 1 版　　　印　　次：2025 年 1 月第 1 次印刷
书　　号：ISBN 978-7-5194-8368-5

定　　价：98. 00 元

国家古籍工作规划项目
全国少数民族古籍工作"十四五"规划重点项目

2023 年度国家民委民族研究后期资助项目
"《宗室贡举备考》整理与研究"（2023-GMH-033）研究成果

中国政法大学青年拔尖人才
培养支持计划研究成果

# 作者简介

　　王学深，现任中国政法大学人文学院副教授，硕士生导师，中国政法大学青年拔尖人才。主要从事清代政治史和科举史研究。在《清史研究》《历史档案》《华侨华人历史研究》《国际汉学》等期刊发表论文50余篇，多篇被《新华文摘》《人大复印报刊资料》《历史与社会》等期刊转载。主持国家社科基金中华学术外译课题、全国高等院校古籍整理研究工作委员会直接资助课题、国家民委后期资助课题等。

# 国家民委铸牢中华民族共同体意识古籍整理出版书系

# 总　序

党的十八大以来，习近平总书记立足于中国统一多民族国家的基本国情，在深刻把握中华民族伟大复兴战略全局和世界百年未有之大变局的基础上，提出了铸牢中华民族共同体意识的重大原创性论断，为我们做好新时代党的民族工作指明了方向。铸牢中华民族共同体意识，是习近平总书记关于加强和改进民族工作的重要思想的核心要义。习近平总书记在2021年8月召开的中央民族工作会议上强调，做好新时代党的民族工作，要把铸牢中华民族共同体意识作为党的民族工作的主线，引导各族人民牢固树立休戚与共、荣辱与共、生死与共、命运与共的共同体理念。铸牢中华民族共同体意识是新时代党的民族工作的"纲"，所有工作要向此聚焦。

一部中国史，就是一部各民族交融汇聚成多元一体中华民族的历史，就是各民族共同缔造、发展、巩固统一的伟大祖国的历史。中华文明上下五千年，各民族你中有我、我中有你，共同创造和积累了丰富多彩的历史文化，留下了卷帙浩繁的古籍文献。自1984年全面启动以来，少数民族古籍工作伴随着改革开放的伟大征程，走过了近40年的风风雨雨，在抢救、保护、普查、整理、翻译、出版、研究、利用等方面取得了一系列显著成就，有效服务了民族团结进步事业和中国特色社会主义文化建设。

在国家民委党组的正确领导下，我们坚持以习近平总书记关于加强和改进民族工作的重要思想为行动指南，充分发挥"组织、协调、联络、指导"职能，召集全国各地的少数民族古籍工作部门和相关领域的专家学者进行认真谋划、充分论证。大家一致认为，面向新时代，必须在铸牢中华民族共同体意识的视野下，为全国少数民族古籍整理研究工作的升级转型搭建平台，探索新路。由此，我们在《中国少数民族古籍集成》、《中国少数民族古籍总目提要》等以往重大项目的成功经验基础上，策划了"国家民委铸牢中华民族共同体意识古籍整理出版书系"重点出版项目（以下简称"书系"），计划整理出版一批蕴含丰富民族团结进步思想内涵的古籍精品，为中华民族史研究、构筑中华民族共有精神家园提供更多的一手资料和历史见证，激励各族人民共同团结奋斗、共同繁荣发展。"书系"的建设得到了全国同仁的响应和支持，内蒙古、广西、云南等地少数民族古籍工作部门积极投入第一批试点。

古籍是中国传统文化的结晶。只有坚持创造性转化、创新性发展，才能"以古人之规矩，开自己之生面"，使其融入社会主义文化强国建设。为此，"书系"在内容上，着重体现了以下三点。一是记录各族人民共同缔造伟大祖国的历史进程。如体现民族地区自古以来就是我国领土不可分割的一部分的有力证据；体现中央对民族地区治理的文献档案等；体现各族群众心向中央，维护祖国统一和领土完整的人物事迹、传说故事等。二是展现各民族交往交流交融的生动事实。如生动体现"汉族离不开少数民族，少数民族离不开汉族，各少数民族之间也相互离不开"的具体事例等。三是丰富中华优秀传统文化的璀璨宝库。如收录在相关领域具有重大、特殊价值，符合历史文物性、学术资料性、艺术代表性标准，能有效提高我国文化软实力、增强文化自信、扩大国际专业领域话语权的珍贵古籍文献等。

"书系"收录的书目，在类型上以少数民族古籍为主，兼顾汉文古籍。整理民族文字古籍时，兼顾其原生性、学术性、时代性，在采取影印、校勘、辑佚、注释、标点、编目等传统模式的基础上，贯彻落实关于学习使用好国家通用语言文字的相关精神，附上现代汉语注释或译文。具备条件的，采用"四行对译"（民族古文字、国际音标、直译、意译）的国际通行标准，以便于在各族群众中推广普及。"书系"除以实体书形式出版外，还将紧跟信息化建设步伐，把相关资料和音视频等加以归纳汇总，逐步开发制作成数据库，实现更深层次的研究利用和开放共享。

胸怀千秋伟业，恰是百年风华。"书系"启动之时，正值中国共产党百年华诞。作为铸牢中华民族共同体意识的生动实践，"书系"将陆续出版，与大家见面。让我们团结携手，共同进步，汇聚起实现中华民族伟大复兴的磅礴力量！

国家民委全国少数民族古籍整理研究室

2021年11月15日

# 前　言

　　《宗室贡举备考》是清代宗室进士瑞联编纂的一部记录乾隆十年（1745）至光绪十二年（1886）间清代宗室科举乡会试情况的著述，是现存不多见的记载清代少数民族科举情况的古籍文献，不仅对我们了解清代宗室旗人的科举功名、旗分、族分、辈分等情况具有重要借鉴意义，而且凸显出清朝统治者在科举备考方面的"融合性"和"共同性"。

　　瑞联（1830—1892），字睦莘，室名清荫堂，是清太祖努尔哈赤第七子饶余敏亲王阿巴泰的后裔。瑞联于咸丰三年（1853）中式三甲第二十六名进士，先后任察哈尔都统、热河都统、绥远城将军、杭州将军、工部尚书、兵部尚书等职，并曾充任光绪癸未科会试总裁，咸丰庚申会试同考官，咸丰戊午、辛酉顺天乡试同考官，同治乙丑浙江乡试主考官。光绪九年（1883）因病去职。瑞联认为，由于各种《题名录》没有刻本刊行，随着时间的推移，宗室科举的成绩将淹没于历史之中，即"恐日久无可稽考，无以见宗室人才之盛，即无以见朝廷教育之隆"。所以，光绪十三年（1887）夏，在家养病的瑞联召集门人绵达斋、太史荣晴川和孝廉宝琛、宝丰两位侄辈分任编辑。瑞联在伯父所录版本的基础上"复详加厘定，正其讹误，补其缺略"。经过四个月的编纂工作，书籍完成，取名《宗室贡举备考》。

　　有清一代，清代帝王准许宗室参加科举的谕令时行时止，有所反复。自康熙至乾隆年间，共允许宗室参加三科考试，时间很短，而开科的重要原因在于宗室人口日繁，无仕进之阶。但开科不久，康熙帝和乾隆帝均相继发布上谕，停止宗室科试。直至嘉庆四年（1799），亲政后的嘉庆帝下谕重新准许宗室参加科举考试，并将这一制度常规化，一直沿用至清末。然而，由于诸多原因，现存的各种清代科举文献记载宗室科举情况的较少，而《宗室贡举备考》则详细记录了清代宗室进士和举人的旗籍、支脉、族别和官绩，极为有益地补充了现存各种史料对于清代宗室科举记述的缺失，对于读者深入了解清代宗室科举情况具有重要帮助作用。需要说明的是，按清制，宗室是指清太祖努尔哈赤之父、显祖宣皇帝塔克世的后裔。据乾隆朝《大清会典》卷1《宗人府》载，"凡天潢宗派以显祖宣皇帝本支为宗室，伯叔兄弟之支为觉罗。宗室束金黄带，觉罗束红带"。因此，本书书名以"黄带子的功名"指代清代宗室的科举功名与成绩。

　　《宗室贡举备考》是学界研究清代宗室群体和科举文化的一扇窗口。本著作将通过对该文献的整理与研究工作，进一步挖掘科举类古籍文献的价值，充分发挥历史文献的精神文化集成功能，不仅可以为学界开展进一步研究奠定基础，而且可以凸显清朝时期中华民族多元一体的特征，更好地推动民族学、科举学和中国史研究的多元交融发展。

王学深　谨识

2024年1月于北京

# 目　录
CONTENTS

# 清代宗室科举与《宗室贡举备考》研究

有清一代，朝廷准许宗室参加科举的谕令时行时止，有所反复。自康熙至乾隆年间，共允许宗室参加三科考试，时间很短，而开科的重要原因在于宗室人口日繁，无仕进之阶。但开科不久，康熙帝和乾隆帝相继发布上谕，停止宗室科试，而停科的原因就在于他们认为天潢贵胄与庶民一同应试，有失身份与体统。至嘉庆四年（1799），亲政后的嘉庆帝下谕重新准许宗室参加科举考试，并将这一制度常规化，一直沿用至清末。

## 一、康熙、雍正、乾隆三帝在宗室开试与停试间徘徊

康熙三十六年（1697），康熙帝考虑到宗室人口繁衍日盛，除去通过袭封、恩封、功封等途径赐予爵位者，其他闲散宗室日渐增多，无考试晋升之途。有鉴于此，康熙帝认为宗室内也有卓越之才，可以同满汉士子一体竞逐科场。这样一来，宗室内会人人效仿读书应试之途，不仅可以振兴文教，提升皇室的文化声望，而且可以体现敦睦宗族之意。在这一背景下，康熙帝谕宗人府和礼部，首次准许宗室参加科举。史载：

> 国家乐育人才，振兴文教，将使海内英隽之士，靡不蒸蒸蔚起。矧宗室子弟，系托天潢，岂无卓越之姿！足称令器，允宜甄陶奖掖，俾克有成。考诸前史，以公族应制举入仕者，代不乏人。今属籍所载，日益繁衍，除已授爵秩人员外，闲散子姓，素无职业，诚恐进取之途未辟，致向学之意渐堕。嗣后八旗宗室子弟，有能力学属文，奋志科目，应令与满洲诸生一体应试，编号取中，如此则赋质英异者咸服习于诗书，而学业成就者，不沮抑于仕进。凡属宗支，人人得以自效，而于朕兴贤睦族之至意，亦用是以允惬焉。尔等衙门即遵谕行。①

但是，仅仅三年后，康熙帝便停止了宗室应试科举的做法，其说辞是宗室子弟不需要通过科举应试以谋求生路，朝廷自会加恩宗室，即所谓"宗室朕数加恩，何患无官？"。②通过此谕，我们可以感受到康熙帝认为宗室应科举有失皇室身份，因此还是希望通过恩封，

---

① 《光绪朝大清会典事例》卷329，中华书局1991年版，第896页。
② 《光绪朝大清会典事例》卷329，中华书局1991年版，第896页。

以全宗室晋身之路。不过，通过考察康熙三十六年至康熙三十九年间的进士题名录和光绪《顺天府志》，可以发现这三年内不仅没有宗室子弟成功会试中式，就是在顺天府乡试中也榜上无名，这可能展现出了宗室子弟的学识水平尚不足以在科场上与满汉士子一较高下，故而令康熙帝看清以科举广宗室仕进之路的想法行不通，所以很快便终止了宗室参加科举的政策，且终康熙朝宗室再无应试机会。

雍正二年（1724），雍正帝再次提出宗室应试的问题，他认为宗室没有什么升迁的途径，除了被选为大臣、侍卫外，并无他途可循。但他也考虑到宗室子弟若与民籍士子一体应试"亦非体统"，故而自己放弃了让宗室参加科举考试的想法，转而以增加笔帖式额缺等方式令宗室子弟补缺，并在左右翼各设立了两所宗学，一为满学，一为汉学，分别教习骑射与汉籍文化，却再次将宗室拒绝于科举考试的大门之外。

乾隆八年（1743），礼部带领宗人府考试之宗室玉鼎柱觐见，乾隆帝非常欣慰，谕令准许玉鼎柱与乙丑贡士一体殿试。[①]这使得宗室参加科举之事出现了转机，也被视为"宗室会试之始"。[②]虽无明文谕旨，但实际上乾隆帝同意了宗室参加科举考试。乾隆九年（1744），乾隆帝再发谕旨，要求每五年考试左右翼宗学，凡属于一、二等之列，往年考取一等的宗室，及在家于宗学肄业的闲散宗室都可以参加考试，由乾隆帝钦定名次，并由礼部带领引见。研习翻译科的宗室与八旗翻译贡士一起引见，赐进士，以府属额外主事用，而"习汉文者，与天下贡士同殿试，赐进士甲第有差"。[③]通过此谕，似乎宗室科举之路已经打通。在此背景下，乾隆十年（1745）中式乙丑科三甲第九十名的宗室达麟图成为首位宗室文进士，而且乾隆十年、十三年（1748）均有宗室进士产生，可以说乾隆开启了宗室科举登科之门。

然而，乾隆十七年（1752），乾隆帝突然下谕"宗室等不应乡会试"，毅然地关停了这条宗室的科举之路。乾隆帝给出的理由也很简单，就是强调效法皇祖康熙帝和皇考雍正帝的做法，不变更祖制。同时，乾隆帝将偶然允准宗室与试的旨意委过于臣工"并未声明"。其谕旨言：

> 皇祖、皇考均有明旨。后因条奏，复令宗室等应乡会试。彼时宗人府总理事务王大臣并未声明，草率照覆，实属错误。嗣后仍遵皇祖、皇考原降谕旨，将宗室等乡会

---

① 中国第一历史档案馆藏《为考取之宗室玉鼎柱等俱准作进士与会试中式之人一体殿试引见嗣后俱照此例行事》，乾隆八年三月初二日，档案号：03-18-009-000005-0003。

② （清）赵尔巽等纂：《清史稿》卷108，中华书局1977年版，第3161页。

③ 《光绪朝大清会典事例》卷329，中华书局1991年版，第897页。

试及选庶吉士之例永行停止，再不可条陈考试。宗室内如果有学问优长者，自施恩录用也。①

乾隆帝的谕旨措辞强硬，"永行停止""再不可条陈"等字眼使没有王公大臣敢再上呈建议开宗室科举之禁。据《清稗类钞》所载，乾隆帝停宗室科举也可能是因为宗室进士达麟图的失仪行为，其文载"后达（达麟图）以侍班失仪罢，遂停文科目"②，以致《清高宗实录》中有宗室达麟图"人殊可厌"的记载。但无论原因为何，乾隆朝宗室的出路问题又回到了康熙朝的老路上，乾隆帝对本已松动的宗室科举政策，再次予以拒绝。

## 二、宗室应试的定制与完善

自乾隆十七年（1752）停止宗室科试，47年后事情才迎来了转机。嘉庆四年（1799），刚刚亲政的嘉庆帝在诸多方面展开革新，被时任国子监祭酒的法式善视为"嘉庆新政"。在科举考试方面，嘉庆帝认为应该恢复宗室参加科举考试的权利，以广宗室仕进之路，并通过读书改化宗室的气质。宫崎市定在论述清代宗室参加科举时言："宗室就是皇族，他们有自己的出身，本不需要通过平民性质的科举与底层考生比试文笔的优劣。但是，放任不管就会助长懒惰的风气，甚至逐渐沦为无能的游民。"③正是基于以上目的，嘉庆帝明发谕旨规定，自嘉庆六年（1801）辛酉恩科以后，在京宗室和盛京宗室均可参加科举考试，并将其定为一项常规化的政策。嘉庆四年（1799）的谕旨言：

> 宗室向有会试之例，后经停止。敬惟皇考圣意，原因宗室当娴习骑射，以存满洲旧俗。恐其专攻文艺，沾染汉人习气，转致弓马生疏。然自停止考试以后，骑射亦未能精熟。天潢支派繁衍，自当仍准应试，广其登进之路，兼可使读书变化气质，不至无所执业，别生事端。且应试之前，例应阅射马步箭，方准入场。于骑射原不致偏废。旧制宗室俱不由乡举，径赴会试，未免过优。嗣后，宗室应考者，自辛酉科为始，与生监一体乡试，应定中额，著礼部核议奏闻，候朕酌定。④

至此，令清初执政者犹豫的宗室应试科举之事尘埃落定，并成为一项制度，而此时距清朝入关已经155年了。从谕旨中我们可以得出几条有用的信息：第一，朝廷准许宗室参

---

① 《光绪朝大清会典事例》卷329，中华书局1991年版，第898页。
② （清）徐珂：《清稗类钞》第2册，中华书局1984年版，第630页。
③ （日）宫崎市定：《科举史》，大象出版社2020年版，第134页。
④ 《光绪朝大清会典事例》卷329，中华书局1991年版，第898页。

加会试，要从乡试考起；第二，应考乡试、会试之前，宗室也要考试骑射技术，以存旧俗；第三，嘉庆帝准许宗室应试的原因是天潢贵胄人口日益繁衍，通过皇帝恩封、赏赐已经不能满足宗室的需要；第四，准许宗室应试的目的之一是要使宗室通过读书改变气质，提高文化水平，不致闲散无业，游手好闲，惹是生非。出于以上几点考虑，宗室科举之路最终开通，但是由于要从乡试考起，故每科中进士之宗室数量不多。依照嘉庆帝谕旨，军机大臣会同宗人府和礼部快速厘定了宗室乡会试规制，特别强调了应试资格和文试前的武试环节。按定制，宗室在官学读书，及在家读书愿应乡试者，由宗人府考试马箭、步箭，合格者奏派王公大臣复试，再由稽察宗学大臣汇考，文理通顺者录送宗人府，由宗人府造册送顺天府乡试，若乡试中式，再造册送礼部。盛京宗室马箭、步箭由盛京将军复试、录科，考取后由宗人府造册送顺天府乡试，若中式，再造册送礼部。史载"宗室应试请照八旗例由宗人府考试马步箭挑取合式者奏请简派王大臣覆试后再行录科，其奉天宗室由宗学考试马步箭合式者就近咨送奉天将军覆试录科送京"。①

嘉庆五年（1800），朝廷恩准宗室应试文试乡会试之后，嘉庆帝又议准宗室参加翻译科乡会试，史载"嗣后凡遇考试翻译乡会试之年，宗室亦照文场乡会试之例办理"。②为此，礼部议定顺天府翻译乡试每满20名宗室应试方准入闱单科开考，而会试中每满9名宗室应试，取中2名。参加翻译乡会试的宗室也要仿照文试例，在考试之前，由宗人府考试骑射，合格者咨送顺天府乡试、礼部会试。在宗室参加的乡会试过程中，宗室以红色"宗"字号单独编号，按钦定数额取中。

恢复宗室科举后，首科乡试为嘉庆六年（1801）的辛酉科。自此每科乡会试，宗室都单独设定中额以录取宗室举人、宗室进士，其中乡试每科为7~9人，会试每科中额为2~4人（见表1）。据汪承霈等奏报，嘉庆六年（1801）首科宗室乡试共有63人参加，中举7名，即录取比例为1∶9。又经过嘉庆七年（1802）壬戌科会试和殿试两场考试，以及刘墉、董诰、那彦成、刘权之、朱珪、英和、初彭龄、彭元瑞八位读卷官的裁定，首科会试中式的宗室进士为果齐斯欢、慧端和德明阿三人。在昭梿所著《啸亭杂录》中，对嘉庆朝宗室开科后第一科所中三位宗室进士做了说明，言"壬戌中果齐斯欢、慧端、德明阿三人。果为郑恭王胞侄，惠为简良王曾孙，德即良祭酒子，皆入词林，一时称盛"③。

---

① 《清仁宗实录》卷75，嘉庆五年十月壬戌。
② （清）奎润等纂，李兵、袁建辉点校：《钦定科场条例》，岳麓书社2020年版，第1131页。
③ （清）昭梿：《啸亭杂录》，中华书局1980年版，第34页。

表1 清代宗室乡会试科举中额

| 年份 | 科次 | 乡会试 | 中额 |
|------|------|--------|------|
| 嘉庆六年 | 辛酉科 | 乡试 | 7 |
| 嘉庆七年 | 壬戌科 | 会试 | 3 |
| 嘉庆九年 | 甲子科 | 乡试 | 8 |
| 嘉庆十年 | 乙丑科 | 会试 | 2 |
| 嘉庆十二年 | 丁卯科 | 乡试 | 8 |
| 嘉庆十三年 | 戊辰科 | 会试 | 4 |
| 嘉庆十三年 | 戊辰恩科 | 乡试 | 7 |
| 嘉庆十四年 | 己巳恩科 | 会试 | 3 |
| 嘉庆十五年 | 庚午科 | 乡试 | 8 |
| 嘉庆十六年 | 辛未科 | 会试 | 3 |
| 嘉庆十八年 | 癸酉科 | 乡试 | 8 |
| 嘉庆十九年 | 甲戌科 | 会试 | 3 |
| 嘉庆二十一年 | 丙子科 | 乡试 | 8 |
| 嘉庆二十二年 | 丁丑科 | 会试 | 3 |
| 嘉庆二十三年 | 戊寅恩科 | 乡试 | 8 |
| 嘉庆二十四年 | 己卯恩科 | 会试 | 4 |
| 嘉庆二十四年 | 己卯科 | 乡试 | 8 |
| 嘉庆二十五年 | 庚辰科 | 会试 | 4 |
| 道光元年 | 辛巳恩科 | 乡试 | 8 |
| 道光二年 | 壬午恩科 | 会试 | 4 |
| 道光二年 | 壬午科 | 乡试 | 8 |
| 道光三年 | 癸未科 | 会试 | 4 |
| 道光五年 | 乙酉科 | 乡试 | 9 |
| 道光六年 | 丙戌科 | 会试 | 4 |
| 道光八年 | 戊子科 | 乡试 | 8 |
| 道光九年 | 己丑科 | 会试 | 4 |
| 道光十一年 | 辛卯恩科 | 乡试 | 8 |
| 道光十二年 | 壬辰恩科 | 会试 | 3 |

续表

| 年份 | 科次 | 乡会试 | 中额 |
|---|---|---|---|
| 道光十二年 | 壬辰科 | 乡试 | 7 |
| 道光十三年 | 癸巳科 | 会试 | 3 |
| 道光十四年 | 甲午科 | 乡试 | 6 |
| 道光十五年 | 乙未科 | 会试 | 3 |
| 道光十五年 | 乙未恩科 | 乡试 | 7 |
| 道光十六年 | 丙申恩科 | 会试 | 2 |
| 道光十七年 | 丁酉科 | 乡试 | 5 |
| 道光十八年 | 戊戌科 | 会试 | 2 |
| 道光十九年 | 己亥科 | 乡试 | 4 |
| 道光二十年 | 庚子科 | 会试 | 2 |
| 道光二十年 | 庚子恩科 | 乡试 | 4 |
| 道光二十一年 | 辛丑恩科 | 会试 | 2 |
| 道光二十三年 | 癸卯科 | 乡试 | 5 |
| 道光二十四年 | 甲辰科 | 会试 | 2 |
| 道光二十四年 | 甲辰恩科 | 乡试 | 5 |
| 道光二十五年 | 乙巳恩科 | 会试 | 2 |
| 道光二十六年 | 丙午科 | 乡试 | 4 |
| 道光二十七年 | 丁未科 | 会试 | 2 |
| 道光二十九年 | 己酉科 | 乡试 | 5 |
| 道光三十年 | 庚戌科 | 会试 | 2 |
| 咸丰元年 | 辛亥恩科 | 乡试 | 5 |
| 咸丰二年 | 壬子恩科 | 会试 | 2 |
| 咸丰二年 | 壬子科 | 乡试 | 5 |
| 咸丰三年 | 癸丑科 | 会试 | 2 |
| 咸丰五年 | 乙卯科 | 乡试 | 5 |
| 咸丰六年 | 丙辰科 | 会试 | 2 |
| 咸丰八年 | 戊午科 | 乡试 | 4 |
| 咸丰九年 | 己未科 | 会试 | 2 |

| 年份 | 科次 | 乡会试 | 中额 |
|---|---|---|---|
| 咸丰九年 | 己未恩科 | 乡试 | 4 |
| 咸丰十年 | 庚申恩科 | 会试 | 2 |
| 咸丰十一年 | 辛酉科 | 乡试 | 3 |
| 同治元年 | 壬戌科 | 会试 | 2 |
| 同治元年 | 壬戌恩科 | 乡试 | 4 |
| 同治二年 | 癸亥恩科 | 会试 | 2 |
| 同治三年 | 甲子科 | 乡试 | 5 |
| 同治四年 | 乙丑科 | 会试 | 2 |
| 同治六年 | 丁卯科 | 乡试 | 4 |
| 同治七年 | 戊辰科 | 会试 | 2 |
| 同治九年 | 庚午科 | 乡试 | 5 |
| 同治十年 | 辛未科 | 会试 | 2 |
| 同治十二年 | 癸酉科 | 乡试 | 7 |
| 同治十三年 | 甲戌科 | 会试 | 2 |
| 光绪元年 | 乙亥恩科 | 乡试 | 7 |
| 光绪二年 | 丙子恩科 | 会试 | 2 |
| 光绪二年 | 丙子科 | 乡试 | 6 |
| 光绪三年 | 丁丑科 | 会试 | 2 |
| 光绪五年 | 己卯科 | 乡试 | 5 |
| 光绪六年 | 庚辰科 | 会试 | 2 |
| 光绪八年 | 壬午科 | 乡试 | 6 |
| 光绪九年 | 癸未科 | 会试 | 2 |
| 光绪十一年 | 乙酉科 | 乡试 | 7 |
| 光绪十二年 | 丙戌科 | 会试 | 2 |
| 光绪十四年 | 戊子科 | 乡试 | 7 |
| 光绪十五年 | 己丑科 | 会试 | 3 |
| 光绪十五年 | 己丑科 | 乡试 | 7 |
| 光绪十六年 | 庚寅科 | 会试 | 3 |

续表

| 年份 | 科次 | 乡会试 | 中额 |
|---|---|---|---|
| 光绪十七年 | 辛卯科 | 乡试 | 6 |
| 光绪十八年 | 壬辰科 | 会试 | 3 |
| 光绪十九年 | 癸巳科 | 乡试 | 5 |
| 光绪二十年 | 甲午科 | 会试 | 3 |
| 光绪二十年 | 甲午科 | 乡试 | 5 |
| 光绪二十一年 | 乙未科 | 会试 | 3 |
| 光绪二十三年 | 丁酉科 | 乡试 | 5 |
| 光绪二十四年 | 戊戌科 | 会试 | 3 |

资料来源：奎润等纂，李兵、袁建辉点校《钦定科场条例》，岳麓书社2020年版，第38—41页。《清德宗实录》，中华书局1986年版。

表2　清代宗室翻译乡会试科举中额[①]

| 年份 | 科次 | 乡会试 | 中额 |
|---|---|---|---|
| 嘉庆七年 | 壬戌科 | 乡试 | 8 |
| 嘉庆八年 | 癸亥科 | 会试 | 2 |
| 嘉庆九年 | 甲子科 | 乡试 | 9 |
| 嘉庆十年 | 乙丑科 | 会试 | 2 |
| 嘉庆十二年 | 丁卯科 | 乡试 | 8 |
| 嘉庆十三年 | 戊辰科 | 会试 | 3 |
| 嘉庆十三年 | 戊辰恩科 | 乡试 | 7 |
| 嘉庆十四年 | 己巳恩科 | 会试 | 2 |
| 嘉庆十五年 | 庚午科 | 乡试 | 9 |
| 嘉庆十六年 | 辛未科 | 会试 | 3 |
| 嘉庆十八年 | 癸酉科 | 乡试 | 9 |
| 嘉庆十九年 | 甲戌科 | 会试 | 2 |
| 嘉庆二十一年 | 丙子科 | 乡试 | 7 |
| 嘉庆二十二年 | 丁丑科 | 会试 | 2 |

---

① 嘉庆二十四年（1819），因宗室参加翻译乡试人数过少而暂行停止。咸丰十一年（1861）奏准，将宗室翻译乡会试并入八旗一体同题考试。

| 年份 | 科次 | 乡会试 | 中额 |
|---|---|---|---|
| 嘉庆二十三年 | 戊寅恩科 | 乡试 | 6 |
| 嘉庆二十四年 | 己卯恩科 | 会试 | 2 |

资料来源：奎润等纂，李兵、袁建辉点校《钦定科场条例》，岳麓书社2020年版，第1146-1147页。

开科后的第二科顺天府乡试，参加科举的宗室人数进一步上升。据吏部题本奏称，嘉庆九年（1804）共有85名宗室入闱乡试，钦定取中8名举人，录取比约为1：10.6。[①]而这一录取比例也随着宗室参加乡试人数的增多和中额的降低而进一步下降。特别是从道光朝中期至咸丰朝，宗室乡试录取比大体维持在1：16~1：17。直到光绪朝，宗室中式率才大体回升到嘉庆朝水平。笔者就所见档案，将宗室乡试录取率兹录如下：

道光十二年（1832）壬辰科乡试，宗室入场114人，取中7名，录取比约为1：16.3。道光十四年（1834）甲午科乡试宗室入场113人，取中6名，录取比约为1：18.8。道光十五年（1835）共计118名宗室入闱顺天乡试，取中7名，录取比约为1：16.9。道光十七年（1837）丁酉科宗室乡试入场81名，取中5名，录取比为1：16.2。[②]道光二十年（1840）庚子科乡试宗室入场64名，录取4名，录取比为1：16。道光二十三年（1843）癸卯科宗室入场81名，录取5名，录取比为1：16.2。道光二十四年（1844）甲辰科入闱宗室94人，取中5名，录取比为1：18.8。道光二十六年（1846）丙午科入闱宗室78名，取中4人，录取比降至1：19.5。[③]道光二十九年（1849）己酉科乡试宗室入场81人，取中5名，录取比为1：16.2。咸丰元年辛亥恩科宗室入闱83人，取中5名，录取比为1：16.6。咸丰二年（1852），入闱顺天乡试的宗室达85名，录取人数为5人，录取比为1：17。咸丰五年（1855）乙卯科乡试宗室入场83人，录取5名，录取比为1：16.6。咸丰八年（1858）戊午科乡试宗室入场64人，取中4名，录取比为1：16。咸丰九年（1859）入场62名，取中4名，录取比为1：15.5。[④]咸丰十一年（1861），顺天乡试入闱宗室45名，取中3名，录取

---

① 台北史语所藏：《内阁大库档案》，《吏部移会稽察房莫瞻菉等奏为本年八月甲子科宗室乡试准至公堂移称入场实在人数共八十五名所有取中额数请旨钦定一折奉旨此次宗室乡试著取中八名》，嘉庆九年八月，登录号：147286。

② 台北故宫博物院藏：《宫中档道光朝奏折》，《何凌汉等奏为今岁丁酉科宗室乡试取中额数请旨训示遵行》，道光十七年八月十九日，档案号：405001082。

③ 台北故宫博物院藏：《宫中档道光朝奏折》，《卓秉恬奏报道光二十六年丙午科宗室乡试取中额数奏请钦定缘由》，道光二十六年八月十八日，档案号：405009405。

④ 台北故宫博物院藏：《军机处档折件》，《张祥河等奏报请旨宗室乡试录取之人数》，咸丰九年八月十八日，档案号：406011043。

比为 1 ：15。①

　　直至光绪元年（1875）乙亥恩科，宗室乡试的中举比例才有所上升，大体回到了嘉庆朝水平。光绪元年入闱宗室人数61名，取中7名，录取比约为 1 ：8.7。②光绪十五年（1889）己丑恩科宗室入场74名，取中7名，录取比约为 1 ：10.6。③光绪十七年（1891）辛卯科宗室入场59名，取中6名，录取比约为 1 ：9.8。光绪十九年（1893）癸巳恩科宗室入场53名，取中5名，录取比为 1 ：10.6。④光绪二十年（1894）甲午科顺天乡试，宗室入场51人，取中5名，录取比为 1 ：10.2。光绪二十三年（1897）丁酉科宗室入场49名，取中5名，录取比为 1 ：9.8。⑤与乡试类似，宗室会试录取比例也呈现日渐下降的态势。例如，嘉庆七年（1802）的宗室会试七人选取三人，录取比为 1 ：2.33。道光二年（1822），会试入闱宗室举人达30人，共取中4名，录取比为 1 ：7.5。⑥至光绪二十年（1894）入场会试宗室35人，录取3名，比例降至 1 ：11.67。⑦但是仍然可以确定地说，虽然宗室乡会试中式比例有下降的态势，但自嘉庆帝开宗室科举以来，宗室录取比一直高于旗民士子的录取比例。

　　大体而言，作为天潢贵胄，清代宗室在应试上的特权主要有以下五点：第一，宗室乡会试内容相对简单，只考《四书》文一篇，排律诗一首（五言八韵诗），当日完场。宗室翻译乡会试也应照文会试规制，只考试一场。考试以清字四书文一道，翻译一道，且翻译科会试后多无殿试，直接钦赐进士功名。⑧第二，宗室考试另编"宗"字号，考试钦定中额，单独取中，不与旗民士子同场竞争（如上述）。与此同时，宗室有单独的入场与应试时间。先是在嘉庆七年（1802），嘉庆帝综合宗人府等衙门意见颁发上谕，定宗室会试与旗民

---

① 台北史语所藏：《内阁大库档案》，《顺天府咨典籍厅顺天府奏咸丰十一年辛酉科宗室乡试准至公堂移称实在入场四十五名所有取中额数理合奏闻恭候钦定臣衙门行文至公堂转行内帘钦遵办理》，咸丰十一年九月二十四日，登录号：205267。

② 台北史语所藏：《内阁大库档案》，《顺天府咨典籍厅为光绪元年乙亥恩科宗室乡试准至公堂移称实在入场六十一名所有取中额数恭请钦定奉旨取中七名》，光绪元年八月十九日，登录号：231253。

③ 台北故宫博物院藏：《军机处档折件》，《孙家鼐等奏为甲午科宗室乡入场五十一名请钦定取中额数》，光绪二十年八月十九日，档案号：134699。

④ 台北故宫博物院藏：《军机处档折件》，《孙家鼐等奏为甲午科宗室乡入场五十一名请钦定取中额数》，光绪二十年八月十九日，档案号：134699。

⑤ 台北故宫博物院藏：《军机处档折件》，《孙家鼐等奏请定丁酉科乡试宗室取中额数》，光绪二十三年八月十九日，档案号：141273。

⑥ 台北故宫博物院藏：《宫中档道光朝奏折》，《礼部尚书穆克登额等奏闻上三科宗室会试举人数目及取中额数一并开列清单进呈御览恭请钦定中额事》，道光二年三月十九日，档案号：408008155。

⑦ 台北故宫博物院藏：《军机处档折件》，《经筵讲官礼部尚书宗室昆冈等奏请钦定宗室会试中额由》，光绪二十年三月十九日，档案号：131385。

⑧ 中国第一历史档案馆藏：《礼部为嘉庆十四年己巳恩科翻译会试中式宗室进士等奏请赐进士出身毋庸殿试折奉旨事到宗人府》，嘉庆十四年四月二十四日，档案号：06-01-002-000084-0025；《礼部为翻译会试中式宗室进士并满洲蒙古进士等赐进士出身毋庸殿试开写善庆中式名次姓名旗分佐领事致内务府等》，嘉庆十六年四月初二日，档案号：05-13-002-000550-0004。

士子同一天举行，"仍照乡会试旧制，于初八日入场点名，在八旗及各省士子之前，并另编坐号，不致拥挤，颁发钦命试题，先行揭晓，已足优示体制，而省纷繁"。①同时，嘉庆帝要求本年宗室会试即照此办理，嗣后宗室乡会试日期均著为令。但很快，这一宗室乡会试入场时间规定又被调整。据嘉庆九年（1804）规定，宗室乡会试入场时间改在应试士子乡会试三场完毕后，会试于三月十七日点名入场，乡试于八月十七日点名入场当日考完，而翻译乡会试于十八日进场考试，这一规定成为日后宗室科举入场的定例。第三，宗室殿试、朝考时座次与引见排班均在汉人进士之前。第四，宗室进士恩荣宴上，坐的位置离皇帝更近，如嘉庆七年（1802）新科进士赴恩荣宴时规定，"宗室进士坐次在一甲进士之前"。②第五，据笔者考察，宗室以及旗籍进士在馆选翰林的比例上要比汉人进士为高，即使宗室没有馆选者也不会外放，均分部学习，三年后获得实缺。所以严其林认为宗室科举"会试时由考官酌取数卷呈送给皇帝亲裁，实别为一小榜，殿试虽说是一体，其实也只是排名前后的问题"。③

以上种种优势，保证了自嘉庆六年（1801）以后每科乡会试均有宗室举人、进士脱颖而出，跻身官僚队伍，开启宦绩生涯。诚如嘉庆十六年（1811）在驳斥御史柏依保的上谕中所言，嘉庆帝允准宗室乡会试的大背景是宗室生齿日繁，恐无稳定的上进之路，允准宗室乡会试、增加宗学中额、六部官缺等都是为了解决这一问题，从而达成"现在宗室登进之途不为不广"的目的。史载"是以宗室考试之例，从前乾隆年间即曾钦奉皇考高宗纯皇帝圣谕停止。所以定其趋向，一其心志，不致荒弃本业也。近年来宗室生齿日繁，朕虑其无进身之阶，屡经加恩，于六部、理藩院添设司员十六缺，并准令乡会试，又增添宗学学生六十名，现在宗室登进之途不为不广"。④

除了以上的特权外，嘉庆帝还对宗室考试给出了严格标准，力求宗室与其他士子统一体制，并没有一味地放宽。宗室乡试试卷交予顺天府，会试试卷交予礼部，一体评阅，对那些文章不通者给予处罚，而保举者也要交部议处。在宗室考试入场时，也要由宗人府派笔帖士数名，核对宗室人员，以防止替考、蒙混等现象，在乡会试之前，宗室所属旗、族的族长要出具宗室本人亲自赴试的保结证明，方准应试。在考试中也加强对宗室巡查以防止夹带、抄袭等作弊行为。对于命名试题、入场日期、贡院设置、试卷交接、发榜、规定中额等具体事宜，嘉庆帝都做了详细的规定。宗室应试同样也须遵循回避条例，不仅宗室科举回避范围包括宗室祖孙、父子、同胞叔侄、兄弟等，而且在嘉庆十二年（1807）又

---

① 台北故宫博物院藏：《宫中档嘉庆朝奏折》，《奉上谕嗣后宗室乡会试日期均著为令钦此》，嘉庆七年二月二十一日，档案号：404007528。

② 《嘉庆朝钦定大清会典事例》卷404《礼部一七十二·燕礼》。

③ 严其林：《镇江进士研究》，复旦大学出版社，2014年，第338页。

④ 《清仁宗实录》卷240，嘉庆十六年三月甲寅。

规定"嗣后宗室应试，所有切近姻亲一体回避"。<sup>①</sup> 可以说，宗室虽然有不少科举考试的先天优势，但就考试形式、流程和录取规制上，嘉庆帝还是力求将宗室科举融入旗民科举之中的。

嘉庆十九年（1814），嘉庆帝还下谕从本科开始，对宗室进士进行覆试，"三月初八日，内阁奉上谕：宗室乡会试取中用一文一诗已属优异，若不加以覆试，无以鉴别真才，著本科为始，宗室会试中式者传集在圆明园正大光明殿覆试"。<sup>②</sup> 覆试题仍考一篇《四书》文，一首排律诗，以杜枪替。当年会试中式的宗室被要求在圆明园正大光明殿单独覆试。至道光十五年（1835），经礼部请旨后规定，本科乡试宗室中式举人照会试在圆明园正大光明殿覆试，自此以后，宗室中式举人、进士均要与满汉士人一体覆试。大体而言，道光、咸丰时期宗室乡会试覆试多在圆明园正大光明殿举行，而同治、光绪时期宗室乡会试覆试多在紫禁城保和殿举行。例如，在道光十五年（1835）顺天府乡试覆试过程中，宗室载颐、承恩、珠隆阿因覆试时文理不符，被特旨革去举人。《嘉庆道光两朝上谕档》第40册道光十五年九月二十六日载"文理不符之载颐、承恩，文理笔记均不符之珠隆阿，俱著革去举人，派大学士、军机大臣会同宗人府、刑部严行审讯"。<sup>③</sup> 其中，珠隆阿实找人枪替考试，被黜革后，发配盛京居住，而载颐和承恩革除举人功名。后载颐更名载鑫应试。道光二十九年（1849）宗室覆试核对试卷时，又发现第二名载莩存在草稿不全、字迹恶劣的情况，交礼部罚停会试一科，以示惩处，而此后类似情况也参照办理。此后同治、光绪两朝也遵循着嘉庆帝所定下的规矩，着重强调宗室应试的各种纪律，并不对宗室应试稍有宽松。例如，宗室贡生昆冈，由于撤卷未完，无凭与原中之卷核对，因此令与满汉贡士覆试时，随同补行覆试，以符合定制。邹长清研究宗室乡会试覆试制度后认为，"这一制度完善了宗室科举制度，基本上达到了'杜倖进，拔真材'之目的，保证了宗室乡会试的相对公平、公正性"。<sup>④</sup>

光绪二十九年（1903）癸卯科与三十年（1904）甲辰科，科举改制后并没有中进士之宗室。究其原因，可能与当时的社会背景息息相关，一方面，考试内容有所调整，宗室人员需要时间适应。据《清德宗实录》载，光绪二十四年（1898）五月庚午日朝廷下谕旨"嗣后一切考试均著毋庸用五言八韵诗"。<sup>⑤</sup> 同时，科举三场考试内容变为"乡会试仍定为三场。第一场试中国史事、国朝政治论五道；第二场试时务策五道专问五洲各国之政、专门之艺；第三场试四书义两篇、五经义一篇"。<sup>⑥</sup> 同年，朝廷又有整顿宗学、觉罗学、官学等谕命。

① 《光绪朝大清会典事例》卷329，中华书局1991年版，第902页。

② 《钦定宗人府则例》卷10，光绪十四年续修本，第19页。

③ 中国第一历史档案馆编：《嘉庆道光两朝上谕档》第40册，广西师范大学出版社2000年版，第468页。

④ 邹长清：《清代宗室乡会试覆试制度研究》，《广西师范大学学报》（哲学社会科学版）2015年第2期。

⑤ 《清德宗实录》卷420，光绪二十四年五月庚午。

⑥ 《清德宗实录》卷421，光绪二十四年六月癸未。

科举考试内容的巨大转变使得宗室应试者无法快速适应。另一方面，当时经历了庚子、辛丑之乱，顺天乡试和会试借闱河南开封应试，对宗室来说多有不便，加之当时社会反对皇室的呼声越来越高，朝廷也不愿再过多选宗室举人、进士以造成更大矛盾。因此，虽然清朝官方并没有停止宗室乡会试的谕旨，但从实际结果来看，光绪二十四年（1898）戊戌科会试，是宗室参加科举获得进士功名的最后一科。

按《钦定科场条例》所载，自嘉庆六年（1801）辛酉科乡试至光绪十一年（1885）乙酉科乡试期间，清代宗室举人共245人，进士100人（此后又陆续有23名宗室文进士产生，合计123名）。[①] 此外，除了以上宗室文举进士外，在清朝所开翻译科中，还有宗室进士18人，举人63名。

### 三、清代宗室进士辑考

若从乾隆十年（1745）起算，至光绪三十一年（1905）科举废止为终点，有清一代宗室文举进士共123人（详见表3），其中正白旗进士5人，镶白旗进士10人，正红旗进士5人，镶红旗进士14人，正蓝旗进士54人，镶蓝旗进士35人。宗室进士在各旗呈现明显分布不均的状况，两蓝旗共89位进士，占宗室进士数的72.4%。而除了5名正白旗宗室进士外，其余均来自下五旗，进士比例高达95.9%。在宗室进士中，两黄旗无宗室中进士者，也说明了与皇室嫡裔的亲疏关系。两黄旗属天子自将，多为近支宗室，因此得恩封、擢用机会较多，故参加科试者少，无中进士者。而两蓝旗多为疏属宗室，恩封机会少，且有爵位者亦得爵不高，多奉恩将军，降袭后往往成闲散宗室，后代于仕进无门，便应试科举，以求登进。而其他几旗亦按镶红、镶白、正红等顺序依次递减排列，也符合八旗重要性与亲疏关系的排列顺序。除了文试宗室进士外，翻译科同样产生了一些宗室进士、举人。自嘉庆五年（1800）谕旨宗室也可照文试参加翻译乡会试以来，嘉庆朝共钦定翻译宗室进士18名、举人63名。但嘉庆二十四年（1819），因宗室参加翻译乡试人数过少，崇禄等奏请暂停宗室翻译乡试。当年的宗室翻译乡试应赴兵部考试骑射者8人，却有7人报告患病无法应试，结果仅一人考试。因此，嘉庆帝停止了当年的宗室翻译乡试，并强调以后宗室满20人应试方准再开宗室翻译科。自嘉庆二十四年（1819）停科，至咸丰十一年（1861）与八旗翻译科一同取中，笔者未再见宗室中式翻译进士，故清代宗室翻译进士人数应为18名。笔者以江庆柏《清朝进士题名录》为依据，辑考出4位宗室进士（详见表4）。此外，又根据中国第一历史档案馆藏原始档案，收录了《清朝进士题名录》之外的宗室翻译进士信息6名（详见表5）。

---

① （清）奎润等纂：《钦定科场条例》卷2，岳麓书社2020年版，第38-40页。

表3　清代宗室文进士

| 姓名 | 旗籍 | 科份 | 甲次 |
|---|---|---|---|
| 达麟图 | 正蓝旗 | 乾隆十年乙丑科 | 3-90 |
| 平泰 | 正蓝旗 | 乾隆十三年戊辰科 | 2-57 |
| 良成 | 正蓝旗 | 乾隆十三年戊辰科 | 3-57 |
| 果齐斯欢 | 镶蓝旗 | 嘉庆七年壬戌科 | 3-52 |
| 德朋阿 | 正蓝旗 | 嘉庆七年壬戌科 | 3-112 |
| 惠端 | 镶蓝旗 | 嘉庆七年壬戌科 | 3-126 |
| 崇弼 | 镶蓝旗 | 嘉庆十年乙丑科 | 2-93 |
| 德遐 | 镶白旗 | 嘉庆十年乙丑科 | 3-133 |
| 敏勒 | 正蓝旗 | 嘉庆十三年戊辰科 | 3-59 |
| 德刚阿 | 正蓝旗 | 嘉庆十三年戊辰科 | 3-87 |
| 功袭 | 正蓝旗 | 嘉庆十三年戊辰科 | 3-118 |
| 瑞林 | 正蓝旗 | 嘉庆十四年己巳科 | 2-69 |
| 崇硕 | 镶蓝旗 | 嘉庆十四年己巳科 | 3-36 |
| 惟勤 | 镶蓝旗 | 嘉庆十四年己巳科 | 3-84 |
| 景麟 | 镶红旗 | 嘉庆十四年己巳科 | 3-115 |
| 奕泽 | 正红旗 | 嘉庆十六年辛未科 | 2-45 |
| 达英 | 镶白旗 | 嘉庆十六年辛未科 | 3-120 |
| 海濂 | 镶红旗 | 嘉庆十六年辛未科 | 3-138 |
| 素博通额 | 镶蓝旗 | 嘉庆十九年甲戌科 | 2-18 |
| 德喜保 | 镶蓝旗 | 嘉庆十九年甲戌科 | 2-58 |
| 绩兰 | 正蓝旗 | 嘉庆十九年甲戌科 | 3-65 |
| 保瑞 | 正蓝旗 | 嘉庆二十二年丁丑科 | 2-95 |
| 功普 | 正蓝旗 | 嘉庆二十二年丁丑科 | 3-35 |
| 桂彬 | 镶蓝旗 | 嘉庆二十二年丁丑科 | 3-81 |
| 讷勒亨额 | 正蓝旗 | 嘉庆二十四年己卯科 | 3-31 |
| 铁麟 | 正蓝旗 | 嘉庆二十四年己卯科 | 3-43 |
| 希哲 | 镶蓝旗 | 嘉庆二十四年己卯科 | 3-64 |
| 鄂尔端 | 正蓝旗 | 嘉庆二十四年己卯科 | 3-69 |

| 姓名 | 旗籍 | 科份 | 甲次 |
|------|------|------|------|
| 瑞麟保 | 正蓝旗 | 嘉庆二十五年庚辰科 | 2-79 |
| 成朗 | 镶蓝旗 | 嘉庆二十五年庚辰科 | 2-81 |
| 桂森 | 镶蓝旗 | 嘉庆二十五年庚辰科 | 3-93 |
| 庆全 | 正蓝旗 | 嘉庆二十五年庚辰科 | 3-129 |
| 佛尔国保 | 正蓝旗 | 道光二年壬午科 | 2-42 |
| 恩桂 | 镶蓝旗 | 道光二年壬午科 | 2-66 |
| 保极 | 正蓝旗 | 道光二年壬午科 | 3-40 |
| 受庆 | 正蓝旗 | 道光二年壬午科 | 3-50 |
| 奕蕇 | 镶蓝旗 | 道光三年癸未科 | 3-28 |
| 华德 | 镶红旗 | 道光三年癸未科 | 3-33 |
| 海朴 | 镶蓝旗 | 道光三年癸未科 | 3-53 |
| 文溥 | 镶白旗 | 道光三年癸未科 | 3-126 |
| 德诚 | 镶蓝旗 | 道光六年丙戌科 | 2-79 |
| 毓本 | 正蓝旗 | 道光六年丙戌科 | 2-110 |
| 奕书 | 镶蓝旗 | 道光六年丙戌科 | 3-114 |
| 伊克唐阿 | 正红旗 | 道光六年丙戌科 | 3-130 |
| 恩来 | 镶红旗 | 道光九年己丑科 | 2-88 |
| 奎光 | 镶红旗 | 道光九年己丑科 | 3-46 |
| 瑞兴 | 镶红旗 | 道光九年己丑科 | 3-102 |
| 庆安 | 正蓝旗 | 道光十二年壬辰科 | 2-21 |
| 善焘 | 镶白旗 | 道光十二年壬辰科 | 2-66 |
| 常禄 | 正蓝旗 | 道光十二年壬辰科 | 3-21 |
| 惠霖 | 正蓝旗 | 道光十二年壬辰科 | 3-29 |
| 崇文 | 镶蓝旗 | 道光十三年癸巳科 | 2-5 |
| 保清 | 正蓝旗 | 道光十三年癸巳科 | 2-55 |
| 英瑞 | 正蓝旗 | 道光十三年癸巳科 | 3-54 |
| 英淳 | 镶蓝旗 | 道光十五年乙未科 | 2-45 |
| 英继 | 镶蓝旗 | 道光十五年乙未科 | 2-117 |

| 姓名 | 旗籍 | 科份 | 甲次 |
|---|---|---|---|
| 英绥 | 正蓝旗 | 道光十五年乙未科 | 3-43 |
| 和淳 | 镶蓝旗 | 道光十六年丙申科 | 2-52 |
| 荣菜 | 正蓝旗 | 道光十六年丙申科 | 3-47 |
| 灵桂 | 正蓝旗 | 道光十八年戊戌科 | 2-1 |
| 联英 | 正蓝旗 | 道光十八年戊戌科 | 3-64 |
| 和润 | 镶蓝旗 | 道光二十年庚子科 | 2-48 |
| 载龄 | 镶蓝旗 | 道光二十一年辛丑科 | 3-9 |
| 秀平 | 镶红旗 | 道光二十一年辛丑科 | 3-22 |
| 锡龄 | 镶蓝旗 | 道光二十一年辛丑科 | 3-44 |
| 煜纶 | 正红旗 | 道光二十四年甲辰科 | 3-26 |
| 英绩 | 正白旗 | 道光二十四年甲辰科 | 3-41 |
| 定纶 | 镶蓝旗 | 道光二十五年乙巳科 | 2-95 |
| 崇光 | 镶蓝旗 | 道光二十五年乙巳科 | 3-110 |
| 载铿 | 镶红旗 | 道光二十七年丁未科 | 2-91 |
| 兴苍 | 正蓝旗 | 道光二十七年丁未科 | 3-62 |
| 载肃 | 镶红旗 | 道光三十年庚戌科 | 3-18 |
| 谦惠 | 正红旗 | 道光三十年庚戌科 | 3-22 |
| 绵宜 | 镶白旗 | 咸丰二年壬子科 | 2-55 |
| 阿里汉 | 正蓝旗 | 咸丰二年壬子科 | 3-42 |
| 麟书 | 正蓝旗 | 咸丰三年癸丑科 | 2-69 |
| 瑞联 | 正蓝旗 | 咸丰三年癸丑科 | 3-26 |
| 延煦 | 正蓝旗 | 咸丰六年丙辰科 | 2-9 |
| 豁穆欢 | 正蓝旗 | 咸丰六年丙辰科 | 2-78 |
| 常珩 | 镶白旗 | 咸丰九年己未科 | 2-51 |
| 福锟 | 镶蓝旗 | 咸丰九年己未科 | 2-73 |
| 阿克丹 | 正白旗 | 咸丰十年庚申科 | 2-13 |
| 宝森 | 镶蓝旗 | 咸丰十年庚申科 | 2-78 |
| 昆冈 | 正蓝旗 | 同治元年壬戌科 | 2-28 |

| 姓名 | 旗籍 | 科份 | 甲次 |
|------|------|------|------|
| 桂昂 | 正蓝旗 | 同治元年壬戌科 | 3-57 |
| 奎润 | 正蓝旗 | 同治二年癸亥科 | 2-39 |
| 承福 | 镶蓝旗 | 同治二年癸亥科 | 2-66 |
| 松森 | 正蓝旗 | 同治四年乙丑科 | 2-4 |
| 岳琪 | 镶蓝旗 | 同治四年乙丑科 | 3-152 |
| 宝廷 | 镶蓝旗 | 同治七年戊辰科 | 2-06 |
| 恩景 | 正白旗 | 同治七年戊辰科 | 3-67 |
| 硕济 | 正蓝旗 | 同治十年辛未科 | 3-2 |
| 多泰 | 镶白旗 | 同治十年辛未科 | 3-132 |
| 良贵 | 镶红旗 | 同治十三年甲戌科 | 2-80 |
| 奎郁 | 正蓝旗 | 同治十三年甲戌科 | 3-16 |
| 会章 | 正蓝旗 | 光绪二年丙子科 | 2-99 |
| 盛昱 | 镶白旗 | 光绪三年丁丑科 | 2-10 |
| 恩桂 | 盛京正白旗 | 光绪三年丁丑科 | 2-75 |
| 崇宽 | 镶蓝旗 | 光绪六年庚辰科 | 2-25 |
| 溥良 | 正蓝旗 | 光绪六年庚辰科 | 2-37 |
| 溥蜕 | 镶红旗 | 光绪六年庚辰科 | 2-79 |
| 寿耆 | 正蓝旗 | 光绪九年癸未科 | 1-2 |
| 绵文 | 镶白旗 | 光绪九年癸未科 | 2-60 |
| 吉绅 | 镶红旗 | 光绪十二年丙戌科 | 3-3 |
| 景厚 | 镶蓝旗 | 光绪十二年丙戌科 | 3-99 |
| 瑞贤 | 正白旗 | 光绪十五年己丑科 | 2-64 |
| 希廉 | 正红旗 | 光绪十五年己丑科 | 3-9 |
| 宝丰 | 正蓝旗 | 光绪十五年己丑科 | 3-67 |
| 载昌 | 镶蓝旗 | 光绪十六年庚寅科 | 2-26 |
| 文榘 | 镶蓝旗 | 光绪十六年庚寅科 | 2-97 |
| 荣光 | 正蓝旗 | 光绪十六年庚寅科 | 2-106 |
| 宝熙 | 正蓝旗 | 光绪十八年壬辰科 | 2-7 |

续表

| 姓名 | 旗籍 | 科份 | 甲次 |
|------|------|------|------|
| 溥岳 | 镶红旗 | 光绪十八年壬辰科 | 3-55 |
| 长绍 | 正蓝旗 | 光绪十八年壬辰科 | 3-61 |
| 松铎 | 镶白旗 | 光绪二十年甲午科 | 2-108 |
| 毓隆 | 正蓝旗 | 光绪二十年甲午科 | 2-109 |
| 承霖 | 正蓝旗 | 光绪二十年甲午科 | 3-75 |
| 锡嘏 | 正蓝旗 | 光绪二十一年乙未科 | 2-71 |
| 宝铭 | 正蓝旗 | 光绪二十一年乙未科 | 3-45 |
| 海明 | 正蓝旗 | 光绪二十一年乙未科 | 3-190 |
| 文斌 | 正蓝旗 | 光绪二十四年戊戌科 | 2-84 |
| 寿富 | 镶蓝旗 | 光绪二十四年戊戌科 | 2-88 |
| 舒荣 | 镶红旗 | 光绪二十四年戊戌科 | 2-121 |

资料来源：江庆柏:《清朝进士题名录》，中华书局，2007年。

### 表4　清朝翻译科宗室进士（一）

| 姓名 | 旗籍 | 科份 | 甲次 |
|------|------|------|------|
| 玉鼎柱 | 镶蓝旗 | 乾隆十年翻译科 | 钦赐翻译进士 |
| 玉奇 | 镶红旗 | 乾隆十三年翻译科 | 钦赐翻译进士 |
| 奕毓 | 镶蓝旗 | 嘉庆十九年翻译科 | 嘉庆二十一年病故 |
| 清安 | 镶蓝旗 | 道光三十年翻译科 | |

资料来源：江庆柏:《清朝进士题名录》，中华书局，2007年。

### 表5　清朝翻译科宗室进士（二）

| 姓名 | 旗籍 | 科份 | 职官 | 中国第一历史档案馆藏资料 |
|------|------|------|------|------|
| 存宁 | 正蓝旗 | 嘉庆十年乙丑科 | 宗人府主事 | 06-02-006-000007-0017 |
| 咸廷 | 正蓝旗 | 嘉庆二十二年丁丑科 | 主事 | 05-13-002-000570-0068 |
| 超群 | 正红旗 | - | | 06-02-006-000014-0040 |
| 荣凤 | 正蓝旗 | - | 主事 | 06-02-006-000015-0038<br>06-02-005-000006-0020 |

续表

| 姓名 | 旗籍 | 科份 | 职官 | 中国第一历史档案馆藏资料 |
|---|---|---|---|---|
| 奕定 | – | 嘉庆十九年 | 宗人府主事 | 06-02-006-000005-0010 |
| 克瑞 | 镶红旗 | – | 宗人府候补主事 | 06-01-001-000113-0143 |

### 四、《宗室贡举备考》述略

《宗室贡举备考》是清代宗室进士、隶属于满洲正蓝旗的瑞联编纂的一部记录乾隆十年（1745）至光绪十二年（1886）间清代宗室科举乡会试情况的著述，时间所述与奎润版的《钦定科场条例》相仿。特别是，由于清代的诸多限制，以及宗室应试人数总量相对较少，所以在《清代硃卷集成》等史料文献中，并没有宗室举人、进士的信息，而《宗室贡举备考》极大程度上弥补了这一信息的缺失，为我们更好地理解清代宗室科举情况起到重要的帮助作用。

《宗室贡举备考》作者瑞联（1830—1892），字睦荐，室名清荫堂，是清太祖努尔哈赤第七子饶余敏亲王阿巴泰的后裔。瑞联于咸丰三年（1853）中式三甲第二十六名进士，先后任察哈尔都统、热河都统、绥远城将军、杭州将军、工部尚书、兵部尚书等职，并曾充任光绪癸未科会试总裁，咸丰庚申会试同考官，咸丰戊午、辛酉顺天乡试同考官，同治乙丑浙江乡试主考官。

自嘉庆四年（1799）清廷恢复宗室科举，至瑞联修纂该书时的光绪十三年（1887），已历经近90年的时间。瑞联认为，由于各种《题名录》没有刻本刊行，随着时间的推移，宗室科举的成绩将淹没于历史之中，即"恐日久无可稽考，无以见宗室人才之盛，即无以见朝廷教育之隆"。① 正因如此，为了铭记清代宗室科甲的历史，展现宗人的文化成就，瑞联在道光二十六年（1846）萌生了编纂记述宗室科甲情况书籍的念头。不过由于瑞联辗转各地任职，此事一再拖延。光绪九年（1883）他因病去职，在养病之余有了编纂宗室科举历史著作的想法。直到光绪十三年（1887）夏，在家养病的瑞联召集门人绵达斋、荣晴川和孝廉宝琛、宝丰两位侄辈分任编辑。瑞联在手抄伯父所录版本的基础上，"复详加厘定，正其讹误，补其缺略"。② 经过四个月的编纂工作，书籍完成，取名《宗室贡举备考》。

现存于国家图书馆古籍馆的《宗室贡举备考》是光绪十三年（1887）瑞联的清荫堂刻本，书末有"瑞联之印"和"癸丑翰林"两方印章。1969年台北文海出版社出版的该书影印本是目前学界利用率较高的版本。《宗室贡举备考》是现存不多见的记载清代少数民族科举情

---

① （清）瑞联：《宗室贡举备考》，文海出版社1969年版，第305页。

② （清）瑞联：《宗室贡举备考》，文海出版社1969年版，第306-307页。

况的古籍文献，不仅对于我们了解清代宗室旗人的科举功名、旗分、族分、辈分等情况具有重要借鉴意义，而且凸显出清朝统治者在科举备考方面与全国士子的"融合性"和"共同性"。

《宗室贡举备考》以嘉庆四年（1799）的谕旨为始，以瑞联自叙跋文为终，可分为前言、正文和跋文三大部分。其中前言部分包括谕旨、宗室世系、宗室科甲优异者、宗室宦绩优异者、宗室乡会试考官等内容，每页纵八行，每行二十字，宋体大字，版式疏阔；正文部分每页分左右栏，白口，四周双边，单鱼尾，按科目和人名书写中式宗室的旗分、族分、支派、辈分、别号、宦绩等内容；跋文部分为瑞联自书而成，论述了《宗室贡举备考》编纂动因、内容与意义，每页六行，每行十三字，楷体大字，尾书"光绪十三年岁次丁亥六月既望，睦荐瑞联跋于清荫堂"①，表明刻印的时间与地点。虽然现存的《宗室贡举备考》版本较为精良，但在文本方面也有一些字迹讹误或信息缺失之处。例如，道光十五年（1835）乙未恩科乡试中式的珠隆阿，其相关支派、辈分信息缺失。又如，同科举人载颐名下写作"镶蓝族第三族"，应作"镶蓝旗第三族"。再如，嘉庆十二年（1807）丁卯科乡试宗室举人崇华，应名荣华。由于镶蓝旗族长祥弼在出具保结时书写错误，后上奏更改，但是瑞联并没有将荣华的正确名字记录下来，而是仍以"崇华"记录。②但总体而言，该著作内容丰富、装订精良、实用性强，对研究清代宗室支派情况、科举成就与宦绩等历史具有重要意义。

在前言的宗室世系部分，瑞联给出了《宗室贡举备考》所收录的宗室范围。他首列显祖宣皇帝塔克世及其第二子穆尔哈齐、第三子舒尔哈齐和第二代济尔哈朗三人。其次，按照太祖努尔哈赤第一、二、三、六、七、九、十二、十三、十四、十五共十子，太宗皇太极第一、六共二子，世祖福临第二、五共二子，圣祖玄烨第一、二、三、五、七、九、十、十四、十五、二十三、二十四共十一子，世宗胤禛第五子，高宗弘历第三子的顺序依次罗列记述，包含爵位、谥号和名字等信息，如和硕饶余敏亲王讳阿巴泰、和硕豫通亲王讳多铎、广略贝勒讳褚英、镇国敏勤公讳阿拜等。对于因事除爵者，瑞联在爵位前加"原"字以示区别，如原封和硕英亲王讳阿济格、原封多罗直郡王讳允禔、原封固山贝子讳允禟等，展现出作者严谨的一面，对其他宗室王公贝勒后裔中无科目者不载于书内。

在前言宗室科甲优异者部分，瑞联辑录有鼎甲1人，为光绪癸未科榜眼寿耆；传胪（二甲第一名）1人，为道光戊戌科灵桂；乡、会联元2人，分别为道光辛巳、壬午科的保极，和咸丰戊午、己未科的福锟；解元登会元7人，分别为素博通额、豫本、秀平、瑞联、宝森、良贵、盛昱。此外，瑞联还记述有乡试兄弟同榜、会试兄弟同榜、乡试叔侄同榜、会

---

① （清）瑞联：《宗室贡举备考》，文海出版社1969年版，第310页。

② 中国第一历史档案馆藏：《族长祥弼为本族文举人宗室荣华错写崇华呈报宗人府事》，嘉庆十三年八月，档案号：06-02-007-000404-0016。

试叔侄同榜、祖孙父子翰林的情况。通过分析和统计这些宗室中式者的支派和旗属，我们还可以了解他们之间相互的族源和亲属关系。

在前言宗室宦绩优异者部分，瑞联记述赐谥者果齐斯欢等6人，大学士载龄、灵桂共2人，协办大学士福锟1人，官一品者瑞联、昆冈等11人，官二品者惠端、奕泽等18人，以及举人官二品者载庆1人。在乡会试考官部分，瑞联载宗室任会试总裁者4人，乡试主考18人，会试同考官12人，乡试同考官10人，曾担任学政者为良诚、锡龄、昆冈3人。

《宗室贡举备考》正文部分，开篇以乾隆十年（1745）乙丑科会试中式宗室达麟图为始，以光绪十二年（1886）丙戌科中式宗室吉绅为终。瑞联按朝代依次记述中式宗室的姓名、辈分、科分、字号、旗籍、支派、宦绩和历任考官等情况，即"于宗室旗分、族分、支派、辈分、别号皆考证详明，官秩仅载初终，省繁也。文衡备书乡、会纪盛也"。[①]例如，乾隆十年（1745）最早会试中式的宗室进士达麟图，为镇国勤敏公后裔，号玉书，正蓝旗头族弘字辈，庶吉士，授检讨，历官侍讲改宗人府主事，官至副理事官，乾隆辛未科会试同考官。[②]以此为标准和格式，此后依次记述。

在《宗室贡举备考》的跋文部分，瑞联以四百余字的篇幅详细记述了编纂的动因、目的。综而言之，瑞联认为编纂该书有三个目的。第一，留存清代宗室科甲中式者信息，记录历史。正如上文所述，由于《题名录》向无刻本，"恐日久无可稽考，无以见宗室人才之盛"，故而《宗室贡举备考》发挥着记录历史的作用。第二，向后世之人展现宗室科甲荣光。在发挥历史功能之外，《宗室贡举备考》还展现出清代宗室的科甲成就，反映出其所受的良好教育，即如学界评价所言"透过该书，我们不难看出爱新觉罗家族善于学习、善于吸收先进文化来提高其成员素质的积极进取的精神风貌"。[③]对于这一点，瑞联在跋文中言："宗潢之贤才辈出，蒸蒸日上，所以沐雅化而被恩荣者，何其优且渥也！考核掌故者于此书见文治昌明，寓裁成于惇叙之中，湛恩汪濊超越古今。"[④]第三，为后世宗室树立读书榜样。瑞联认为，鉴于自嘉庆四年（1799）以后每科都有数名宗室进士科甲及第，将这些历史辑而成册，可以发挥鞭策的作用，其言"宗室中后来俊彦于此书知科目之荣，励植品勉为有用之材，以文章报国"。[⑤]综合以上三点，瑞联认为《宗室科举备考》一书"为必不可少之书矣"。[⑥]正如李治廷在主编的《爱新觉罗家族全书》中评论《宗室贡举备考》一书时所言，"（瑞联）熟悉宗室科举情况，又深感他个人的荣辱与宗室的兴衰休戚相关，责任感和使命感驱

① （清）瑞联：《宗室贡举备考》，文海出版社1969年版，第307页。

② （清）瑞联：《宗室贡举备考》，文海出版社1969年版，第25页。

③ 李治廷主编：《爱新觉罗家族全书》第7册，吉林人民出版社1997年版，第212页。

④ （清）瑞联：《宗室贡举备考》，文海出版社1969年版，第308–309页。

⑤ （清）瑞联：《宗室贡举备考》，文海出版社1969年版，第309页。

⑥ （清）瑞联：《宗室贡举备考》，文海出版社1969年版，第309页。

使他编撰此书"。[①]

　　据笔者统计，《宗室贡举备考》共辑录了自乾隆十年（1745）至光绪十二年（1886）的82科乡会试情况，其中会试42科，乡试40科，包括宗室进士105人、宗室举人144人。在中式的宗室进士中，馆选翰林者达52人，占所载宗室进士总数的49.5%。这两个数字无疑比同场竞技的汉人士子要高出不少，展现出宗室在科举中式上的优势，而这一点特点在恢复宗室科举考试的首科辛酉乡试和壬戌会试中均有所体现。《宗室贡举备考》所辑录的时间跨度为141年，涵盖爱新觉罗氏的弘、永、绵、奕、载、溥、毓、恒八代人。具体而言，弘字辈2人、永字辈15人、绵字辈39人、奕字辈74人、载字辈74人、溥字辈34人、毓字辈4人、恒字辈3人，辈分信息缺失4人。这249位宗室若按旗籍划分，包括镶蓝旗76人、正蓝旗74人、镶红旗36人、镶白旗27人、正红旗17人、正白旗10人、正黄旗7人、信息缺者2人。这一旗籍人数的递减态势与八旗位次排序正好呈反相关，其中两蓝旗占整个宗室甲乙榜人数的60.2%，而整个下五旗宗室举人、进士数更是占整个群体的92.4%，这两个比例数字与分布形态同上文辑录的清代宗室进士情形相近。

　　笔者按照支派统计《宗室贡举备考》所述录的249位宗室进士、举人，涵盖宗室29个支派，均为远支宗室。诚如笔者在研究清代近支宗室赐名问题时所述，恢复宗室科举的嘉庆朝以乾隆帝十七房子嗣为近支宗室，而至道光朝以后则以嘉庆帝子嗣为近支宗室。[②]然而，以上249位宗室科举中式者均不符合近支的条件。由此可见，在19世纪远支宗室参加科举考试并获取功名已成为一种常态化的选择，宗室向社会化转变，已基本融入旗民社会，甚至部分宗室已展现出日益贫困化的态势。此外，在《宗室贡举备考》中，我们可以发现很多宗室更名的情况。诚如笔者的研究，清代近支宗室在嘉庆朝以后必须更为严格地经由宗人府请旨，由皇帝赐名，而远支宗室则可自行命名。这就导致了远支宗室出现了大量重名的情况。为此，道光二十四年（1844）朝廷议覆宗人府奏疏对于宗室重名情况做出以下规定：爵职较小及辈分年岁卑幼之人更改。所以当年根据这一新规定，就有宗室举人春章等6人更名，并以改换后的姓名参加本年会试。

　　笔者进而再对《宗室贡举备考》中宗室进士和举人的旗籍和房族进行统计，更加全面地展现出宗室中式者的来源。这些宗室中式者以庄亲王后裔58人为最多，其后人数较多者如礼亲王代善后裔28人、饶余亲王阿巴泰后裔20人、豫亲王豪格后裔18人等，支派信息缺失2人。具体如下：

　　（1）庄亲王硕塞后裔共58人，全部来自镶蓝旗，其中头族3人，第二族1人，第三族8人，第四族3人，第五族32人，第六族10人，第七族1人。

---

① 李治廷主编：《爱新觉罗家族全书》第7册，吉林人民出版社1997年版，第212页。

② 王学深：《清代近支宗室赐名考论》，《北京社会科学》2021年第6期。

（2）礼烈亲王代善后裔共28人，全部来自两红旗，其中镶红旗14人、正红旗13人、旗籍缺失1人。在确知信息的27人中，镶红旗后裔均来自第5族，正红旗后裔中，头族4人，二族3人，三族5人，五族1人。

（3）饶余敏亲王阿巴泰后裔共20人，全部来自正蓝旗第八族。

（4）豫通亲王多铎后裔共18人，全部来自正蓝旗，其中第三族5人，第四族13人。

（5）肃武亲王豪格后裔共14人，全部来自镶白旗，其中头族4人，第三族10人。

（6）恭亲王常颖后裔共12人，全部来自正蓝旗第六族。

（7）广略贝勒褚英后裔共11人，全部来自镶红旗，其中头族7人，第二族2人，第四族2人。

（8）辅国悫厚公塔拜后裔共10人，全部来自正白旗，其中第二族6人，第三族4人。

（9）诚毅勇壮贝勒穆尔哈齐后裔共9人，全部来自正蓝旗，其中第二族2人，第九族7人。

（10）裕亲王福全后裔共9人，全部来自镶白旗第二族。

（11）镇国勤敏公阿拜后裔共8人，全部来自正蓝旗，其中头族7人，第十族1人。

（12）英亲王阿济格后裔共7人，全部来自镶红旗第六族。

（13）理密亲王允礽后裔共7人，全部来自镶蓝旗，其中头族1人，第二族6人。

（14）恂勤郡王允禵后裔共5人，全部来自镶蓝旗第四族。

（15）镇国恪僖公巴布泰后裔共4人，全部来自正黄旗头族。

（16）循郡王永璋后裔共4人，全部来自镶红旗头族。

（17）诚隐郡王允祉后裔共4人，全部来自镶蓝旗第三族。

（18）镇国悫厚公高塞后裔共3人，全部来自正黄旗第二族。

（19）睿忠亲王多尔衮后裔共2人，全部来自正蓝旗第三族。

（20）敦郡王允䄉后裔共2人，全部来自正红旗第三族。

（21）直郡王允禔后裔共2人，全部来自镶蓝旗头族。

（22）多罗诚贝勒允祁后裔共2人，全部来自镶白旗头族。

（23）辅国介直公赖慕布后裔共2人，全部来自正蓝旗第八族。

（24）和恭亲王弘昼后裔1人，来自正蓝旗第二族。

（25）恒温亲王允祺后裔1人，来自镶白旗头族。

（26）诚恪亲王允祕后裔1人，房族信息缺失。

（27）滇度亲王允祐后裔1人，来自镶白旗第二族。

（28）愉恪郡王允禑后裔1人，来自正红旗第四族。

（29）固山贝子允禶后裔1人，来自正蓝旗第二族。

以上《宗室贡举备考》所涵盖的支派、房族和旗籍隶属状况与笔者分析清代宗室进士群体时给出的论断一致，说明了宗室科甲中式者与皇室嫡裔关系较为疏远。[①]换言之，近支宗室较多受到清朝帝王的照顾，因而在恩封、擢用、赏赐等方面更具有优势，生活压力相对较轻，属受朝廷优宠的宗室。而有些享有爵位的远近支宗室，在嘉庆朝后依旧不准他们参加科举考试。例如，希濬本系四品闲散宗室，中式举人后，过继给礼亲王为嗣，授为三品顶戴，体制较原先优崇。为此，经过请旨后，朝廷比照亲王额驸不准乡试之例，不准希濬参加会试。反观普通远支宗室，随着繁衍日众，不仅贫困化倾向日益明显，而且大多数人无缘承继爵位。戈靖在光绪五年（1879）上奏《条陈变通调剂宗支疏》，提到要缓解宗室生计问题。其中在论述宗室举人问题时提到，虽然宗室举人有选宗人府笔帖式之例，但更多的宗室举人则报效无由。故而，戈靖奏请以宗室举人效仿旗民举人三科后拣选知县或举人大挑之例，三科后酌选为内阁中书等低级别京官。其疏载：

> 宗室举人宜请酌补中书小京官也。查旗民文举人，会试三科后有拣发知县及大挑之例。宗室举人非会试中式，每多废弃，虽有选宗人府笔帖式一途，而得选匪易。同系举人，宗室则报效无由，实为可惜。请将宗室举人三科后酌选中书小京官，以遂其向上之志。[②]

在《宗室贡举备考》辑录的249位宗室进士、举人中，只有6人有爵位，其中4人为奉恩将军，2人为辅国公，占比仅2.4%，而绝大多数远支闲散宗室无法获得皇帝的主动恩擢。此外还需考量的是，部分宗室中式者系处于边缘化地位的罪臣之后。例如，原封英亲王阿济格、直郡王允禔、固山贝子允禑、敦郡王允䄉等，由于在顺治朝和康熙朝卷入最高权力之争，均被削爵惩处且波及后裔。因此，他们的后裔虽然在乾隆朝以来陆续被朝廷宽宥，但是想要通过皇帝恩典跻身朝堂的重要位置，几乎没有可能，故通过科举入仕，从而改善自身的境况和地位，成为其策略选择之一。

以阿济格为例（详见附录），他是清太祖努尔哈赤的第十二子，与多尔衮和多铎为一母同胞的兄弟。顺治七年（1750）年底多尔衮暴毙于塞外喀喇河屯后，阿济格意图效仿多尔衮，争夺朝政的控制权，成为下一任摄政王。据《清皇室四谱》载，"（阿济格在）多尔衮死时密谋作乱"。[③]阿济格先是在诸王吊唁多尔衮时不出席，私自召唤他的第五子郡王劳亲密谈，后又发生顺治帝福临"迎丧，王又不去佩刀"等事，结果原摄政王多尔衮近侍额克亲、吴拜、苏拜等人将其效法多尔衮摄政的意图告发于郑亲王济尔哈朗。随着次年年初多尔衮被清算，阿济格原被处以"削爵幽禁"的惩罚被认为"罪尚轻"，最终被赐自尽，籍其

---

[①] 王学深：《清代宗室进士》，《紫禁城》2011年第12期。

[②] 葛士浚辑：《皇朝经世文续编》卷40《户政·八旗生计》，光绪二十七年上海久敬斋铅印本，第25页。

[③] 唐邦治辑：《清皇室四谱》卷3，文海出版社1966年版，第122页。

家，"诸子皆黜为庶人子孙"。与阿济格一同被赐死的还有其子郡王劳亲。阿济格被赐自尽后，他的子孙们原本天潢贵胄的地位也急转直下，处于被黜革的庶人地位，生活无着。

直到乾隆四十三年（1778），在乾隆帝钦命清初六王世袭罔替，配享太庙的大背景下，正月十四日明发上谕曰：

> 今思傅乐赫一支既已作为宗室袭爵，其有后之伯尔逊等各支，及无后之和度等同系英亲王之子孙，似毋庸复为区别。因推广皇祖恩意，著交宗人府一体查明复还黄带子，列入宗谱，钦此！①

自道光二年（1822）始，英亲王阿济格的后代中出现了数位科举及第者。最早中式者是道光二年（1822）的重兴（绵字辈），他中式顺天乡试，由宗学总管官至理藩院郎中。其次是阿济格的六世孙华德，他在道光三年（1823）中式三甲第三十三名进士，馆选翰林院，散馆后授宗人府主事。第三位是广振（载字辈）中式道光十五年（1835）顺天府乡试。第四位是奎福（奕字辈），道光二十年（1840）中式顺天府乡试，官宗人府笔帖式。第五位是阿济格七世孙秀平，道光二十一年（1841）中式第三甲第二十二名进士，任工部候补主事，道光二十八年（1848）七月承袭奉恩将军。第六位是良贵（载字辈），中式同治十三年（1874）二甲第八十名进士，馆选翰林院庶吉士，散馆授编修，官翰林院侍读学士。最后是中式光绪十二年（1886）三甲第三名的吉绅（溥字辈），官至员外郎。

以上这七位英亲王阿济格的后裔在家族恢复宗籍后，不仅有机会升补宗人府职官，而且可以通过科举应试维系本支的威望和生计，相较于乾隆四十三年（1778）以前"宗室罪臣后裔"的境遇已大有改观，也同其他宗室通过科举制度维系自己的生活有着类似的情况。庄亲王、礼亲王、恭亲王后裔亦多有凭借科举入仕的宗室进士。所以，综合以上两方面因素，远支宗室更多地希望转向普通旗民得以成功的社会化途径，凭借科举打开个人的仕进之路，从而提升、维系个人和家族的境遇与声望。

### 五、清代宗室科举家族

"科举家族"一词最早源自张杰的《清代科举家族》一书，作者提出地方望族与科举连续成功的相关性，进而家族可以凭借科举"长期保持望族的家声"。② 这一观点与艾尔曼（Benjamin A. Elman）所提出的晚期帝制时期地方精英凭借科举进行"政治、社会与文化再

---

① 中国第一历史档案馆编：《乾隆朝上谕档》第8册，中国档案出版社1991年版，第883页。

② 张杰：《清代科举家族》，社会科学文献出版社2003年版，第19页。

生产"①的观点有着异曲同工之处。实际上，笔者通过考释发现，《宗室贡举备考》一书辑录的信息展现了清代宗室较强的科举家族的特点。在该书前言部分，瑞联首先记述了在同一时间段内来自同一支派的宗室同时中式的情况。在乡试兄弟同榜部分，嘉庆辛酉科有德朋阿和德刚阿兄弟同时中式；嘉庆甲子科有崇硕、崇弼兄弟2人同时中式；嘉庆丙子科有鄂尔端、讷勒亨额兄弟2人同时中式；嘉庆戊寅科有德隆布、德恒布兄弟2人同时中式。在会试兄弟同榜部分，嘉庆己卯科有铁麟、鄂尔端、讷勒亨额兄弟3人同时中式。在乡试叔侄同榜部分，有道光乙酉科的宽绵、贵诚2人同时中式；在会试叔侄同榜部分，有德刚阿、敏勤2人同时中式。此外，瑞联还记录有祖孙父子翰林的良诚、德朋阿、敏勤、庆祺、延煦、会章6人。②

笔者对《宗室贡举备考》进一步考释发现，除了同一时间段内的家族性特点，清代宗室中式者还存在代际传承的家族特点，进而辑录出至少13组具有代际传承关系的宗室进士、举人，包括：（1）果齐斯欢—素博通阿—崇吉三代父子祖孙；（2）惠端与海枚、海朴父子兄弟；（3）希哲与英继、英善—寿格三代父子祖孙；（4）豫本与灵桂父子；（5）华德—秀平—良贵三代父子祖孙；（6）英宝与岳琪父子；（7）庆祺与延煦父子；（8）桂森与亨敦父子；（9）受庆与奎润父子；（10）惠林与夔祉父子；（11）德诚与莱山父子；（12）松森与寿耆父子；（13）阿里汉与宝常父子。

进而，笔者将时间轴的横向与纵向联系起来，放置于各支派的大背景下，清代宗室科举家族的样貌就更加地清晰呈现出来了。按照张杰的定义，"科举家族"应该满足三个条件："世代聚族而居"、"世代应举"和"五贡或举人以上功名"。其中有两点核心要素，即科举成功的连续性和较高的科举功名。换言之，科举成功的代际稳定非常重要，而嘉庆朝以后钦赐宗室乡会试的中额，则是保障宗室科举成功和稳定性的因素之一。笔者据《宗室贡举备考》整理出11个科甲中式比较稳定且具有代表性的宗室科举家族。

第一，以庄亲王隶属镶蓝旗第五族的后裔为例，包含永、绵、奕、载四代宗室成员，共有进士17人、举人15人。第二，饶余敏亲王阿巴泰正蓝旗第八族的后裔，包含弘、永、绵、奕、载五代宗室成员，共有进士14人、举人6人。第三，豫通亲王多铎正蓝旗第四族后裔，包含永、奕、载四代三辈宗室成员，共有进士8人、举人5人。豫亲王后裔稍显不足的是绵字辈出现了科甲方面的断档，没有涌现出科举中式者。第四，恭亲王正蓝旗第六族后裔，包含奕、载、溥三代宗室成员，共有进士10人、举人2人。第五，礼亲王镶红旗第五族后裔，包含载、溥、毓、恒四辈宗室成员，共有进士3人、举人11人。第六，肃亲王

---

① Elman，Benjamin A. Political，Social，and Cultural Reproduction via Civil Service Examinations in Late Imperial China［J］*Journal of Asian Studies*. Feb 1991，Vol. 50，Issue 1，pp.7–22.

② （清）瑞联：《宗室贡举备考》，文海出版社1969年版，第12–14页。

镶白旗第三族后裔，包含奕、载两辈宗室成员，共有进士4人、举人6人。第七，裕亲王镶白旗第二族后裔，包含绵、奕、载、溥四辈宗室成员，共有进士3人、举人6人。第八，英亲王镶红旗第六族后裔，包含绵、奕、载、溥四辈宗室，其中进士4人、举人3人。第九，广略贝勒镶红旗头族后裔，包含奕、载、溥三辈宗室，其中进士2人、举人5人。第十，诚毅勇壮贝勒正蓝旗第九族后裔，包含永、绵、奕、载四辈宗室，其中进士3人、举人4人。第十一，镇国勤敏公正蓝旗头族后裔，包含弘、绵、奕、载四辈宗室，其中进士3人、举人4人。以上这11个宗室家族内进士、举人频出，科甲中式代际情况稳定，进士功名权重大。这11个家族总中式人数依次递减，反映出不同宗室家族规模和科甲成绩方面的差异，或可用宗室大型科举家族、宗室中型科举家族或宗室小型科举家族加以归类，但均应被视为清代的宗室科举家族。其具体科甲情况如下。

（1）庄亲王镶蓝旗第五族后裔科甲情况

永字辈：惠端（进士）、希哲（进士）。

绵字辈：果齐斯欢（进士）、崇硕（进士）、崇弼（进士）、怀秀（举人）、海朴（进士）、海枚（举人）、英继（进士）、英善（举人）、英翔（举人）、德隆布（举人）、德恒布（举人）、德崇布（进士）、善亮（举人）。

奕字辈：肃博通额（进士）、常禄（进士）、常璧（举人）、常瑞（举人）、寿格（举人）、英滔（进士）、和湑（进士）、和润（进士）、定纶（进士）、豫璋（举人）、莱山（举人）。

载字辈：崇吉（举人）、岳琪（进士）、宝森（进士）、宝廷（进士）、谨善（举人）、师善（举人）。

（2）饶余敏亲王正蓝旗第八族后裔科甲情况

弘字辈：良诚（进士）。

永字辈：平泰（进士）、德朋阿（进士）、德刚阿（进士）、庆全（进士）。

绵字辈：敏勤（进士）、铁麟（进士）、绩兰（进士）、讷勒亨额（进士）、鄂尔端（进士）、恩和（举人）。

奕字辈：瑞麟保（进士）、祥麟保（进士）、宽绵（举人）、瑞联（进士）。

载字辈：贵诚（举人）、桂昂（进士）、宝琛（举人）、魁瀛（举人）、宝丰（举人）。

（3）豫通亲王正蓝旗第四族后裔科甲情况

永字辈：萨克当阿（举人）、喜伦（举人）。

奕字辈：保瑞（进士）、受庆（进士）、保清（进士）、麟书（进士）、崑冈（进士）、硕济（进士）。

载字辈：奎景（举人）、奎润（进士）、崇溥（举人）、奎郁（进士）、阿林（举人）。

溥字辈：宝熙（进士）。

（4）恭亲王正蓝旗第六族后裔科甲情况

奕字辈：毓本（进士）、庆安（进士）。

载字辈：瑞林（进士）、荣菜（进士）、惠林（进士）、延煦（进士）、松林（进士）、桂桢（举人）。

溥字辈：灵桂（进士）、勇祉（举人）、会章（进士）、寿耆（进士）。

（5）礼亲王镶红旗第五族后裔科甲情况

载字辈：奎恒（举人）、景麟（进士）、存忠（举人）、奎光（进士）、成庆（举人）、德迈（举人）、恩特和（举人）。

溥字辈：凤龄（举人）、恩来（进士）、呈瑞（举人）。

恒字辈：寿岂（举人）、灵峯（举人）、灵耀（举人）。

毓字辈：庆绅（举人）。

（6）肃亲王镶白旗第三族后裔科甲情况

奕字辈：德遐（进士）、达英（进士）、图山（进士）、鄂泰（举人）、九华（举人）、鄂伦（举人）、恒恩（举人）。

载字辈：盛昱（进士）、柏昌（举人）、额勒春（举人）。

（7）裕亲王镶白旗第二族后裔科甲情况

绵字辈：恒忠（举人）。

奕字辈：文溥（进士）、丰敬（举人）、英绩（进士）、文升（举人）。

载字辈：常珩（进士）、常珍（举人）。

溥字辈：继纯（举人）、继仁（举人）。

（8）英亲王镶红旗第六族后裔科甲情况

绵字辈：华德（进士）、重兴（举人）。

奕字辈：秀平（进士）、奎福（举人）。

载字辈：良贵（进士）、广振（举人）。

溥字辈：吉绅（进士）。

（9）广略贝勒镶红旗头族后裔科甲情况

奕字辈：隆贵（举人）。

载字辈：瑞兴泰（进士）、海濂（进士）、瑞吉（举人）、舒璐（举人）。

溥字辈：续惠（举人）。

信息缺失：钦良（举人）。

（10）诚毅勇壮贝勒正蓝旗第九族后裔科甲情况

永字辈：功袭（进士）、功普（进士）、春煦（举人）。

绵字辈：锡佑（举人）。

奕字辈：阿里汉（进士）。

载字辈：荣光（举人）、宝常（举人）。

（11）镇国勤敏公正蓝旗头族后裔科甲情况

弘字辈：达麟图（进士）。

绵字辈：桂山（举人）、桂崑（举人）、桂秀（举人）。

奕字辈：兴苍（进士）。

载字辈：佛尔国保（进士）、殊保（举人）。

上述的11支宗室科举家族科举成绩显著。以豫亲王正蓝旗第四族一支为例，既有奕字辈一代6位进士的惊人成就，又有如受庆—奎郁、奎景—宝熙三代连续进士的优异成绩，不仅充分体现了宗室科举的家族特性，而且表现出宗室进士、举人接受的良好教育。目前，宗室进士的殿试卷保存不多，犹可见者如光绪十八年（1892）二甲第七名进士宗室宝熙的殿试卷。宝熙殿试卷的作答内容展现出良好的汉文化素养。在殿试卷开篇，宝熙写道："治臣对臣间，治天下之道必先端本而澄源，平天下之经尤贵提纲而挈领。若尧舜禹汤文武之朝夏乎尚已，三代而后贤君令辟史不绝书，而求其宰世之大原则，不外布德以绥荒服，垂制以肃仪文，足食以厚民生，务农以充军实。"而宝熙参加殿试的光绪十八年（1892），恰是光绪帝亲政后力图振作、改革之期，故而在下文中宝熙有言"钦惟皇帝陛下躬亲大政，夕惕朝干，举所谓边围之要，朝觐之仪，仓庾之储，兵屯之制，已莫不握要，以图昭然而著实效矣"。下文宝熙主要围绕备边、屯田、储量等方面论述。他在殿试卷作结时写道："皇上申命疆臣大开屯政裕边，储培生计，诚万世永赖之规也。若此者，正域以宅中，考古以立范，修困以裕国，储粮以备边。上咸五，下登三，仁圣之事赅，帝王之道备矣。臣尤伏愿皇上日新进德，天健昭行，体周书无逸之文，思中庸不息之旨。版图已广而犹切防维，经曲已明而益修制度，裁栗已充而尤处荒歉，兵农已合而更示怀柔。"在卷尾，八位殿试读卷官从左至右依次是额、恩、翁、李、启、薛、汪、陈，均给出了"○"的标点，拟第十名，遂入荐卷。

当然，除了以上11个具有代表性的家族之外，如理密亲王镶蓝旗第二族、恂勤郡王镶蓝旗第四族等也均有5~6位宗室进士、举人。不过一些中式较少的支派在科举成功的代际方面缺乏稳定性，中式呈偶发特点，或者某支后裔进士、举人总量较多，但分散于不同房分之中。例如，诚隐郡王后裔4位科甲中式者虽然均隶属镶蓝旗第三族，但载灵、载龄、载颐、载萼4人均为载字辈，前后无代际联系，具有偶发与集中性，尚不能被视为科举家族。

### 六、清代宗室进士的宦绩——以《宗室贡举备考》所载为例

清代宗室进士、举人在科举成功后，相较于旗民中式者，会受到更多的照顾。《钦定宗人府则例》载，"凡宗室文进士、翻译进士由吏部籖分本府及各部，以主事额外学习行走者，三年期满应由该管堂官出具考语，奏留照例补用"。① 换言之，在宗室获得进士功名后，或馆选翰林，或分部属用。三年后，宗室进士多以翰林编修或各部主事作为宦绩起点。宗室文进士、翻译进士"如人数众多，临时再行酌量奏请改拨"。② 而宗室举人多数以各部笔帖式选用，又或者留补宗人府宗室专缺者。《嘉庆朝钦定大清会典事例》卷30《吏部十七·满洲铨选·科甲除授》载，"宗室文举人、翻译举人应专以宗人府笔帖式补用"。③ 自嘉庆五年（1800）始，基本上宗室文进士或馆选翰林，或以部属小京官（主事）补用，翻译进士以主事或内阁中书补用；宗室文举人以宗人府或部属笔帖式实缺补用，而宗室翻译文举人以宗人府笔帖式或候补笔帖式选用。

在此职官基础上，这些宗室进士、举人中以部属用者又会很快获得升任翰詹的机会，这符合朝廷所定"凡府属及各部院宗室人员，无论何官，系由进士举人出身者，科分较深，将届升用外班翰詹"④ 的规定；而宗室举人任笔帖式者，或沿宗人府升转，或升补主事实缺。大体而言，宗室进士、举人几乎无须像汉人进士、举人那样长时间等待补授实缺，很快就可委任官职，同时许多衙门成为宗室主要任职、升转的机构，具有更加清晰和顺畅的升转路径。

《宗室贡举备考》所辑录的宗室举人、进士呈现出宗室中式者宦绩方面的两大特点：第一，身居高位者较多。虽然《宗室贡举备考》辑录的清代249位宗室科举成功者均为远支宗室，但当他们科甲及第后，作为天潢支脉还是会受到当朝皇帝的眷顾，相较于其他旗民进士、举人会更受信任，更易被委以重任，具有宦绩上的先天优势。例如，与汉人进士、举人相比，地方驻防将军、都统、副都统、办事大臣、驻藏大臣等职缺为旗人禁脔，而宗室进士、举人又较易得到皇帝的信任与委派。

若以一至三品为上层职官来统计，《宗室贡举备考》辑录宗室科甲中式位至上层职官者达46人，占比18.5%，其中包括大学士5人，尚书9人，侍郎14人，驻防将军2人，都统1人，办事大臣3人，都察院左副都御使3人，总兵2人，副都统1人，驻藏大臣1人，内阁

---

① 《钦定宗人府则例》卷17《授官·进士奏留》，嘉庆七年刻本。
② 《嘉庆朝钦定大清会典事例》卷30《吏部十七·满洲铨选·科甲除授》。
③ 《嘉庆朝钦定大清会典事例》卷30《吏部十七·满洲铨选·科甲除授》。
④ 《钦定宗人府则例》卷17《授官·进士奏留》，嘉庆七年刻本。

学士3人，总督1人，通政使1人。

其中宗室进士、举人中官至一品者达17人，占比6.8%，涵盖宗室九个支派。包括：（1）庄亲王后裔。果齐斯欢，官至黑龙江将军；惟勤，官至热河都统；恩桂，官至吏部尚书。（2）饶余敏亲王后裔。铁麟，官至荆州将军；瑞联，官至兵部尚书、江宁将军。（3）恭亲王后裔。庆安，官至直隶总督；灵桂，官至武英殿大学士；延煦，官至礼部尚书；松森，官至理藩院尚书；寿耆，官至理藩部尚书。（4）诚隐郡王后裔。载龄，官至体仁阁大学士。（5）豫亲王后裔。麟书，官至武英殿大学士；昆冈，官至文渊阁大学士；奎润，官至礼部尚书。（6）辅国悫厚公后裔。阿克丹，官至理藩院尚书。（7）理密亲王后裔。福锟，官至体仁阁大学士。（8）和恭亲王后裔。溥良，官至礼部尚书。（9）循郡王后裔。溥颋，官至农工商部尚书、热河都统。

第二，宗室进士、举人以京内任职为主，除驻防将军、都统、办事大臣等地方旗缺外，宗室几乎不任地方文官。在京内衙门中，由于具有天潢贵胄的身份，因此宗人府成为他们任官的主体机构，绝大部分担任宗人府主事和笔帖式等职官。根据瑞联记载的42位宗室的宦绩信息可知（笔者考录的除外），担任宗人府笔帖式者20人，担任宗人府主事者13人，还有宗人府理事官3人，宗人府副理事官2人，宗学副管2人，宗人府经历2人。京内其他衙门如理藩院、内阁、六部和都察院也都有宗室举人、进士供职其间。值得注意的是在六部任职的宗室较多集中于工部和刑部，分任郎中和主事为多。除以上衙门外，宗室进士、举人任职翰林院者占据一定比例。在11位可稽考的任职翰林院的宗室中，其中任翰林院侍读学士、侍讲学士者达8人，左春坊左庶子2人，翰林院编修1人，而这既符合朝廷翰林官员升迁的政策，又给了宗室进士一条更加快速跻身显贵的通道。以上宗室进士、举人的宦绩呈现出任职多样化的特点，但有两个核心要素：第一，以京城为任职核心地域；第二，以文官为主要原则（升至高位后，往往文武互转）。

## 余　论

清代自嘉庆四年（1799）朝廷明发上谕将宗室科举固定化，无疑给闲散宗室开辟了一条新的仕进之路，而瑞联编纂的《宗室贡举备考》辑录了自乾隆十年至光绪十二年间249位宗室进士、举人的信息，涵盖了42科会试和40科乡试，时间跨度达141年，是记录和研究清代宗室科举制度的重要文献，补充了顾廷龙编纂的《清代硃卷集成》中有关宗室科举情况的缺失。

若以嘉庆四年恢复宗室科举为节点计算，《宗室贡举备考》囊括了永、绵、奕、载、溥、毓、恒7代人，涵盖29支宗室，而又以庄亲王后裔58人为最多。《宗室贡举备考》辑录的

249位宗室均属于远支宗室，他们为了增广自己的仕进之路，改变某些宗室后裔的边缘化地位，在恢复宗室科举后的19世纪常规化地参加考试，这一点展现出19世纪与18世纪的巨大差异，反映出天潢贵胄从"满洲性"向"社会性"的转变。

另一个社会性转变是：嘉庆朝至道光朝前期，宗室拥有文人字号者占比为一半左右，而步入道光朝后期，几乎所有的宗室举人、进士均效仿汉族取士人字号。在旗人文康所著的《儿女英雄传》第二十九回中有一段描写，清晰地展现了这种变化，文康写到原来旗人相见，则称呼上一个字或称姓氏，如"章佳相国""富察中丞"之类，但是到了作者所生活的道咸年间，则"旗人彼此相见，不问氏族，先问台甫""及至问了，是个人他就有个号""不论尊卑长幼，远近亲疏，一股脑子把称谓搁起来，都叫别号"。[①] 与之同时，即使翻译科中式进士也会效仿旗民进士恭谒先师孔子庙行释褐礼[②]，这些做法与自我认同可以说已与汉族士人完全趋同，凸显出清代多民族王朝在儒家文化熏陶下以科举为媒介的共融性效果。

这些宗室中举者的支派背景反映出宗室科举家族性的特点，如庄亲王镶蓝旗第五族后裔、饶余敏亲王正蓝旗第八族后裔、豫通亲王正蓝旗第四族后裔等都是具有典型性的宗室科举家族。这些家族科举成功的代际稳定性好，功名强盛，相较于一些汉人科举家族更为优异。这些通过科举成功的远支宗室虽然在科考之前并未受到太多关注，但是当他们科举成功后更易受到帝王的信任、照顾与擢升，故而在宦绩方面有着较为突出的表现，特别是位至上层官僚的比例较高，达46人，其中官居一品者就达17人。那些无法升转至高位的宗室进士、举人，大多也可以快速补上实缺，在宗人府、理藩院、六部改补职官，在宦绩上较普通旗民中式者为优，这都与他们的天潢贵胄的身份密不可分。总之，宗室进士瑞联所著《宗室贡举备考》一书，不仅达到了编纂该书时防止"恐日久无可稽考，无以见宗室人才之盛"的目的，而且书中所收录的清代宗室科举信息，对于今人了解清代宗室科举中式者的支派、族脉、辈分、科名、宦绩等内容具有重要帮助。

（本文部分内容以《清代宗室科举》为题发表于拙著《清代科举制度史论稿》中，在此基础上，文章有修订）

---

① 文康：《儿女英雄传》，岳麓书社1991年版，第340页。

② 中国第一历史档案藏：《礼部为抄录翻译进士恭谒先师孔子庙行释褐礼并给建坊银两表里原奏并开单传知善庆届期领赏行礼事致内务府等》，嘉庆十六年四月初二日，档案号：05-13-002-000098-0104。《礼部为翻译进士恭谒先师孔子庙行释褐礼给发建坊银两并照文进士例按名备表里赏给等情抄录原奏事致内务府等》，道光二十五年四月二十三日，档案号：05-13-002-000690-0057。

# 《宗室贡举备考》校注

瑞联　著　王学深　整理校注

## 谕旨部分

嘉庆四年<sup>[1]</sup>奉上谕：宗室<sup>[2]</sup>向有会试之例，后经停止<sup>[3]</sup>。敬惟皇考<sup>[4]</sup>圣意，原因宗室当娴习骑射，以存满洲旧俗。恐其专攻文艺，沾染汉人习气，转致弓马生疏。然自停止考试以后，骑射亦未能精熟。天潢支派繁衍，自当仍准考试，广其登进之路，兼可使读书变化气质，不至无所执业，别生事端。且应试之前，例应阅射马步箭<sup>[5]</sup>，方准入场，于骑射原不致偏废。旧制宗室俱不出乡举，径赴会试，未免过优。嗣后，宗室应考者自辛酉科<sup>[6]</sup>为始，与生监<sup>[7]</sup>一体乡试，应定中额<sup>[8]</sup>，著礼部覆议奏闻，候朕酌定<sup>[9]</sup>。钦此。

**校注：**

［1］嘉庆四年，即公元1799年。是年，太上皇乾隆帝逝世，嘉庆帝亲政。

［2］清朝宗室指清太祖努尔哈赤之父，显祖宣皇帝塔克世的后裔。据乾隆朝《大清会典》卷1《宗人府》载，"凡天潢宗派以显祖宣皇帝本支为宗室，伯叔兄弟之支为觉罗。宗室束金黄带，觉罗束红带，生子女周岁书其年月日时、母某氏，详其适庶次第，具册送府，宗室载入黄册，觉罗载入红册。宗室以罪黜为庶人者，束红带；觉罗以罪黜为庶人者，束紫带；所生子女备录送府如前法，各附黄红册后"。清朝至乾隆年间定宗室爵位有十四等，依次为：亲王、世子、郡王、长子、贝勒、贝子、入八分镇国公、入八分辅国公、不入八分镇国公、不入八分辅国公、镇国将军、辅国将军、奉国将军、奉恩将军。"皇子生十五岁，由府奏请封爵。如奉旨暂停，每至五年再奏请。亲王嫡子曰'世子'，仍袭亲王，余子封不入八分公（天命间，立八和硕贝勒，共议国政，各置官属，凡朝会燕饗皆异其礼、锡赉必均，及是为八分。天聪以后，宗室内有特恩封公及亲王余子授封公者，皆不入八分。其有功加至贝子，准入八分。如有过，降至公仍不入八分）。世子嫡子授爵，视亲王余子，余子封一等镇国将军。郡王嫡子曰'长子'，仍袭郡王，余子封一等镇国将军。长子嫡子

授爵，视郡王余子，余子封二等镇国将军；贝勒嫡子降袭贝子，余子封二等镇国将军；贝子嫡子降袭镇国公，余子封三等镇国将军；镇国公嫡子降袭辅国公，余子封一等辅国将军；辅国公嫡子仍袭辅国公，余子封二等辅国将军。不入八分镇国公嫡子降袭不入八分辅国公，不入八分辅国公嫡子降袭三等镇国将军，一等镇国将军嫡子降袭一等辅国将军，二等镇国将军嫡子降袭二等辅国将军，三等镇国将军嫡子降袭三等辅国将军，余子均封三等辅国将军。一等辅国将军嫡子降袭一等奉国将军，二等辅国将军嫡子降袭二等奉国将军，三等辅国将军嫡子降袭三等奉国将军，余子均封三等奉国将军。一、二、三等奉国将军嫡子均降袭奉恩将军，余子受封亦如之。奉恩将军嫡子仍袭罔替，余为闲散宗室。亲王侧福晋子封二等镇国将军，世子侧福晋子封三等镇国将军，郡王侧福晋子封三等镇国将军，长子贝勒侧室子均封一等辅国将军，贝子侧室子封二等辅国将军，镇国公侧室子封三等辅国将军，辅国公侧室子封一等奉国将军。亲王妾媵子封三等辅国将军，世子郡王妾媵子均封三等奉国将军，长子贝勒贝子妾媵子均封奉恩将军。"[1]

又据乾隆朝《大清会典》卷18《户部·俸饷》载，"凡颁禄，亲王岁支俸银万两，世子六千两，郡王五千两，长子三千两，贝勒二千五百两，贝子千三百两，镇国公七百两，辅国公五百两，一等镇国将军至奉恩将军凡十有三等，禄自四百十两每降一等减二十五两。宗室云骑尉八十五两、授云骑尉品级者八十两"。

［3］清代科举考试由低到高依次为童生试、乡试、会试和殿试。康熙三十六年（1697）和乾隆九年（1744），清政府先后两次允许宗室参加科举考试，但两次谕旨颁布后又分别于康熙三十九年（1700）和乾隆十七年（1752）下令停止宗室参加考试。

［4］指乾隆帝（1736—1795年在位）。

［5］清代宗室八旗科举、翻译科举要先考试马步箭，合试者准其入场考试。

［6］嘉庆辛酉科，指嘉庆六年（1801）乡试。宗室在北京参加顺天府乡试。

［7］生监，是生员和监生的合称。生员是参加童生试合格的士子获得的功名。监生，指获得入学国子监读书资格的士子，可以视为一种功名，直接参加乡试。监生原要赴京师国子监读书学习，但是明清时期监生人数众多，并不实际赴京师学习。清朝监生除考试外，可以通过捐纳等方式获得。

［8］清代科举录用采取定额制，宗室科举同样如此。嘉庆六年（1801）恢复宗室科举后的第一科乡试，以9人中取1人为录取比例，结果该科63位宗室参加顺天府乡试，最终录取了7人。在会试阶段，清朝同样为宗室预留了中式名额，每科会试分配2~4个不等的名额给宗室。以现存《清实录》史料为依据，辑录如下：嘉庆七年（1802）宗室中额3名、嘉

---

① （清）允裪，等，撰. 杨一凡，宋北平，主编. 大清会典（乾隆朝）［M］. 李春光，点校. 南京：凤凰出版社，2018：002.

庆十年（1805）宗室中额2名、嘉庆十三年（1808）宗室中额4名、嘉庆十四年（1809）宗室中额3名、嘉庆十六年（1811）宗室中额3名、嘉庆二十二年（1817）宗室中额3名、嘉庆二十四年（1819）宗室中额4名、嘉庆二十五年（1820）宗室中额4名、道光二年（1822）宗室中额4名、道光三年（1823）宗室中额4名、道光十二年（1832）宗室中额3名、道光十三年（1833）宗室中额3名、道光十六年（1836）宗室中额2名、道光十八年（1838）宗室中额2名、道光二十年（1840）宗室中额3名、道光二十四年（1844）宗室中额2名、道光二十五年（1845）宗室中额2名、道光三十年（1850）宗室中额2名、咸丰二年（1852）宗室中额2名、咸丰三年（1853）宗室中额2名、咸丰六年（1856）宗室中额2名、咸丰九年（1859）宗室中额2名、咸丰十年（1860）宗室中额2名、同治元年（1862）宗室中额2名、同治二年（1863）宗室中额2名、同治四年（1865）宗室中额2名、同治七年（1868）宗室中额2名、同治十年（1871）宗室中额2名、同治十三年（1874）宗室中额2名、光绪二年（1876）宗室中额2名、光绪三年（1877）宗室中额2名、光绪九年（1883）宗室中额2名、光绪十八年（1892）宗室中额3名、光绪二十年（1894）宗室中额3名、光绪二十一年（1895）宗室中额3名、光绪二十四年（1898）宗室中额3名。

［9］嘉庆朝宗室开科后，每科乡会试宗室单独设定中额，由礼部事前呈请。宗室会试中额每科2~4名，宗室乡试中额每科7~9名。

## 宗室世系[1]

### 显祖宣皇帝

第二子多罗诚毅勇壮贝勒讳穆尔哈齐

第三子和硕庄亲王讳舒尔哈齐

二世和硕郑献亲王讳济尔哈朗

### 太祖高皇帝

第一子广略贝勒讳褚英

第二子和硕礼烈亲王讳代善

第三子镇国勤敏公讳阿拜

第六子辅国悫厚公讳塔拜

第七子和硕饶余敏亲王讳阿巴泰

第九子镇国恪僖公讳巴布泰

第十二子原封和硕英亲王讳阿济格

第十三子辅国介直公讳赖慕布

第十四子和硕睿忠亲王讳多尔衮

第十五子和硕豫通亲王讳多铎

## 太宗文皇帝

第一子和硕肃武亲王讳豪格

第六子镇国愨厚公讳高塞

## 世祖章皇帝

第二子和硕裕宪亲王讳福全

第五子和硕恭亲王讳常颖

## 圣祖仁皇帝

第一子原封多罗直郡王讳允禔

第二子和硕理密亲王讳允礽

第三子多罗诚隐郡王讳允祉

第五子和硕恒温亲王讳允祺

第七子和硕淳度亲王讳允祐

第九子原封固山贝子讳允禟

第十子原封多罗敦郡王讳允䄉

第十四子多罗恂勤郡王讳允禵

第十五子多罗愉恪郡王讳允禑

第二十三子郡王衔多罗诚贝勒讳允祁

第二十四子和硕诚恪亲王讳允祕

## 世宗宪皇帝

第五子和硕和恭亲王讳弘昼

## 高宗纯皇帝

第三子多罗循郡王讳永璋

宗室王贝勒后裔并无科目者不载，俟中式有人再行补入。

**校注：**

[1]指努尔哈赤之父塔克世的后裔。清朝以塔克世的后世子孙为宗室，系黄带子。宗室子女出生，要上报宗人府其出生年月日时、母姓氏，载入黄册。笔者根据辽宁省图书馆藏《玉牒》，兹将《宗室贡举备考》中所涉宗室支脉人物小传辑录如下：

（1）（显祖宣皇帝）第二子多罗诚毅勇壮贝勒穆尔哈齐，辛酉年（1561）庶民妃李佳氏所出，天命五年（1620）九月初十日巳时卒，年六十岁。原以军功赐号诚毅，顺治十年追封贝勒，谥曰"勇壮"。

（2）（显祖宣皇帝）第三子和硕庄亲王舒尔哈齐，甲子年（1564）宣皇后喜塔腊氏所出，辛亥年（1611）八月十九日午时薨，年四十八岁。顺治十年（1653）追封亲王，谥曰"庄"。

（3）（和硕庄亲王舒尔哈齐）第六子和硕郑献亲王济尔哈朗，四子有爵。己亥年十月初二日丑时生，福晋乌拉那拉氏所出。初封贝勒，顺治元年（1644）加封信义辅政叔亲王，五年（1648）缘事降为郡王。同年四月复亲王爵，九月授定远大将军。九年（1652）二月加封叔和硕郑亲王。十二年（1655）五月初一日寅时薨，年五十七岁，谥曰"献"。乾隆四十三年（1778）特旨，以佐命殊功配享太庙。

（4）（太祖高皇帝）第一子广略贝勒褚英，庚辰年（1580）原妃佟佳氏所出。太祖时，原以军功封广略贝勒，乙卯年（1615）闰八月因犯罪处死，年三十六岁。

（5）（太祖高皇帝）第二子和硕礼烈亲王代善，癸未年（1583）七月初三日寅时元妃佟佳氏所出，原以军功赐号古英。天命元年（1616）封和硕贝勒。崇德元年（1636）晋封和硕兄礼亲王。顺治五年（1648）十月十一日丑时薨，年六十六岁，谥曰"烈"。乾隆四十三年（1778）特旨以佐命殊功配享太庙。

（6）（太祖高皇帝）第三子镇国勤敏公阿拜，乙酉年（1585）八月十五日丑时庶妃兆佳氏所出，顺治四年（1647）封镇国将军。顺治五年（1648）二月二十一日巳时卒，年六十四岁。顺治十年（1653）追封镇国公，谥曰"勤敏"。

（7）（太祖高皇帝）第六子辅国悫厚公塔拜，己丑年（1589）二月十八日戌时庶妃钮钴禄氏所出，天聪八年（1634）寻封镇国将军。崇德四年（1639）八月初九日申时卒，年五十一岁，追封辅国公，谥曰"悫厚"。

（8）（太祖高皇帝）第七子和硕饶余敏亲王阿巴泰，己丑年（1589）六月十六日午时侧妃伊尔根觉罗氏所出。天命八年（1623）封授贝勒。崇德元年（1636）晋封饶余贝勒。顺治元年（1644）晋封饶余郡王。顺治三年（1646）二月十五日酉时薨，年五十八岁，追封和硕饶余亲王，谥曰"敏"。

（9）（太祖高皇帝）第九子镇国恪僖公巴布泰，壬辰年（1592）十一月初十日卯时庶妃嘉木湖觉罗氏所出。崇德六年（1641）封授奉国将军。顺治四年（1647）晋封辅国将军，寻晋封辅国公。顺治八年（1651）晋封镇国公。十二年（1655）正月二十二日巳时卒，年六十四岁，谥曰"恪僖"。

（10）（太祖高皇帝）第十二子原封和硕英亲王阿济格，乙巳年（1605）七月十五日大妃乌拉那拉氏所出，初封贝勒。崇德元年（1636），以军功晋封武英郡王。顺治元年（1644）又晋封亲王，五年（1648）授平西大将军，八年（1651）缘事革去王爵。是年十月赐死，年四十七岁。

（11）（太祖高皇帝）第十三子辅国介直公赖慕布。辛亥年（1611）十月二十四日巳时庶妃西林觉罗氏所出，顺治二年（1645）封授奉恩将军，三年（1646）五月十一日巳时卒，年三十六岁。顺治十五年（1658）追封辅国公，谥曰"介直"。

（12）（太祖高皇帝）第十四子和硕睿忠亲王多尔衮，壬子年（1612）十一月二十五日寅时大妃乌拉那拉氏所出。初封睿亲王，顺治七年（1650）十二月初九日戌时薨，年三十九岁。缘事追夺王爵，黜宗室。乾隆四十三年（1778）命复还睿亲王原爵，赐谥曰"忠"，复入宗室，仍令袭替王爵，修葺园寝，配享太庙。

（13）（太祖高皇帝）第十五子和硕豫通亲王多铎，甲寅年（1614）二月二十四日戌时大妃乌拉那拉氏所出。初封贝勒，崇德元年（1636）晋封豫亲王。是年，缘事降为贝勒。崇德七年（1642）晋封豫郡王。顺治元年（1644）晋封豫亲王，本年授定国大将军，二年（1645）加封辅政叔德豫亲王，六年（1649）三月十八日寅时薨，年三十六岁。顺治九年（1652）因系睿亲王同胞弟，追降为郡王，谥曰"通"。乾隆四十三年（1778）特旨复封亲王，以佐命殊功配享太庙。

（14）（太宗文皇帝）第一子和硕肃武亲王豪格，己酉年（1609）三月十三日子时继妃乌拉那拉氏所出。初封和硕贝勒，崇德元年（1636）以军功晋封和硕肃亲王，本年降为贝勒，七年（1642）以军功复封肃亲王。顺治元年（1644）缘事削王爵，本年复封肃亲王，三年（1646）授靖远大将军。五年（1648）自尽，年四十岁。世祖章皇帝亲政，念其无辜被害，追封和硕肃亲王，谥曰"武"。乾隆四十三年（1778）特旨意佐命殊功配享太庙。

（15）（太宗文皇帝）第六子镇国愨厚公高塞，崇德二年（1637）二月十六日子时庶妃那拉氏所出。初封辅国公。康熙八年（1669）晋封镇国公，九年（1670）七月二十二日子时卒，年三十四岁，谥曰"愨厚"。

（16）（世祖章皇帝）第二子和硕裕宪亲王福全，顺治十年（1653）七月十七日丑时宁愨妃董鄂氏所出。康熙六年（1667）封授和硕裕亲王，二十九年（1690）授抚远大将军。

四十二年（1703）六月二十六日酉时薨，年五十一岁，谥曰"宪"。

（17）（世祖章皇帝）第五子和硕恭亲王常颖，顺治十四年（1657）十一月初四日申时庶妃陈氏所出。康熙十年（1671）岁满，封授和硕恭亲王，二十九年（1690）授安北大将军，四十二年（1703）六月初七日戌时薨，年四十七岁。

（18）（圣祖仁皇帝）第一子原封多罗直郡王讳允禔，康熙十一年（1672）二月十四日午时惠妃那拉氏所出。三十七年（1698）封授多罗直郡王。四十七年（1708）削夺郡王。雍正十二年（1734）十一月初一日卯时卒，年六十三岁，照固山贝子例殡葬。

（19）（圣祖仁皇帝）第二子和硕理密亲王允礽，康熙十三年（1674）五月初三日巳时孝诚仁皇后赫舍里氏所出，册封皇太子，废黜。雍正二年（1724）十二月十四日（公历1725年1月27日）戌时薨，年五十一岁，追封理亲王，谥曰"密"。

（20）（圣祖仁皇帝）第三子多罗诚隐郡王允祉，康熙十六年（1677）二月二十日午时荣妃马佳氏所出。三十七年（1698）封授多罗诚郡王。三十八年（1699）革去王爵，降为贝勒。四十八年（1709）晋封诚亲王。雍正六年（1728）缘事降为郡王。八年（1730）二月复封和硕诚亲王。是年五月缘事革去亲王。十年（1732）五月十九日丑时薨，年五十六岁，照郡王例殡葬，追谥曰"隐"。

（21）（圣祖仁皇帝）第五子和硕恒温亲王允祺，康熙十八年（1679）十二月初四日（公历1680年1月5日）申时宜妃郭络罗氏所出。三十七年（1698）封授多罗贝勒。四十八年（1709）晋封和硕恒亲王。雍正十年（1732）五月十九日丑时薨，年五十四岁，谥曰"温"。

（22）（圣祖仁皇帝）第七子和硕淳度亲王允祐，康熙十九年（1680）七月二十五日子时成妃戴氏所出。三十七年（1698）封授多罗贝勒。四十八年（1709）晋封多罗淳郡王。雍正元年（1723）晋封和硕淳亲王。八年（1730）四月初二日辰时薨，年五十一岁，谥曰"度"。

（23）（圣祖仁皇帝）第九子允禟，康熙二十二年（1683）八月二十七日子时宜妃郭络罗氏所出。四十八年（1783）封授固山贝子。雍正三年（1725）缘事革去贝子。四年（1726）将伊本身并子孙黜宗室。是年八月二十七日午时卒，年四十四岁。乾隆四十三年（1778）特旨复入宗室。

（24）（圣祖仁皇帝）第十子固山贝子品级允䄉，康熙二十二年（1683）十月十一日亥时温禧贵妃钮钴禄氏所出。四十八年（1709）封授多罗敦郡王。雍正二年（1724）缘事削王爵。乾隆二年（1737）封授辅国公品级。六年（1741）九月初九日子时薨，年五十九岁，照固山贝子例殡葬。

（25）（圣祖仁皇帝）第十四子多罗恂勤郡王允禵，康熙二十七年（1688）正月初九日酉时孝恭仁皇后乌雅氏所出。四十八年（1709）封固山贝子。雍正元年（1723）晋封多罗郡王。三年（1725）缘事革去郡王，降为贝子。四年（1726）缘事革去贝子。乾隆二年

（1737）封授辅国公品级。十二年（1747）封授多罗贝勒。十三年（1748）封授多罗恂勤郡王。二十年（1755）正月初六日酉时薨，年六十八岁，谥曰"勤"。

（26）（圣祖仁皇帝）第十五子多罗愉恪郡王允禑，康熙三十二年（1693）十一月二十八日戌时顺懿密妃王氏所出。雍正四年（1726）封授多罗贝勒。本年晋封多罗愉郡王。九年（1731）二月初一日巳时薨，年三十九岁，谥曰"恪"。

（27）（圣祖仁皇帝）第二十三子郡王品级多罗诚贝勒允祁，康熙五十二年（1713）十一月二十八日（公历1714年1月14日）卯时静嫔石氏所出。雍正八年（1730）封授镇国公。十三年（1735）晋封多罗贝勒。乾隆二十三年（1758）缘事降为固山贝子。四十二年（1777）又缘事降为镇国公。四十五年（1780）封授固山贝子。四十七年（1782）复封多罗贝勒。四十九年（1784）授郡王衔。乾隆五十年（1785）七月二十七日未时卒，年七十三岁，谥曰"诚"。

（28）（圣祖仁皇帝）第二十四子和硕诚恪亲王允祕，康熙五十五年（1716）五月十六日巳时穆嫔陈氏所出。雍正十一年（1733）封授和硕诚亲王。乾隆三十八年（1773）十月二十日卯时薨，年五十八岁，谥曰"恪"。

（29）（世宗宪皇帝）第五子和硕和恭亲王弘昼，康熙五十年（1711）十一月二十七日（公历1712年1月5日）未时纯懿皇贵妃耿氏所出，雍正十一年（1733）封授和硕和亲王。乾隆三十五年（1770）七月十三日申时薨，年六十岁，谥曰"恭"。

（30）（高宗纯皇帝）第三子多罗循郡王永璋，雍正十三年（1735）五月二十五日午时纯惠皇贵妃苏氏所出。乾隆二十五年（1760）七月十六日辰时薨，年二十六岁，追封多罗循郡王。

# 科名与宦绩

### 鼎甲一人[1]

寿耆　光绪癸未榜眼

**注：**

殿试一甲三名赐进士及第，即为鼎甲。二甲、三甲无定数。二甲赐进士出身，三甲赐同进士出身。

## 传胪一人[1]

灵桂　道光戊戌

**注:**

传胪有两种意思。第一种意思指二甲第一名进士，即所有进士的第四名，为专有称谓。第二种意思指殿试后的发榜唱名仪式，称传胪。这里的传胪指前者。

## 乡会联元二人

保极　道光辛巳、壬午

福锟　咸丰戊午、己未

## 解元登会元七人

素博通额　嘉庆庚午、甲戌

豫本　嘉庆己卯、道光丙戌

秀平　道光丁酉、庚子

瑞联　咸丰辛亥、癸丑

宝森　咸丰乙卯、庚申

良贵　同治甲子、甲戌

盛昱　同治庚午、光绪丁丑

## 乡试兄弟同榜

德朋阿　嘉庆辛酉

德刚阿

崇硕　嘉庆甲子

崇弼

鄂尔端　嘉庆丙子

讷勒亨额

德隆布　嘉庆戊寅

德恒布

### 会试兄弟同榜

铁麟　嘉庆己卯
鄂尔端
讷勒亨额

### 乡试叔侄同榜

宽绵　道光乙酉
贵诚

### 会试叔侄同榜

德刚　阿嘉庆戊辰
敏勤

### 祖孙父子翰林

良诚　乾隆戊辰
德朋阿　嘉庆壬戌
敏勤　嘉庆戊辰
庆祺　道光壬辰
延煦　咸丰丙辰
会章　光绪丙子

### 赐谥者六人

果齐斯欢　文僖
铁麟　文恪
恩桂　文肃
庆祺　恭肃
载龄　文恪
灵桂　文恭

### 大学士二人

载龄　体仁阁
灵桂　武英殿

## 协办大学士一人

福锟

## 官一品者十一人

果齐斯欢　将军

惟勤　都统

铁麟　将军

恩桂　尚书

庆祺　总督

瑞联　尚书

麟书　尚书

延煦　尚书

昆冈　尚书

奎润　尚书

松森　总宪

## 官二品者十八人

惠端　侍郎[1]

奕泽　侍郎

功普　侍郎

鄂尔端　西镇总兵[2]

讷勒亨额　侍郎

桂森　阁学

海朴　副都统

德诚　侍郎

善焘　侍郎

和润　侍郎

锡龄　侍郎

煜纶　侍郎

载肃　侍郎

绵宜　侍郎

阿克丹　侍郎

宝森　侍郎

桂昂　东镇总兵[3]

宝廷　侍郎

**注：**

[1] 侍郎，乾隆朝以后品秩正二品。《清史稿》卷89《职官一》记载有误，在此加以辨析：中华书局点校版《清史稿》卷89《职官一》（中华书局1977年，第3271页）载"（吏部）左、右侍郎，初制满洲、汉军二品，汉员三品。顺治十六年改满侍郎三品。康熙六年复故，九年仍改三品。雍正八年俱定从二品，各部同"。然考究清代制度可知，各部侍郎自乾隆朝以后为正二品官职，此处《清史稿》显然存在讹误，漏掉了乾隆十四年更定的规制。《钦定大清会典事例》卷十八《吏部二·官制二·原定满汉官员品级》载，"各部院左、右侍郎，初制三品。雍正八年升为从二品，乾隆十四年复升为正二品"（中华书局1991年，第246页）。正是因为乾隆十四年（1749）提升了各部满汉侍郎品级，所以在乾隆二十九年（1764）编纂刊行的《大清会典》（卷三《吏部·官制一》）中已经按照新更定的职官品级进行记述，文载"吏部、户部、礼部、兵部、刑部、工部尚书满汉各一人，从一品；左、右侍郎，满汉各一人，正二品"（凤凰出版社2018年，第12页）。对于这一问题，杜家骥在研究清代职官问题时指出"部院中，不同机构的堂官之间存在差别。六部堂官，皆为同职之尚书、侍郎，品级也相同，尚书皆从一品，侍郎皆正二品"。由此可见，《清史稿》所载清代侍郎品级有误。

[2] 西镇总兵，指清西陵泰宁镇总兵兼总管内务府大臣。清朝皇家陵寝分别位于河北遵化马兰峪镇和易县泰宁镇。前者为清东陵，以马兰镇总兵兼内务府大臣管辖，后者为清西陵，以泰宁镇总兵兼内务府大臣管辖。《清史稿》卷115《职官二》记载有误，在此加以辨析：中华书局点校版《清史稿》卷115《职官二》（1977年，第3328页）载"东陵：总管大臣一人。泰宁镇总兵兼内务府大臣简充"。众所周知，清代皇陵分为三部分，包括关外祖陵、清东陵和清西陵。清东陵位于直隶遵化马兰峪镇，按清制规定，应由马兰镇总兵兼属东陵大臣，而泰宁镇总兵则兼属西陵大臣，以示郑重。乾隆朝《钦定大清会典》卷89《总管内务府大臣》载，"文职有二品：东陵总管大臣以马兰镇总兵兼"（《四库全书》本，第3页）。又，《钦定大清会典事例》卷1173《内务府四·官制四·陵寝官属》载，"东陵总管大臣，雍正元年设，马兰镇总兵兼总管内务府大臣一人"（中华书局1991年，第681页）。徐广源认为"整个东陵的最高长官为'东陵总管内务府大臣'。雍正元年（1723）以后，此职由朝廷特派。乾隆四十年（1775）始，马兰关总兵兼任东陵总管内务府大臣之职。这种兼任制一直延续到清末"。清东陵的管辖由最早的马兰关副将改为马兰镇总兵统摄，再由马兰

镇总兵兼属东陵大臣，体现了清政府加强陵区军事防守、尊崇清东陵规制的用意。由此可见，此处《清史稿》所载东陵总管大臣由泰宁镇总兵简充记述有误。

〔3〕指马兰镇总兵兼内务府大臣，管辖清东陵。

## 举人官二品者一人

载庆　阁学

## 会试总裁[1]

载龄　咸丰壬子、同治癸亥

昆冈　光绪丁丑

麟书　光绪庚辰

瑞联　光绪癸未

## 注：

乾隆朝《大清会典》卷31《礼部·仪制清吏司·贡举》载，"会试正副各二人，间用正一人副二人，或正二人副一人，均俟钦命。列大学士、学士、尚书、左都御史、侍郎、左副都御史"。嘉庆朝以后，会试考官多一正三副配置。

## 乡试主考[1]

良诚　乾隆壬申贵州正、戊子湖北正

果齐斯欢　嘉庆癸酉顺天副

素博通额　道光辛巳湖北副

德诚　道光甲午贵州正

庆祺　道光丁酉四川副

恩桂　道光己亥顺天副

和涫　道光己亥云南正

灵桂　道光己酉顺天副、咸丰己未顺天副

锡龄　咸丰壬子浙江正

煜纶　咸丰己未四川正

绵宜　同治壬戌湖南正

阿克丹　同治甲子福建副

昆冈　同治甲子河南正、癸酉云南正

瑞联　同治乙丑补行辛酉、壬戌浙江正

宝森　同治庚午福建正

宝廷　同治癸酉浙江副、光绪壬午福建正

奎润　光绪乙亥浙江正、乙酉顺天副

麟书　光绪丙子顺天副

### 注：

凡考官乡试，正副各一人，由部列侍郎以下，编检、中赞、科道、中书、评事、博士以上官。据乾隆朝《大清会典》卷31《礼部·仪制清吏司·贡举》载，"凡慎选考官除三品以上简自宸衷外，吏部咨取四品以下由进士出身官，恭俟御试。按钦定名次引见，仍开列具疏候旨简用"，是为考差。雍正三年（1725）谕令各省正副主考官，翰林及由进士出身之部院官，试以《四书》文二篇，亲定甲乙，然后委派。这是清代应试考差的开始。乾隆三十三年（1768），适逢翰詹官员大考，乾隆帝令停止考差，"各衙门应行开列试差之进士出身人员，著吏部传集带领引见"。乾隆三十六年（1771）恢复考试，候旨简用。乾隆四十七年（1782）礼部奏准"凡乡试之年，考试试差"，考差成为定制。详细研究参看李世愉著《试论清代科举中的考差制度》[《湖南大学学报》（社会科学版）2007年第4期]。

### 会试同考官[1]

达麟图　乾隆辛未

和滂　道光辛丑

英绥　道光辛丑

载龄　道光丁未

保清　道光庚戌

和润　咸丰壬子

瑞联　咸丰庚申

延煦　同治壬戌、癸亥

麟书　同治癸亥

阿克丹　同治乙丑

昆冈　同治戊辰、甲戌

霍穆欢　同治辛未

### 注：

会试同考官十有八人，列翰詹、给事中、部曹，各疏请简用。

## 乡试同考官[1]

果齐斯欢　嘉庆戊辰

受庆　道光乙酉

善焘　道光甲午

英宝　道光丙午

瑞联　咸丰戊午、辛酉

麟书　咸丰戊午

绵宜　咸丰己未

延煦　咸丰辛酉

霍穆欢　同治甲子

阿克丹　同治丁卯、庚午、癸酉

### 注：

凡同考官乡试顺天十有八人，由部列员外郎以下、评博以上官。各省乡试江南十有八人，浙江十有六人，江西十有四人，山东、河南各十有二人，福建十有一人，湖北、陕西、广东、广西各十人，山西、湖南各九人，云南、贵州各八人，由监临官于所属府同知、通判、知州县内选择入闱。

## 学政[1]

良诚　安徽

锡龄　安徽

昆冈　福建

### 注：

据乾隆朝《大清会典》卷32《礼部·仪制清吏司·学校》载，"直省提督学政选差，京堂、翰詹、科道、部曹，盛京以奉天府丞，福建台湾府、广东琼州府以巡道兼之。提调以知府、同知、直隶州，分教以教授、学正、教谕、训导等官"。学政每三年一任，最主要的任务是三年两试，即岁试和科试。学政的其他职责还有：颁行书籍、约束场规、衡文选拔、奖惩士子、优恤诸生、劝导学业、移风易俗等。

# 康熙朝、乾隆朝停止宗室科举谕旨

康熙三十六年谕宗室子弟有能力学属文，应令一体应试，编号取中，于三十八年己卯科乡试一次，旋即停止。[1]

乾隆九年宗人府议准，请钦命大臣合试左右翼学生[2]，凡本年考取一二等及往年考取一等，并在家肄业愿观光者，咸准与考，拔取佳卷进呈御览，恭候钦定名次。由府引见，以会试中式注册。竢礼部会试之年，习翻译者与八旗翻译贡士[3]同引见，赐进士，以府属额外主事用。习汉文者，与天下贡士同殿试，赐进士，甲第有差。十七年[4]奉旨停止。

**校注：**

[1]康熙三十六年，即公元1697年，朝廷明发上谕："国家乐育人才，振兴文教，将使海内英隽之士，靡不蒸蒸蔚起。矧宗室子弟，系托天潢，岂无卓越之姿！足称令器，允宜甄陶奖掖，俾克有成，考诸前史，以公族应制举入仕者，代不乏人。今属籍所载，日益繁衍，除已授爵秩人员外，闲散子姓，素无职业，诚恐进取之途未辟，致向学之意渐堕。嗣后八旗宗室子弟，有能力学属文，奋志科目，应令与满洲诸生一体应试，编号取中，如此则赋质英异者咸服习于诗书，而学业成就者不沮抑于仕进。凡属宗支，人人得以自效，而于朕兴贤睦族之至意，亦用是以允惬焉。尔等衙门即遵谕行"①。

[2]清朝左右翼为传统八旗行军的归属区分，各含四旗，其中左翼四旗为镶黄旗、正白旗、镶白旗、正蓝旗。右翼四旗为正黄旗、正红旗、镶红旗、镶蓝旗。雍正二年（1724），清朝始定左右翼宗学之制：左翼四旗、右翼四旗各设宗学一所。规定凡宗室子弟内情愿就学读书者，均令入学分习清书、汉书，并兼学骑射；每学设总理学务王公1人及总管2人、副总管8人掌理学务。

[3]八旗翻译科举创设于雍正元年（1723）。满洲旗和汉军旗人考满汉文翻译，蒙古旗人考满蒙翻译。首科翻译会试于乾隆四年（1739）举行，共取中22人。自此，翻译科举形成了童、乡、会试三级科考体制。翻译科会试中式后成为翻译贡士。乾隆朝曾允准宗室参加翻译科举。嘉庆五年（1800）议准，"嗣后凡遇考试翻译乡会试之年，宗室亦应照文场乡会试之例办理"。嘉庆二十四年（1819），因宗室参加翻译乡试人数过少，崇禄等奏请暂

---

① 《光绪朝大清会典事例》卷329，中华书局1991年版，第896页。

停宗室翻译乡试。当年的宗室翻译乡试应赴兵部考试骑射者8人，却有7人报告患病无法应试，结果仅1人考试。因此，嘉庆帝停止了当年的宗室翻译乡试，并强调以后宗室满20人应试方准再开宗室翻译科。在道光朝，宗室翻译科乡试久停，直到咸丰末年才并入八旗翻译乡试。咸丰十一年（1861）奏准，将宗室翻译乡会试并入八旗一体同题考试。

［4］乾隆十七年，即公元1752年，谕旨："皇祖、皇考均有明旨。后因条奏，复令宗室等应乡会试。彼时宗人府总理事务王大臣并未声明，草率照覆，实属错误。嗣后仍遵皇祖、皇考原降谕旨，将宗室等乡会试及选庶吉士之例永行停止，再不可条陈考试。宗室内如果有学问优长者，自施恩录用也。"

# 宗室科甲功名部分

## 乾隆十年乙丑科会试

镇国勤敏公后裔[1]达麟图[2]，号玉书，正蓝旗头族弘字辈[3]，庶吉士[4]，授检讨。历官侍讲，改宗人府[5]主事，官至副理事官。乾隆辛未科会试同考官[6]。

**校注：**

[1] 镇国勤敏公阿拜，努尔哈赤第三子。明万历十三年（1585）八月十五日生，母为庶妃兆佳氏。顺治五年（1648）卒。顺治十年（1653）五月，追晋镇国公，谥号"勤敏"。

[2] 据《清高宗实录》卷186，乾隆八年（1743）三月丙辰载"先是宗人府议请合试左右两翼宗学生，拔取佳卷准作进士。至是钦命大臣考取一二等佳卷进呈，宗人府带领引见。得旨：考取之宗室玉鼎柱、达麟图、福喜俱准作进士，与乙丑科会试中式之人一体殿试引见"。至是，达麟图中式乾隆十年（1745）乙丑科三甲第90名进士，馆选庶吉士，散馆授检讨。乾隆十三年（1748）五月庚子载"宗室达麟图……俱授为检讨"，累迁至侍讲。《清高宗实录》卷406乾隆十七年（1752）正月庚午载，"宗室达麟图所学平常，人殊可厌。著革去侍讲在宗人府章京上行走"。乾隆二十四年（1759），宗室达麟图准其京察一等加一级。

[3] 清代宗室字辈自康熙朝逐渐排定并走向成熟，依次为胤、弘、永、绵、奕、载、溥、毓、恒、启、焘、闿、增、祺、敬、志、开、瑞、锡、英、源、盛、正、兆、懋、祥。

[4] 庶吉士，亦称庶常。明清两代殿试后会举行朝考，考试优等的进士会继续进入翰林院开始为期三年的深造，称为馆选。三年后，待考试合格后授予实际官职，称为散馆。《词林典故》卷2载，"乾隆十年乙丑，选宗室达麟图一人为庶吉士。谨按定制，宗室不应科目之选，自雍正初建立宗学，宗人子弟以时读书其中。自后五年一试，取其文合格者赐进士，一体引对。至是馆选，达麟图与焉，宗室入翰林始此"。

[5] 宗人府，清代管理宗室事务的机构，掌管玉牒修纂，记录子女出生、婚娶、封爵、

谥号、死亡、安葬等事宜，也负责管理受罚的宗室成员。据乾隆朝《大清会典》卷1《宗人府》载，"宗令一人，左右宗正各一人，左右宗人各一人（初制以亲王、郡王为宗令，贝勒、贝子为宗正，镇国、辅国公为宗人。厥后不拘一格，惟择贤能者任之）。掌皇族之属籍，以时修辑玉牒。辨昭穆，序爵禄，均其惠养而布之教令。凡亲疏之属胥受治焉。府丞一人（用汉人），掌校理汉文册籍。左右二司，每司理事官二人，副理官二人，主事二人（宗室旗员分半用），分掌左右翼宗室觉罗之籍，稽承袭次序、秩俸等差，及养给、贫匄、优恤、婚丧之事，书其子女适庶、生卒、婚嫁、官爵、名谥以备《玉牒》纪载。经历二人（宗室旗员分半用），掌出纳文书。堂主事二人（宗室旗员分半用），掌奏疏稿案。汉主事二人，掌汉文册籍。笔帖式二十四人（宗室旗员分半用），掌翻译清汉文书"。

［6］乾隆辛未科，指乾隆十六年（1751）。会试同考官，指会试协同主、副考官阅卷的官员。雍正元年（1723）定会试同考官共18人，须进士出身，多选翰林院官员或内阁官员担任。

# 乾隆十三年戊辰科会试

饶余敏亲王后裔[1]良诚[2]，号瑶圃，正蓝旗第八族弘字辈，庶吉士，授检讨。历官通政使，降官至祭酒[3]。乾隆壬申科贵州、戊子科湖北乡试正考官[4]。安徽学政[5]。

**校注：**

［1］饶余敏亲王阿巴泰，清太祖努尔哈赤第七子。明万历十七年（1589）生，顺治三年（1646）病逝。康熙元年（1662），阿巴泰被追封为和硕饶余亲王。康熙十年（1671）追加谥号为"敏"。

［2］良诚，乾隆十三年（1748）戊辰科三甲第五十七名进士。

［3］良诚曾任翰林院侍读、詹事府詹事、光禄寺卿、通政使司通政使等职。《清高宗实录》卷637乾隆二十六年（1761）五月乙丑载，"以詹事宗室良诚为通政使"。良诚曾三任国子监满洲祭酒，分别是在乾隆十八年（1753）、乾隆三十一年（1766）和乾隆四十一年（1776）。乾隆三十一年降任国子监祭酒后，良诚接连上疏建言，涉及国子监、八旗官学、觉罗学、宗学等事务。职官档案详见台北史语所藏《内阁大库档案》，《大学士兼管吏部户部事务总管内务府大臣开列应升人员詹事府詹事宗室良诚等三人职名题请补授光禄寺卿太仆寺卿等升任员缺》，乾隆二十六年五月二十日，登录号：077198。

现存四库全书本《钦定国子监志》记载了良诚几则建言，兹录如下。

（1）《钦定国子监志》卷36载，"乾隆三十一年，礼部议准祭酒良诚奏称：近年岁贡肄业者多属精神衰迈、文理荒谬，将来出司学校，岂能振作人才！嗣后各该州县须看其精力未衰，方准申送，如滥行给文，该州县照例处分"。

（2）《钦定国子监志》卷36载，"乾隆三十一年，礼部议准祭酒良诚奏称：官学每旗学生百数，习翻译清书者颇多，以助教二员教之恐不能遍。请每学添设满教习一员，协同满助教专教翻译清书，以官学生之勤惰，定助教教习之贤否。汉教习名下既已拨出翻译学生，则每人所教不过十余人，自应裁减一缺。嗣后学生有文理不通，经书不熟者，责成汉教习。翻译清书平常，责成满助教及满教习"。

（3）《钦定国子监志》卷40载，"乾隆三十一年，祭酒良诚奏称：国子监、官学与景山觉罗三处贡生教习，每年奉旨以知县用者不下十余人，而向例于双月三班五十一缺之后选用一人。计一岁中，合三处所选不过一人，应量为疏通，以示鼓舞。经部议准，于双月三班五十一缺之后选用二人。又奏请八旗官学设满洲教习，每学一名。经部议准，照考取觉罗学满教习之例，由监臣奏请考试，凡八旗进士、举人、贡生、生员等并得与选"。

（4）《钦定国子监志》卷45载，"乾隆三十一年，祭酒宗室良诚奏设八旗官学。满洲教习并请照宗学、觉罗学满教习例，有原秩者，在旗支领。由闲散补者，照汉教习例支给银米。部议如所请，诏从之"。

［4］乾隆壬申科指乾隆十七年（1752）。乾隆戊子科指乾隆三十三年（1768）。乡试正考官，指乡试主考，以进士出身者担任，专主衡文，以定去取。由京官中钦命简放者，称为"试差"。

［5］学政，全称"提督学政"，尊称"学台"，每三年一任，掌全省学校政令和岁、科两试。学政地位优崇，属钦差性质，与督抚无行政隶属关系。光绪三十一年（1905），清政府废除科举制度，改革官制，每省设提学使一人，官正三品，成为地方督抚属官。《清高宗实录》卷437，乾隆十八年（1753）四月甲辰载"命翰林院侍读宗室良诚提督安徽学政"。

# 乾隆十三年戊辰科会试

饶余敏亲王后裔平泰[1]，号朗轩，正蓝旗第八族永字辈，庶吉士，改宗人府主事，官至理事官[2]。

## 校注：

［1］宗室平泰隶属正蓝旗包衣多诺管领。《翰林掌故五种》卷54《题名·馆选》载"宗

室平泰，字朗轩，正蓝旗人。散馆改宗人府主事"。据杨钟羲《雪桥诗话续集》卷8载"宗室平泰，字调玉，号朗轩，工诗好客，所居在东江米巷、周元木尝主其家，戊辰馆选，散馆改宗人府理事官"。又《晚清簃诗汇》卷79《湘江》载"宗室平泰，字朗轩，饶余敏亲王阿巴泰五世孙。乾隆戊辰进士，改庶吉士，宗人府理事官"。《清高宗实录》载，宗室平泰入仕为官后，先后四次京察一等加一级，分别是在乾隆二十四年（1759）四月、乾隆二十七年（1762）五月、乾隆三十年（1765）五月和乾隆三十六年（1771）四月。

［2］宗人府主事，正六品；宗人府理事官，正五品。

# 嘉庆六年辛酉科乡试
## "亲亲而仁民"[1]二句　登高无秋云　得无字

饶余敏亲王后裔德朋阿，良诚子，号辅仁，正蓝旗第八族，永字辈，联捷进士[2]。

庄亲王后裔惠端，号直甫，镶蓝旗第五族，永字辈，联捷进士[3]。

礼烈亲王后裔奎恒，号永斋，镶红旗第五族，载字辈。

直郡王后裔绵成，号集菴，镶蓝旗头族，官宗人府笔帖式。

庄亲王后裔果齐斯欢，号益亭，镶蓝旗第五族，绵字辈，联捷进士[4]。

礼烈亲王后裔景麟，号东圃，镶红旗第五族，载字辈，戊辰进士[5]。

饶余敏亲王后裔德刚阿，良诚子，号潜菴，正蓝旗第八族，永字辈，戊辰进士[6]。

**校注：**

［1］《孟子·尽心章句上》"君子之于物也，爱之而弗仁；于民也，仁之而弗亲。亲亲而仁民，仁民而爱物"。

［2］联捷进士指在乡试中式后，次年连续成功通过了在京举办的会试和殿试，获得进士功名。德朋阿中式嘉庆七年（1802）壬戌科三甲第一百一十二名进士，馆选翰林，散馆授翰林院检讨。《仁宗睿皇帝实录》卷142载嘉庆帝发布上谕，"三甲之庶吉士宗室果齐斯欢、孙世昌、夏修恕、宗室德朋阿、卓秉恬俱著授为检讨"。

［3］惠端中式嘉庆七年（1802）壬戌科三甲第一百二十六名进士，馆选翰林，庶吉士，散馆后继续留任翰林院教习三年。《仁宗睿皇帝实录》卷142载嘉庆帝发布上谕，"宗室惠端著仍以庶吉士留馆教习三年"。

［4］果齐斯欢中式嘉庆七年（1802）壬戌科三甲第五十二名进士，馆选翰林，庶吉士，散馆授检讨。据钱维福辑《清秘述闻补》卷1载"嘉庆七年壬戌科会试题'孝者所以'三句，

赋得'弧矢威天下'得'全'字。第一名果齐斯欢，字益亭，镶蓝旗人"。

　　[5] 景麟中式嘉庆十四年（1809）己巳科三甲第八十四名进士，分部学习。

　　[6] 德刚阿中式嘉庆十三年（1808）戊辰科三甲第八十七名进士，分部学习。

# 嘉庆七年壬戌科会试
### "孝者所以事君也"[1] 三句　"弧矢威天下"　得"全"字

　　果齐斯欢[2]，庶吉士，授检讨，官至黑龙江将军[3]，谥文僖[4]。嘉庆戊辰科顺天乡试同考官，癸酉科顺天乡试副考官[5]。

　　惠端[6]，庶吉士，改吏部主事，官至盛京兵部侍郎[7]。

　　德朋阿[8]，庶吉士，授检讨，官至左春坊左庶子[9]。

**校注：**

[1]《大学》："故君子不出家而成教于国。孝者，所以事君也；悌者，所以事长也；慈者，所以使众也。"

[2]《嘉庆七年壬戌科会试齿录》载，"宗室果齐斯欢，字益亭，号味山，行一。乾隆戊子年正月二十七日寅时生。镶蓝旗四品宗室，十五善射。辛酉宗室乡试第五名，壬戌宗室会试第一名，殿试第三甲第五十二名，翰林院庶吉士，授检讨，历升内阁学士，现任兵部右侍郎，镶黄旗满洲副都统。戊辰顺天乡试同考官，癸酉顺天乡试副考官。曾祖和硕简勤亲王。祖和硕简恪亲王。父积拉敏，奉国将军兼二等侍卫，赠翰林院侍读学士加四级。嫡母伊尔根觉罗氏，赠夫人。生母萧佳氏，赠夫人。胞叔和硕郑亲王、伊铿额（镇国将军兼散秩大臣）、叶铿额（奉国将军兼二等侍卫、上驷院行走）、伊绵阿（奉国将军兼二等侍卫）。胞弟阿那思欢（二等侍卫）、福珠灵阿（奉恩将军）、叶普充阿（四品宗室）。胞侄素克清额、素博恒额、素博亨、素充阿、素勒充额。娶瓜尔佳氏（封夫人）。子素博通额（嘉庆甲辰进士，现任吏部文选司主事）、素克精额"。果齐斯欢，翰林院庶吉士，馆选授检讨。历任右春坊右中允、日讲起居注官、侍讲学士、侍读学士、内阁学士兼礼部侍郎衔、兵部右侍郎、户部左侍郎、广州将军、福州将军、绥远城将军、黑龙江将军等职。嘉庆十八年（1813）发生"癸酉之变"，果齐斯欢时任户部侍郎，曾率兵入紫禁城平乱。昭梿《啸亭杂录》卷6《癸酉之变》载，"今户部侍郎宗室果齐斯欢至，衣襟尽血，云：'余适才巡至五凤楼，见一贼匿于扉侧，余往擒之，贼挺刃至，被余手刃之。'气色甚壮。果为壬戌

宗室进士，勇健乃尔，不负维城裔也。因耳语余曰：'闻有内监通贼者，王慎勿泄。'余首肯者再"。果齐斯欢职官档案详见：台北史语所藏《内阁大库档案》，《翰林院典簿厅移内阁典籍厅为请充满日讲起居注官一折奉旨宗室果齐斯欢著以原衔充日讲起居注官》，嘉庆十年五月，登录号：219410；台北史语所藏《内阁大库档案》，《翰林院典簿厅移内阁典籍厅本院奏请充补满汉经筵讲官等三折文渊阁奉硃笔圈出侍讲学士宗室果齐斯欢充补文渊阁校理奉硃笔圈出侍读顾皋等充补文渊阁检阅奉硃笔圈出内阁中书张大镛袁煦充补》，嘉庆十四年十二月，登录号：180467；台北史语所藏《内阁大库档案》，《皇帝敕谕镇守福州等处将军兼管闽海关监督印务宗室果齐斯欢及副都统等兹命尔等统领满洲添设绿旗水师官兵镇守福州等处地方驻扎福州府》，道光七年八月二十八日，登录号：105921。《驻粤八旗志》卷14《将军列传》载"宗室果齐斯欢，嘉庆七年壬戌科进士，改庶吉士。道光五年，任广州将军。善射，工书，性谦抑。以骑射、诗书、礼法训诲八旗。政务之暇，与诸名流间为雅集，闻番禹罗冈洞梅花三十里，远胜铜坑，遂于燕塘演炮撤营后，简招诸同好往游，凡二十有三人 赋诗成帙，题曰《香雪集》。总督阮元为之序。在任二载。六年，调福州将军"。

台北故宫博物院藏《宗室果齐斯欢列传》（档案号：701005701），兹录如下："宗室果齐斯欢，镶蓝旗人。嘉庆五年由闲散挑十五善射。七年进士，改翰林院庶吉士。十年四月，散馆授检讨。五月升右春坊右中允，充日讲起居注官。六月转左中允，迁翰林院侍讲。十一月转侍读。十二年五月迁右春坊右庶子。十一月升翰林院侍讲学士，命在上书房行走。十五年以澄怀园门外积雨水深，趋直旷误，降补左春坊左庶子，罚俸一年。十六年，复授翰林院侍讲学士。十七年大考二等，转侍读学士。十八年二月擢内阁学士兼礼部尚书衔。三月兼镶黄旗汉军副都统。八月充顺天乡试副考官。九月授兵部右侍郎，调镶黄旗满洲副都统。十九年正月转左侍郎。二月调户部左侍郎兼管国子监事务。十月署翰林院掌院学士。二十二年二月署吏部左侍郎。三月上驻跸南苑，召见果齐斯欢，未到，亦未入直上书房，降内阁学士。七月授工部左侍郎。二十三年谕曰：'昨日召见果齐斯欢询问四阿哥功课。据奏甫学属对，诗文俱未能作。朕前在藩邸时，十一岁即能属对，十二岁即能赋诗。壬辰年十三岁时，皇考高宗纯皇帝命面和圣制五言律、七言律诗。《味余书室诗集》中即载有朕十三岁诗章。四阿哥质性聪明，尽可读书，本年已十四岁，诗文尚俱未学，皆由果齐斯欢学问平常，不能循循善诱，而又因循疲玩，以致耽误。果齐斯欢负恩已极，著革去一应差使。俾上书房师傅共知儆戒。'寻赏副都统衔充巴里坤领队大臣。二十四年授镶黄旗汉军副都统。二十五年召来京。道光元年四月，管理健锐营事务。五月署兵部左侍郎，命仍兼十五善射，赏戴花翎，调镶白旗满洲副都统，署吏部右侍郎。七月授工部右侍郎兼管钱法堂事务。十月转左侍郎。二年正月调兵部左侍郎。三月因失察工部司员承办坛庙工程蒙混销算，部议降三级调用，上加恩改为留任。闰三月调户部左侍郎兼管国子监事务。六月署左都御史。十二月授泰宁镇总兵兼总管内务府大臣。四年五月直隶总督蒋攸铦奏易州每岁截收漕米四万余石供支西陵员弁兵役俸饷，请照东陵兵米章程令弁兵自赴州仓支领，命果齐斯欢妥议具奏。寻奏称镇标左右两营弁兵，均系分汛驻守，其汛拨地方距易州数十里至百余里不等，若令其纷纷离汛赴州关领，转致旷误巡防，请仍照旧章由易州运送到营，就近支放，上是之。六月擢广州将军。六年调福州将军。八年正月调绥远城将军。四月调黑龙江将军。九月卒。谕曰：'黑龙江将军果齐斯欢由宗室翰林嘉庆年间洊卿贰，经朕擢授将军。本年由绥远城调任黑龙江，宣力有年，克称厥职。兹闻在途溘逝，殊堪轸惜，著加恩赏银三百两，由广储司给发。到京之日，准其入城治丧。所有任内处分，悉予开复，应得恤典，该部察例具奏。'寻赐祭葬，予谥文僖。子素博通额，工部员外郎，素克精额，二等侍卫。"

《应体诗话》卷5载，"嘉庆辛酉，复宗室乡试，钦命四书题'亲亲'二句，诗题登高无秋云得无字。果齐斯欢，字益亭，号味山，四品奉恩将军。十五善射，中式壬戌会试。钦命四书题'孝者所以事君也'三句，诗题'弧矢威天下'得'全'字。其卷不由房考阅荐，主试公阅进呈，钦定录取味山第一。诗云：'弧矢威棱振，神谟七德全。静持安若戾，迅发健于干。赤羽星飞镞，乌号月满弦。射雕惊倏忽，盘马应抽旋。巧力功兼至，钩闉法递传。三驱勤獮狩，九伐震垓埏。彗孛从兹伏，共球莫不虔。天声壤处听，武义永昭宣。'由编修终广东将军"。

［3］黑龙江将军，从一品，满洲职缺。宗室果齐斯欢任将军时，以善射出名。梁章巨著《巧对录》卷8载，"宗室果益亭将军果齐斯欢，以善射名。余尝于园直时，亲见其射鹄二十发而中心者十九，故有果羊眼之称"。昭梿《啸亭杂录》卷2《宗室科目》载，"嘉庆己未，今上亲政，从肃亲王之请，复设乡、会试。壬戌中，果齐斯欢、慧端、德明阿三人。果为郑恭王胞侄，慧为简良王曾孙，德即良祭酒子，皆入词林，一时称盛。其后累科皆中二三人，果今洊至户部侍郎，德至左庶子，惟慧以散馆降秩，今任宗人府理事官"。

［4］果齐斯欢是以武职谥文者的代表。吴振棫《养吉斋丛录》卷12载，"将军武阶而谥文者如果齐斯欢谥文僖，玉麟谥文恭，铁麟谥文恪，皆由翰林出身"。

［5］福格《听雨丛谈》卷10《乡会试掌故二》载，"（嘉庆）十八年癸酉乡试。顺天主司：协揆邹炳泰；侍郎卢荫溥；阁学果齐斯欢，字益亭，镶蓝旗宗室，壬戌翰林，素有文名，与诒晋斋出入，风流诗酒，有名士气，且善射。此宗室典试之始"。顺天乡试级别高于其他直省，与会试同。清前期，顺天府常派正主考1人，副主考2人。道光朝以后，定正主考1人，副主考3人，以示郑重。

［6］惠端，翰林院庶吉士，散馆以部属用，任吏部主事。历任主事、郎中、侍读学士、詹事府少詹事、詹事等职，官至盛京兵部侍郎。《嘉庆七年壬戌科会试齿录》载，"宗室惠

端，榜名慧端，字直甫，号容轩，行一。乾隆戊戌年八月十一日生，镶蓝旗四品宗室。辛酉宗室乡试第二名，壬戌宗室会试第二名，殿试第三甲第一百二十六名，翰林院庶吉士，改授吏部考功司主事，现任宗人府副理事官。曾祖锡尔泰，五品荫生。曾祖母高氏。继曾祖母钮钴禄氏、塔他拉氏。祖常敬，宗人府主事。祖母佟佳氏、叶莫氏。父庆岱，大理寺少卿兼佐领。母李佳氏。胞叔庆巘，宗学副管。庆端，四品宗室。庆峪，四品宗室。胞弟惠章，四品宗室。惠缯，四品宗室。娶汪颜氏。子海朴，四品宗室；海枚"。惠端孙女、海朴女嫁正黄旗满洲旗人栋鄂氏·延栋（铁保之孙）。

　　台北故宫博物院藏清史馆《宗室惠端列传》（档案号：701007361），兹录如下："宗室惠端，镶蓝旗人。嘉庆七年进士，改翰林院庶吉士，十三年散馆，以主事用签分吏部。时有宗室仪续、禄崇阿等狎游滋事，惠端以充学长不能教导，降三级调用，寻捐复原官。十五年补宗人府主事。十六年复因失察宗室安禄冒领票私往奉天，部议降一级留任，革去学长。历副理事官、理事官。二十一年，调户部郎中。二十三年迁左春坊左庶子、翰林院侍读学士，充日讲起居注官。二十四年转侍读学士。二十五年迁詹事府少詹事。道光四年迁詹事。五年迁都察院左副都御史。六年擢盛京兵部侍郎，以锦州府属被灾，草价昂贵，各驿应领马乾银两不敷牧养，奏请援案，借支银八千余两，分六年扣还，允行。又以牛庄等处被水歉收，偕将军晋昌等奏请蠲缓官地租税，允之。命管理移居宗室事务。七年以广宁所属地方站丁承种官地被水歉收，偕将军奕颢等奏请缓征额赋，并给两月口粮，如所请行。八年以京员奉差驰驿经过盛京首站，仅赴车马，不给廪粮，与所辖各站驿站办理两歧，奏请一律给予廪粮以归画一。又奏请续借马乾银两，并前借未完之项，统作十年归欵，俱从之。寻以前往辽阳等八城点验军器，沿途骚扰，经奕颢密疏以闻。上即命奕颢详查确实。惠端沿途逗留游玩，各处供应烦费，随带家丁、书吏均有勒索情事。得旨，惠端著交部严加议处，来京听候部议。九年回京，命以三四品京堂候补。十五年卒。子海朴，头等侍卫，阿克苏办事大臣；海枚，二等侍卫，驻藏办事大臣。"惠端奏疏见台北史语所藏《内阁大库档案》，《户部移会稽察房宗室惠端奏请嗣后凡驰驵经过盛京省城首驵之官役除照票应付车马外依例一体给予廪粮如系自奉天省城驰驵赴京之各项差务及差竣抵省者于盛京省城一站仍照旧章办理》，道光八年七月，登录号：176659。

　　［7］盛京，清朝陪都。在盛京仿照京师设户、礼、兵、刑、工五部，级别与京师同，兵部侍郎为正二品。

　　［8］《嘉庆七年壬戌科会试齿录》载，"宗室德朋阿，字辅仁，号琢菴，行四。乾隆乙酉年二月初一日生。正蓝旗四品宗室，辛酉宗室乡试第一名，壬戌宗室会试第三名，殿试三甲第一百十二名，翰林院庶吉士，授检讨，现任左春坊左庶子兼佐领。曾祖色楞额，镇国将军。曾祖母贾佳氏。祖五礼图，奉恩将军。祖母赤墨特氏、佟佳氏、宝佳氏。父良诚，

乾隆戊辰进士，詹事府詹事。母沙尔土克氏、黄佳氏、张佳氏，生母朱佳氏。胞伯凌皋，奉恩将军。胞弟德刚阿，嘉庆戊辰进士，礼部仪制司主事；绘书，宗学副管。胞侄敏聪、敏文、海文。娶叶赫那拉氏。子敏勤，嘉庆戊辰进士，现任礼部精膳司主事；敏功，官学生。孙致祥"。

[9] 左春坊左庶子，翰林官职，品秩为正五品。嘉庆二十三年（1818）二月考试翰詹，宗室德朋阿不列等，著革职。

# 嘉庆九年甲子科乡试
"庸德之行"[1]五句　"月林散清影"　得"清"字

镇国慤厚公后裔吉勒章阿，号六谦，正黄旗第二族，永字辈。由宗人府笔帖式，官至内阁侍读学士[2]。

豫通亲王后裔萨克当阿，正蓝旗第四族，永字辈，官宗人府笔帖式。

庄亲王后裔崇硕，号小亭，镶蓝旗第五族，绵字辈，己巳进士[3]。

肃武亲王后裔德遐，镶白旗第三族，奕字辈，联捷进士[4]。

庄亲王后裔崇弼，号子良，镶蓝旗第五族，绵字辈，联捷进士[5]。

肃武亲王后裔鄂泰，镶白旗第三族，奕字辈，官宗人府笔帖式。

庄亲王后裔怀秀，镶蓝旗第五族，绵字辈，由宗人府笔帖式官至东陵员外郎。

庄亲王后裔德喜保，镶蓝旗第三族，奕字辈，甲戌进士[6]。

**校注：**

[1]《中庸·第十三章》："庸德之行，庸言之谨；有所不足，不敢不勉；有余，不敢尽。"

[2]侍读学士，从四品职官。《清宣宗实录》卷133载，道光八年（1828）二月，"得旨，宗室吉勒章阿、祥康二员著交军机处记名"。此后曾任宗人府经历、鸿胪寺少卿等职。

[3]崇硕中式嘉庆十四年（1809）己巳科三甲第三十六名进士。

[4]德遐中式嘉庆十年（1805）乙丑科三甲第一百三十三名进士。

[5]崇弼中式嘉庆十年（1805）乙丑科二甲第九十三名进士。

[6]德喜保中式嘉庆十九年（1814）甲戌科二甲第五十九名进士。

# 嘉庆十年乙丑科会试

"知所以修身，则知所以治人"[1] "兰池清夏气" 得"清"字

崇弼，庶吉士[2]。

德遐，主事。官宗人府主事[3]。

**校注：**

[1]《中庸》："知斯三者，则知所以修身；知所以修身，则知所以治人；知所以治人，则知所以治天下国家矣。"

[2]崇弼，翰林院庶吉士，曾任翰林院侍读。嘉庆十年（1805）谕："宗室崇弼著改为翰林院庶吉士，宗室德遐著分部学习。"嘉庆十三年（1808）四月散馆后，崇弼授为翰林院编修，曾充任文渊阁校理。详见台北史语所藏《内阁大库档案》，《翰林院典簿厅移内阁典籍厅本院于本月二十九日具奏请署满经筵讲官一折奉硃笔圈出内阁学士明志充署又奏请充文渊阁校理一折奉硃笔圈出侍读宗室崇弼充补》，嘉庆十五年正月，登录号：166249。

[3]德遐，中式后分部学习，曾任宗人府额外主事、侍讲、侍读等职官。《钦定宗人府则例》卷17《授官》载，"凡宗室文进士、翻译进士由吏部签分本府及各部，以主事额外学习行走者，三年期满应由该管堂官出具考语，奏留照例补用"。为此，根据嘉庆朝这一新条例，对于德遐的任用曾专门上奏嘉庆帝请旨定夺，后以留衙门以经历及主事补用。《钦定宗人府则例》载，"嘉庆十三年，因乙丑科文进士奉旨以部属用，签掣宗人府额外主事上学习行走之宗室德遐，三年期满。查吏部定例，新进士引见奉旨以部属用者，掣签分派六部。在额外主事上学习行走三年期满，该堂官秉公核实，分别带领引见。如果熟谙部务，即奏留本部以主事用。又本年钦奉谕旨各项学习人员均应秉公考核，毋得市恩邀誉。如果堪以奏留者，于报满时著该堂官等出具切实考语，带领引见等。钦此。查看得德遐人尚明白，自学习行走以来于一切差务俱属认真，且年力富强正堪造就，断不敢选就姑息，致滋冒滥。请将该员留于衙门行走，俟有选缺经历及主事缺出，再行挨名奏补。谨将德遐带领引见请旨。奉旨：德遐著准其留衙门以经历及主事补用。钦此"。

## 嘉庆十二年丁卯科乡试

"天下之本在国"[1]三句 "好问虚前席" 得"言"字

礼烈亲王后裔希濬[2]，号哲川，正红旗头族，奕字辈。

庄亲王后裔桂轮[3]，镶蓝旗第六族，奕字辈。

肃武亲王后裔达英，镶白旗第三族，奕字辈，辛未进士[4]。

裕宪亲王后裔继纯，镶白旗第二族，溥字辈[5]。

诚毅勇壮贝勒后裔功袭，正蓝旗第九族，永字辈，联捷进士[6]。

庄亲王后裔崇华[7]，镶蓝旗第四族，溥字辈。

饶余敏亲王后裔敏勤，德朋阿子，号辛斋，正蓝旗第八族，绵字辈，联捷进士[8]。

敦郡王后裔奕溥，号理泉，正红旗第三族，辛未进士[9]。

**校注：**

[1]《孟子》："天下之本在国，国之本在家，家之本在身。"

[2]希濬本系四品闲散宗室，中式举人后，过继给礼亲王为嗣，授为三品顶戴，体制优崇。为此，比照亲王额驸不准乡试之例，不准会试。《光绪丁卯科乡试齿录》载："希濬，字哲传，乾隆戊申年生，正红旗明松佐领下四品宗室。左翼官学生。"

[3]文举人宗室桂轮曾任笔帖式、委署主事等职官。《光绪丁卯科乡试齿录》载，"桂轮，乾隆壬子年生，镶蓝旗阿那斯欢佐领下闲散宗室"。

[4]达英中式嘉庆十六年（1811）辛未科三甲第一百二十名进士。《光绪丁卯科乡试齿录》载，"（辛未科进士）达英，乾隆戊申年生，镶白旗祥弼佐领下四品宗室。曾祖成信。祖永杰。父春陞"。

[5]《光绪丁卯科乡试齿录》载："继纯，乾隆庚子年生，镶蓝旗阿那斯欢佐领下四品宗室。"

[6]功袭中式嘉庆十三年（1808）戊辰科三甲第一百一十八名进士。《光绪丁卯科乡试齿录》载："（戊辰科进士）功袭，乾隆丙午年生，正蓝旗毓光佐领下四品宗室。祖父扬福。祖莽古赉。父来灵。"

[7]崇华，应名荣华，镶蓝旗族长祥弼书写错误所致，后上奏更改。详见中国第一历史档案馆藏《族长祥弼为本族文举人宗室荣华错写崇华呈报宗人府事》，嘉庆十三年八月，

档案号：06-02-007-000404-0016。《光绪丁卯科乡试齿录》载："崇华，乾隆戊申年生，镶白旗忠祥佐领下四品宗室，左翼官学生。"

[8]敏勤中式嘉庆十三年（1808）戊辰科三甲第五十九名进士。《光绪丁卯科乡试齿录》载："（戊辰科进士）敏勤，更名既勤，号澹园，乾隆癸卯年生，正蓝旗乌勒希松阿佐领下四品宗室。曾祖五礼图。祖良诚。父德明阿。"

[9]奕溥中式嘉庆十六年（1811）辛未科二甲第四十五名进士。《进士题名录》作"奕泽"。《光绪丁卯科乡试齿录》载："（辛未科进士）奕溥，更名奕泽，号醴泉，行一，乾隆乙巳年生，正红旗德文泰佐领下四品宗室。曾祖弘暄。祖永荣。父绵昌。"

# 嘉庆十三年戊辰科会试
### "孟子曰万物皆备"[1]一章 "山高无风松自响" 得"风"字

景麟，己巳科补殿试[2]，主事，官至吏部员外郎。

敏勤，更名"既勤"，庶吉士，改礼部主事，官至翰林院侍读学士。

德刚阿，主事，官礼部主事。

功袭[3]，主事，官宗人府主事。

**校注：**

[1]《孟子·尽心上》："孟子曰：'万物皆备于我矣。反身而诚，乐莫大焉；强恕而行，求仁莫近焉。'"

[2]补殿试，指由于丁忧、磨勘、患病等各种原因造成士子在会试成功后没能参加该科殿试，待举行下一次殿试时，补行参加。景麟补殿试中式嘉庆十四年己巳科三甲第84名进士，以内阁中书用。详见台北史语所藏《内阁大库档案》，《礼部移会典籍厅查本年补行殿试戊辰科贡士宗室景麟刘爌二名共计应殿试二百四十一名景麟系因患病应查明交弥封收掌等官另行封送读卷大臣不得置前十卷其前经丁忧之刘爌一名服阕补试应照例毋庸分别仍归入本科贡士试卷内一体校阅》，嘉庆十四年四月二十日，登录号：234967。

[3]功袭和德刚阿中进士后，均分部学习。《钦定大清会典事例》卷264载嘉庆十三年谕旨"宗室敏勤著改为翰林院庶吉士，宗室德刚阿、功袭著分部学习"。功袭曾任额外主事、翰林院侍讲等职官。

# 嘉庆十三年戊辰恩科乡试
### "诚者不勉而中"[1]二句　"野云低渡水"　得"低"字

恭亲王后裔瑞林，号芸卿，正蓝旗第六族，载字辈，联捷进士[2]。

诚毅勇壮贝勒后裔功普，号停舫，正蓝旗第九族，永字辈，丁丑进士[3]。

肃武亲王后裔九华，号奇峰，镶白旗第三族，奕字辈。

镇国恪僖公后裔额勒恒安[4]，更名额图洪额，号静斋，正黄旗头族，绵字辈。

直郡王后裔奕兆，更名塋[5]，号松亭，镶蓝旗头族。

饶余敏亲王后裔铁麟，号仁山，正蓝旗第八族，绵字辈，己卯进士[6]。

庄亲王后裔惟勤，号鑑堂，镶蓝旗第三族，奕字辈，联捷进士[7]。

**校注：**

[1]《中庸》："诚者，天之道也；诚之者，人之道也。诚者，不勉而中，不思而得，从容中道，圣人也。"

[2]瑞林中式嘉庆十四年（1809）己巳科二甲第六十九名进士。

[3]功普中式嘉庆二十二年（1817）丁丑科三甲第三十五名进士。

[4]额勒恒安补授宗人府笔帖式。

[5]奕兆，授笔帖式。

[6]铁麟中式嘉庆二十四年（1819）己卯科三甲第四十三名进士。

[7]惟勤中式嘉庆十四年（1809）己巳科三甲第八十四名进士。

# 嘉庆十四年己巳恩科会试
### "汤执中"[1]二句　"海不扬波"　得"扬"字

崇硕，庶吉士，改主事，官宗人府经历[2]。

瑞林，庶吉士，授编修[3]，官至翰林院侍读学士。

惟勤[4]，主事，官至热河都统。

## 校注：

[1]《孟子》："禹恶旨酒而好善言。汤执中，立贤无方。"

[2]崇硕，与中式三甲第93名进士的完颜麟庆为同年，二人交好。麟庆之母为清代著名的女诗人恽珠。恽珠所著《红香馆诗草》的跋文即为宗室崇硕所著。跋文载"《三百篇》原始闺中，《关雎》《葛覃》是矣。后世风雅浸盛，而闺中能诗者代不数人，岂生才代不相及耶？抑采风者摭拾多所遗也？近时闺秀诗传诵甚夥，有专集行世者，如毕太夫人《培远堂集》、崔太恭人《浣青诗集》，皆堪步武古作者。继声而起，其唯年伯母恽太恭人乎？太恭人为余同年麟见亭母氏。见亭工诗，得之慈训。余与共砚席久，得太恭人集读之，濯濯如春月之柳，娟娟如渌水之蕖，气韵雅淡，态度闲逸。又深于画理，每一花一鸟，俱妙写生，栩栩如活。合诗余仅数十首，而性情之贞淑、意趣之深婉，兴寄豪端，音流简外。举可以得其梗概，持较纨扇之篇、柳絮之句，良已多矣。余忝入词垣，浪学涂抹，蹄涔之陋，何足僭评斯集。幸见亭之导以先路，而又羡见亭之归有余师。然则见亭自兹以往，不与余相去日已远哉！嘉庆乙亥除夕前三日，年愚侄宗室崇硕谨跋"。

[3]编修，翰林院职官，通常为庶吉士散馆后授予，秩正七品。嘉庆十七年（1812）大考詹翰，考列三等的宗室瑞林被罚俸半年。《刑部比照加减成案续编》卷32《刑律断狱·囚应禁而不禁·山西司》载有道光十二年（1832）案情，"步军校联禧于瑞林在厅嚷骂将其解送步军统领衙门"，联禧被杖六十。

[4]惟勤中式进士后分部学习，先后任宗人府主事、侍读学士、吐鲁番领队大臣、盛京户部侍郎、刑部侍郎、署吉林将军、都察院左副都御史、兵部右侍郎、乌鲁木齐都统、热河都统等职。台北史语所藏《内阁大库档案》，《户部山东司内阁抄出调补盛京户部侍郎兼管奉天府府尹事务宗室［惟勤］奏接任办事谢恩一折奉朱批知道了》，道光二十年七月初二日，登录号：292275-041；《户部移会稽察房署吉林将军宗室惟勤奏接任日期等因一折》，道光二十年十一月十五日，登录号：191894。台北故宫博物院藏《宗室惟勤为奏闻接任叩谢天恩事》，道光二十三年九月十九日，档案号：603000109。

台北故宫博物院藏《宗室惟勤列传》（档案号：701002055）兹录如下："宗室惟勤，镶蓝旗人。嘉庆十四年进士，以宗人府主事用。十八年补官。二十年失察圈禁宗室图克坦滋事，降二级调用。二十一年补笔帖式。二十五年失察宗室硕海前在空房圈禁时滋事，降一级调用。道光元年引见，仍以笔帖式用。五年复补笔帖式。七年十月升詹事府右春坊右赞善。十一月转左赞善。十一年六月迁右中允，七月升翰林院侍讲充咸安宫总裁。十三年正月转侍读。四月充日讲起居注官。七月迁侍讲学士。大考二等，赐文绮。八月转侍读学士。九月擢詹事府少詹事。十一月稽察右翼觉罗学。十四年四月升詹事，八月迁都察院左副都御史。十五年三月充会试知贡举，六月授理藩院右侍郎，八月充顺天乡试监临，以士子乱号覆奏不实，为光禄寺少卿曾望颜所纠，降二级调用。十月赏头等侍卫充吐鲁番领队大臣。十八年召来京。十九年复授都察院左副都御史。二十年正月擢盛京刑部侍郎，旋管理盛京内务府事务。六月调盛京户部侍郎兼管奉天府府尹事务。八月署盛京副都统。九月疏言奉天府治中署，库存岫岩厅等属米价银两，多系历年交代盘量折耗，请核实归款，以重积储。允之。旋署吉林将军……旋以吉林将军印信被窃，部议革职，加恩改为降二级留任……十一月迁兵部右侍郎。十二月授正黄旗汉军副都统，管理马馆事务。二十三年正月署镶白旗汉军副都统。四月授乌鲁木齐都统。十月叶尔羌参赞大臣联顺奏参和阗大臣达明阿遣子馈送马匹玉器，达明阿亦劾联顺需索伯克银两。命惟勤驰往伊犁，会同将军布彦泰、参赞大臣庆昌秉公确讯……二十九年六月调热河都统……咸丰元年因病奏请开缺回旗。二年捐助军饷，下部优叙。四年正月病愈，署密云副都统，寻以不速赴任，谕曰'前任热河都统惟勤因病开缺，销假后派署密云副都统，距京途程甚近，并不速赴署任，已属迟延。本日召见，仍以病未痊愈为词，显系托疾，有心规避。著即勒令休致。'同治二年，卒。子钟俊，一品荫生，吏部员外郎。钟岱，仓场侍郎。钟霖，兵部员外郎兼宗室佐领。钟钰，笔帖式"。

光绪朝《畿辅通志》①卷192载，"宗室惟勤镶蓝旗人，嘉庆十四年进士，道光二十九年授热河都统，命查镇迪道属仓库，因疏陈《筹补旧亏杜绝新亏章程》十条，下所司议行。三十年以热河地方前经都统萨迎阿奏设太平社助官捕盗甚为得力，旋因匪徒江龙海等聚众阻止结党抢劫，捕务遂废。上命惟勤偕直隶总督讷尔经额饬属严拿，并查太平社应否仍照旧章。尊奏言：'太平社实于捕务有益，请仍照旧章办理。'并获匪徒江龙海等治如律。又以御史陶恩培奏盛京捕务废弛，抢劫叠出，命惟勤迅连查明严密缉拿。至是奏称密檄州县弁兵往查，委无窝留盗贼之户。惟热河幅员辽阔，匪徒最易潜踪，闻挐逃窜，不可不防，酌拟缉捕章程以闻。咸丰二年捐助军饷，下部议叙。同治二年，卒"。

## 嘉庆十五年庚午科乡试

"君子务本"[1]二句　"相辉保羽仪"　得"仪"字

庄亲王后裔素博通额，果齐斯欢子，号云楼，镶蓝旗第五族，奕字辈，甲戌进士[2]。
饶余敏亲王后裔庆全，号晓峰，正蓝旗第八族，永字辈，庚辰进士[3]。
饶余敏亲王后裔绩兰，号畹香，正蓝旗第八族，绵字辈，甲戌进士[4]。

---

① 光绪朝《畿辅通志》卷192，光绪十年刻本。

豫通亲王后裔官德，正蓝旗第三族，永字辈。

庄亲王后裔桂彬，号质夫，镶蓝旗第六族，奕字辈，丁丑进士[5]。

庄亲王后裔敏宽，更名明通，号蔼堂，镶蓝旗第六族，绵字辈，官宗人府笔帖式[6]。

庄亲王后裔桂森，号兰友，镶蓝旗第六族，奕字辈，庚辰进士[7]。

广略贝勒后裔海濂，镶红旗头族，载字辈，联捷进士[8]。

**校注：**

[1]《论语》："君子务本，本立而道生。孝弟也者，其为仁之本与。"

[2]素博通额中式嘉庆十九年（1814）甲戌科二甲第十八名进士。

[3]庆全中式嘉庆二十五年（1820）庚辰科三甲第一百二十九名进士。

[4]绩兰中式嘉庆十九年（1814）甲戌科三甲第六十五名进士。

[5]桂彬中式嘉庆二十二年（1817）丁丑科三甲第八十一名进士。

[6]笔帖式是清代中央机构内掌管文书抄录、翻译等文书工作的官员，多为七品、八品、九品职官，是宗室、八旗晋升或中转的重要途径。

[7]桂森中式嘉庆二十五年（1820）庚辰科三甲第九十三名进士。

[8]海濂中式嘉庆十六年（1811）辛未科三甲第一百三十八名进士。

# 嘉庆十六年辛未科会试

"仁者安仁"[1]二句 "昆山片玉" 得"良"字

达英[2]，更名达德，主事，官至宗人府理事官。

海濂，主事，官至御史[3]。

奕溥，更名泽[4]，庶吉士，改主事，官至盛京工部侍郎[5]。

**校注：**

[1]《论语·里仁》："不仁者不可以久处约，不可以长处乐。仁者安仁，知者利仁。"

[2]达英，中式进士分部学习，历任刑部主事，补刑部员外郎，宗人府理事官兼佐领等官。详见中国第一历史档案馆藏《宗人府经历司为宗室达英奉旨坐补刑部宗室员外郎行各该处事》，道光五年四月二十八日，档案号：06-01-002-000181-0018。

[3]海濂，中式进士以部属用，历任工部委署主事、礼部员外郎、御史等职。御史，

通常指十五道掌印监察御史。乾隆十四年（1749），各道均给印信，每道设掌印监察御史满、汉各一人，秩从五品。《国朝御史题名》道光十四年载，"宗室海濂，由兵部郎中补授陕西道御史"。

［4］道光七年，奕溥上奏道光帝《奏请更名以便排用而正辈分事》呈请改名奕泽。奏折载"现经钦定溥、毓、恒、启四字，恩命载字辈以下依次取名，近支宗室俱已一体遵照。奴才本身之下二辈即系溥字辈分，而奴才现名奕溥，似应酌易，谨拟更名奕泽，以便将来随同排用。惟念奴才衙门一切章疏均有列衔之处，未敢私行擅改，理合恭折奏闻"。详见台北故宫博物院藏《军机处档折件》，《国子监司业宗室奕溥奏请更名以便排用而正辈分事》，道光七年二月初十日，档案号：054690。

［5］奕泽，翰林院庶吉士，散馆分部，历任国子监司业、都察院左副都御史、理藩院侍郎、盛京工部侍郎等职，缘事降补头等侍卫，署盛京刑部侍郎，降四级调用。详见台北史语所藏《内阁大库档案》，《吏部移会稽察房吏部奏应将盛京刑部笔帖式宜钜照律降级调用系无级可降之员应行革职前署盛京刑部侍郎现任头等侍卫宗室奕泽降三级调用上加等议以降四级调用》，道光十八年四月十九日，登录号：154656。台北故宫博物院藏有《宗室奕泽事迹》（档案号：701008276），兹录如下："宗室奕泽，正红旗人。嘉庆十六年进士，改翰林院庶吉士，二十二年散馆分部。二十四年三月补礼部主事。四月授国子监司业。道光七年升詹事府右春坊右庶子。九年正月充日讲起居注官。六月擢翰林院侍讲学士。十一年五月，授詹事府少詹事。十二年二月升詹事。六月以平粜时奸商从中渔利，无裨贫民，奏请严密稽察。谕曰'署埃管承办官员，认真稽查，务须弊绝风清，勿徒以出示晓谕，空文塞责'。九月授通政使司通政使。十三年五月擢都察院左副都御史。十四年正月升理藩院右侍郎。八月转左侍郎。十五年二月调补盛京工部侍郎，十一月管理盛京移居宗室事务。十七年正月京察大典，谕曰'奕泽才具平庸，不胜侍郎之任，署以头等侍卫降补'。四月因前署盛京刑部侍郎任内于笔帖式钜抱赃出首之案办理错谬，遵旨严加议处。寻议降四级调用。二十年十二月，卒。子一，无官职。"

# 嘉庆十八年癸酉科乡试
"孝弟也者"[1]二句　"诚明由积善"　得"诚"字

豫通亲王后裔保瑞，号兰阶，正蓝旗第四族，奕字辈，丁丑进士[2]。

理密亲王后裔奕津，更名锦，镶蓝旗第二族，承袭奉恩将军。

诚毅勇壮贝勒后裔春煆，正蓝旗第九族，永字辈，由宗学副管[3]，官宗人府委署主事。

广略贝勒后裔瑞兴泰，更名瑞兴，镶红旗头族，载字辈，道光已丑进士[4]。

礼烈亲王后裔增宁，更名增龄，正红旗头族，载字辈，官宗人府笔帖式。

辅国愨厚公后裔噶尔杭阿[5]，正白旗第二族，永字辈。

睿忠亲王后裔保新，正蓝旗第三族，奕字辈，官宗学副管。

广略贝勒后裔伊尔通阿，镶红旗第二族，绵字辈。

## 校注：

[1]《论语·学而》："君子务本，本立而道生。孝弟也者，其为仁之本与！"

[2]保瑞中式嘉庆二十二年（1818）丁丑科二甲第九十五名进士。

[3]嘉庆十四年（1809）五月二十四日，宗室春煆补放左翼宗学副管。参见中国第一历史档案馆藏《宗人府左司为宗室春煆补放左翼宗学副管行各该处事》，嘉庆十四年五月二十四日，档案号：06-02-007-000383-0025。

[4]瑞兴泰中式道光九年（1829）已丑科三甲第一百零二名进士。

[5]噶尔杭阿曾任宗人府笔帖式，与妻子马佳氏无子嗣。身后经胞兄正白旗宗室噶鲁岱呈请，将其次子吉恩过继与已故的噶尔杭阿为嗣。

# 嘉庆十九年甲戌科会试

## "知者不惑"[1]三句"行庆施慧" 得"民"字

素博通额，主事，官至吏部员外郎[2]，道光辛巳科湖北乡试副考官[3]。

德喜保[4]，更名德崇，庶吉士，改宗人府主事，历官右春坊右中允，降礼部主事。

绩兰，主事，官宗人府经历[5]。

会试覆试[6]自是科始。

## 校注：

[1]《论语·子罕》："知者不惑，仁者不忧，勇者不惧。"

[2]员外郎，秩从五品。素博通额中式进士后，分部学习。《清宣宗实录》卷19道光元年六月载，"吏部主事素博通额为（湖北）副考官"。

[3]《清秘述闻续》卷3道光元年辛巳恩科乡试湖北考官载，"主事宗室素博通额，字

云楼，镶蓝旗人，甲戌进士"。

[4]《国朝词综补》卷一载，"德崇原名德喜保，字春园，和硕庄亲王裔孙。嘉庆十九年进士，官中允"，收录有《鹧鸪天·宿慈救寺》一首："霞散高楼月在天。蛩声满院鸟初眠。石床曾为弹棋扫，蕉露还因点易研。灯似豆，夜如年。一帘香袅兽炉烟。闲心领取清凉味，不慕游仙不问禅。"

[5]绩兰中式进士后，分部学习，后任宗人府经历。道光六年（1826）十一月，绩兰被革职。《清宣宗实录》卷109载，"辛卯谕内阁本裕仓监督、宗人府经历宗室绩兰著革职，交刑部会同宗人府提集人证，秉公严讯"。《刑案汇览三编》[①]载，道光六年贵州司案宗室放枪游荡召侮被人殴伤，"已革宗人府经历绩兰便帽出游携带线枪，在民人郭泳章铺门首打鸽。因其斥骂，走入该铺院内放枪，打毙鸽子、鸡只，致被殴伤，已属滋事召侮。又先经两将窥探民人谢九之女，虽无强夺情事，实属游荡不谨，有玷官箴"，其处罚结果是"拟笞应从重，照违制律杖一百"，因其"业已革职，应毋庸议"。详见台北史语所藏《内阁大库档案》，《吏部移会稽察房百等奏该仓监督宗室绩兰出外间游有被人殴打等情一案奉旨本裕仓监督宗人府经历宗室绩兰著革职交刑部会同宗人府提集人证秉公严讯》，道光六年十一月十九日，登录号：134054。

[6]清代覆试制度是中国科举制度上的一大创新，包括乡试覆试和会试覆试，意在拔取真材，防止科场枪替等舞弊情况，以杜侥幸。顺治十五年（1658），由于顺天、江南考官俱以贿败，发生科场舞弊大案，顺治帝亲自覆试两闱举人，是为乡试覆试之始。康熙五十一年（1712），顺天解元查为仁以传递事觉而逸，康熙帝怀疑新进士有代倩中式者，亲覆试畅春园，罢黜五人。《清史稿》卷108载，"会试覆试自是始"。乾隆年间，朝廷"或命各省督、抚、学政于乡试榜后覆试，或专覆试江苏、安徽、江西、浙江、广东、山西六省丙午前三科俊秀贡监中式者，或止覆试中式进士，或北闱举人，临期降旨，无定例"。至嘉庆初，遂著为令。宗室会试亦行覆试，即在会试后，殿试前加考一场考试，以衡量中式者真实水平。道光二十三年定制，"各省举人，一体至京覆试，非经覆试，不许会试。以事延误，于下三科补行。除丁忧展限外，托故不到，以规避论，永停会试与赴部铨选。覆试期以会试年二月。咸、同间，因军兴道路梗阻，光绪季年，以辛丑条约，京师停试，假闱河南，俱得先会试后覆试，非恒制也。覆试诗文疵谬，诗失粘，抬写错误，不避御名、庙讳至圣讳，罚停会试、殿试一科或一科以上。文理不通，或文理笔迹不符中卷者黜"（详见《清史稿》卷108《选举三》）。

① （清）祝庆祺.刑案汇览三编（第四卷）[M].北京：北京古籍出版社，2004：322.

# 嘉庆二十一年丙子科乡试
"尊其位"[1] 三句　"秋月扬明辉"　得"辉"字

庄亲王后裔成朗，号润方，镶蓝旗头族，永字辈，庚辰进士[2]。

豫通亲王后裔受庆，号次农，正蓝旗第四族，奕字辈，道光壬午进士[3]。

睿忠亲王后裔善全[4]，号初明，正蓝旗第三族，奕字辈，由宗人府笔帖式官至御史。

礼烈亲王后裔凤龄，号春年，镶红旗第五族，溥字辈。

饶余敏亲王后裔讷勒亨额，号鲁斋，正蓝旗第八族，绵字辈，己卯进士[5]。

豫通亲王后裔喜伦，号叙堂，正蓝旗第四族，永字辈。

英亲王后裔华德，号鉴堂，镶红旗第六族，绵字辈，道光癸未进士[6]。

饶余敏亲王后裔鄂尔端，号午桥，正蓝旗第八族，绵字辈，己卯进士[7]。

**校注：**

[1]《中庸》："齐明盛服，非礼不动，所以修身也。去谗远色，贱货而贵德，所以劝贤也。尊其位，重其禄，同其好恶，所以劝亲亲也。官盛任使，所以劝大臣也。忠信重禄，所以劝士也。时使薄敛，所以劝百姓也。日省月试，既禀称事，所以劝百工也。送往迎来，嘉善而矜不能，所以柔远人也。"

[2]成朗中式嘉庆二十五年（1820）庚辰科二甲第八十一名进士。

[3]受庆中式道光二年（1822）壬午科三甲第五十名进士。

[4]善全曾任主事、员外郎、郎中、福建道监察御史等职官。《国朝满洲蒙古御史题名》①同治七年载：宗室善全，号初明，正蓝旗满洲文举人，由兵部郎中补授福建道御史。《东华录·同治朝》②同治三年七月十六日载，"郎中宗室善全著赏给三品顶戴"。

[5]讷勒亨额中式嘉庆二十四年（1819）己卯科三甲第三十一名进士。

[6]华德中式道光三年（1823）癸未科三甲第三十三名进士。

[7]鄂尔端中式嘉庆二十四年（1819）己卯科三甲第六十九名进士。

---

① 《国朝满洲蒙古御史题名》，清光绪刻本。

② （清）王先谦：《东华录》，清刻本。

# 嘉庆二十二年丁丑科会试

"家齐而后国治"[1] "一经为立身之本" 得"齐"字

桂彬，主事，历官翰林院侍读学士，降刑部主事[2]。

功普[3]，主事，官至仓场侍郎[4]。

保瑞，庶吉士，改礼部主事，历官翰林院侍读学士，降刑部主事[5]。

## 校注：

[1]《大学》："物格而后知至，知至而后意诚，意诚而后心正，心正而后身修，身修而后家齐，家齐而后国治，国治而后天下平。自天子以至于庶人，壹是皆以修身为本。"

[2]桂彬进士中式后，分部学习，曾任日讲起居注官翰林院侍读学士。道光二十三年（1843）三月大考詹翰，考列四等的侍读学士宗室桂彬著以主事降补。

[3]功普，中式进士后以吏部主事用。历任三档房主事、通政使、左副都御史、兵部右侍郎等职。《东华录·道光朝》①道光十五年十月癸亥载，"以宗室功普为左副都御史（由通政使迁）"。台北故宫博物院藏有《宗室功普列传》（档案号：701000718），兹录如下："宗室功普，正蓝旗人。嘉庆二十二年进士，以主事分吏部。道光六年补官。八年调户部三库主事。三年期满，仍回吏部。十二年升礼部员外郎。十三年六月擢右春坊右庶子。九月转左春坊左庶子。十月升翰林院侍讲学士。十四年转侍读学士。十五年六月升詹事府詹事。七月迁通政使司通政使。十月升都察院左副都御史。十六年擢理藩院右侍郎。十七年正月，调盛京工部侍郎。十二月调兵部右侍郎。十八年四月充对引大臣。寻授镶白旗蒙古副都统兼管光禄寺事务。五月调正白旗满洲副都统。八月，充右翼监督。十一月，署仓场侍郎。寻偕仓场侍郎赵盛奎奏言京城内外各仓收储新粮，原系匀派支放。近来南粮抵坝较迟，每至回空限逼，起卸轮转不及，城外太平、万安、裕丰、储济四仓历经奏明，多储新漕，以速转运。现在核计太平仓所存米石尚可赶运城内各仓收储。惟万安、裕丰、储济三仓旧存新收粳粟稜米较城内七仓为数稍多，必须疏通，以为进运新粮地步。查嘉庆十二年及道光十五年奏准，将官员俸米改由城外各仓支放，今万安、裕丰、储济三仓存米既多，应请敕部仍照前办理，俾仓储早为疏通，新漕得以进运迅速。从之。是月正白旗拣选佐领，功普因兵部尚书奕颢嘱托，辄致书于参领福拉纳，令将前锋校吉

---

① （清）王先谦：《东华录》，清刻本。

庆选入。福拉纳禀明都统奕纪。经奕纪据实参奏，得旨褫功普职，交军机大臣会同宗人府、刑部严讯。旋鞫实，命发往盛京效力赎罪。二十年释回。二十三年，以库案赔项缴清，仍归另案革职。二十五年，故。"

［4］清代户部下设仓场衙门，最高长官称为总督仓场侍郎，满汉各一人，主要负责漕运粮米事宜，驻扎通州，秩正二品。

［5］道光十三年（1833）四月朝廷大考詹翰，据《清宣宗实录》卷241载，考列三等的宗室保瑞降补主事。

# 嘉庆二十三年戊寅恩科乡试
## "志于道"[1] 四句 "嘉禾合颖" 得"禾"字

庄亲王后裔德隆布，镶蓝旗第五族，绵字辈。

广略贝勒后裔钦良，镶红旗头族，□□字辈。

礼烈亲王后裔存忠，镶红旗第五族，载字辈。

庄亲王后裔德恒布[2]，更名德珩，镶蓝旗第五族，绵字辈。

庄亲王后裔海朴，惠端子，号镜泉，镶蓝旗第五族，绵字辈，道光癸未进士[3]。

裕宪亲王后裔文溥，镶白旗第二族，奕字辈，道光癸未进士[4]。

广略贝勒后裔隆贵，镶红旗头族，奕字辈。

礼烈亲王后裔恩来，镶红旗第五族溥字辈，道光己丑进士[5]。

**校注：**

［1］《论语·述而》："志于道，据于德，依于仁，游于艺。"

［2］德恒布曾任主事、员外郎、镶蓝旗宗学副管等职。

［3］海朴中式道光三年（1823）癸未科三甲第五十三名进士。

［4］文溥中式道光三年（1823）癸未科三甲第一百二十六名进士。

［5］恩来中式道光九年（1829）己丑科二甲第八十八名进士。

# 嘉庆二十四年己卯恩科会试

"兴于诗"[1]三句　"春省耕"　得"春"字

庄亲王后裔希哲，号濬川，镶蓝旗第五族，永字辈，丁卯科翻译举人，主事，历官宗人府副理事官，降笔帖式。

铁麟[2]，庶吉士，授检讨，官至荆州将军，谥文恪[3]。

鄂尔端[4]，主事，官至泰宁镇总兵兼总管内务府大臣[5]。

讷勒亨额，主事，历官盛京刑部侍郎，官至库伦办事大臣[6]。

## 校注：

[1]《论语·泰伯》："子曰：'兴于诗，立于礼，成于乐。'"

[2]铁麟，翰林院庶吉士，散馆授检讨。历任右春坊右中允、国子监祭酒、光禄寺卿、镶黄旗满洲副都统、兵部左侍郎、仓场侍郎、左都御史、察哈尔都统、荆州将军等职。铁麟中式后，初授检讨，后外放，是清代宗室升任驻防将军的典型代表。台北故宫博物院藏有《宗室铁麟列传》（档案号：701000792），兹录如下："宗室铁麟，正蓝旗人。嘉庆二十四年进士，改翰林院庶吉士。二十五年四月散馆授检讨。十二月升右春坊右中允。道光元年迁司经局洗马。三年升国子监祭酒。八年升光禄寺卿。九年七月充满洲翻译副考官。八月擢都察院左副都御史。十月充武殿试读卷官。十一年正月升盛京礼部侍郎兼管移居宗室事务。八月调兵部右侍郎。十月管理咸安宫官学事务。十二月充右翼监督，旋授镶白旗蒙古副都统。十二年二月密云驻防蓝翎长玉山京控章京玉崑敛钱苦众，知县蓝田舞弊害兵等款。命偕兵部右侍郎王楚堂往按，得玉山状，治如律。三月充国史馆清文总校，四月署正白旗护军统领。九月转左侍郎。十三年三月署户部右侍郎兼管钱法堂事务。四月调镶黄旗满洲副都统。五月管理国子监事务。六月兵部书吏假发随营武举验票，铁麟坐失察，降一级留任。十一月署仓场侍郎。旋充崇文门副监督。奏请将二等侍卫达明阿作为委员，上以达明阿系侍郎色克精额之子，何必奏请委用。因将崇文门监督改派。十四年正月奏查出包揽俸米之吏役马兆麟、花户李经武等，请交刑部严讯……十九年三月擢都察院左都御史，授正黄旗汉军都统……八月署正黄旗蒙古都统。二十二年正月署刑部尚书，十一月因胞弟泰宁镇总兵鄂尔端于陵寝重地挪移白椿获咎，铁麟自请议处。上宥之。十二月以僧人丹必呈控邪教命案重情，铁麟未将原呈录奏。又任令僧人逃逸，革职留任。是月授察哈尔都统。

二十二年三月偕副都统敬穆遵旨酌拟稽察废员章程……二十四年署绥远城将军。二十五年因前在署刑部尚书任内失察主事春山不谙清文，文书积压，降一级留任。二十七年正月授荆州将军。十二月，卒。疏入，谕曰：'荆州将军铁麟，历任侍郎、都统、将军，当差勤勉。兹闻溘逝，殊堪轸惜，著加恩准其入城治丧，照将军例赐卹，任内一切处分悉予开复。应得卹典，该衙门察例具奏。'寻赐祭葬，予谥文恪。"

［3］由于铁麟馆选翰林，虽此后宦绩多为武职，但去世后仍可用文谥号。《听雨丛谈》载，"凡由词馆出身者，无论改官文武，例准以文字冠首，如道光末年，荆州将军宗室铁麟之谥文恪也"。

［4］鄂尔端进士中式后分部学习，曾任员外郎、查库御史、给事中、泰宁镇总兵兼总管内务府大臣等职。《国朝满洲蒙古御史题名》道光十五年载，"宗室鄂尔端，号心斋，正蓝旗人，嘉庆己卯文进士，由理藩院员外郎补授陕西道御史，转吏科给事中，历升通政司副使"。其后，鄂尔端因事被革职，押解进京，由宗人府收管。详见中国第一历史档案馆藏《钦差大臣户部尚书隆文为委员将已革泰宁镇总兵宗室鄂尔端押解进京收管事致宗人府》，道光二十年十一月十七日，档案号：06-01-002-000127-0086。台北故宫博物院藏有《宗室鄂尔端传》（档案号：702002729），兹录如下："鄂尔端，正蓝旗人。嘉庆二十四年进士，以主事用，签分宗人府。道光九年补官。十四年二月升理藩院员外郎。七月记名以御史用。十五年六月授陕西道监察御史。十一月命稽查镶黄旗蒙古旗务。十六年九月，充武会试监试官。十月命稽查银库。十一月迁吏科给事中。十七年四月升内阁侍读学士。九月迁通政使司副使。十二月升詹事府詹事，旋充日讲起居注官。十八年迁大理寺卿。十九年三月迁都察院左副都御史。四月命偕大理寺少卿黄爵滋赴杨村查验剥船。七月擢泰宁镇总兵兼总管内务府大臣。十月陵寝朝房不戒于火，议降一级留任。二十年正月以擅用色封，经肃亲王敬敏等参奏，下部议处，寻议罚俸九个月，均得旨准其抵销。十一月直隶总督讷尔经额奏言署游击禀揭前官，挪移白椿，得旨前署泰宁镇游击喜顺著解任，交讷尔经额派员递至易州，听候查办。总兵鄂尔端一并解任。寻鞫实奏闻。得旨，鄂尔端于陵寝重地挪移白椿，并不奏明请旨，辄令喜顺查勘，致将坟冢民田圈占。迨查知后，并不据实参办，又令私行挪进，著发往黑龙江充当苦差，以示惩儆。二十四年蒙恩释回。同治三年，卒。"

［5］清代关内分清东陵和清西陵两座皇陵，分别以马兰峪镇总兵兼总管内务府大臣管辖清东陵，以泰宁镇总兵兼总管内务府大臣管辖清西陵，秩序正二品。

［6］乾隆二十六年（1761）设置库伦办事大臣，驻扎库伦，派出由皇帝特简，属钦差大臣性质，通常由满洲旗人担任，负责管理边务、互市、司法、驿站等事宜。《嘉庆丙子科各省乡试同年齿录》载，"讷勒亨额，字康侠，号鲁斋，行一。嘉庆丁巳年正月初十日亥时

生，正蓝旗人，户部银库员外郎。曾祖色贝，原任都统。祖开泰，续办事章京。父多善。子瑞存、瑞寿”。

# 嘉庆二十四年己卯科乡试

"不患无位"[1]一节　"地不爱宝"　得"情"字

恭亲王后裔毓本，号茶邨，正蓝旗第六族，载字辈，道光丙戌进士[2]。

礼烈亲王后裔奎光，镶红旗第五族，载字辈，道光己丑进士[3]。

□□德福，号□□，□□旗，□□族，□□字辈。

肃武亲王后裔柏昌[4]，镶白旗第三族，载字辈。

饶余敏亲王后裔瑞麟保，号匏生，正蓝旗第八族，奕字辈，联捷进士[5]。

肃武亲王后裔额勒春[6]，号好斋，镶白旗第三族，载字辈。

肃武亲王后裔鄂伦，镶白旗第三族，奕字辈。

庄亲王后裔德崇布，更名德诚，号默菴，镶蓝旗第五族，绵字辈，道光丙戌进士[7]。

## 校注：

［1］《论语·里仁》："子曰：'不患无位，患所以立。不患莫己知，求为可知也。'"

［2］毓本中式道光六年（1826）丙戌科二甲第一百一十名进士。《嘉庆二十四年己卯乡试同年谱》载，"豫本，榜名毓本，字务旎，号茶邨，一字鸥生，行二。乾隆壬子年五月十七日吉时生。正蓝旗吉勒杭阿佐领下四品宗室。始祖和硕恭亲王，康熙十年正月册封，二十九年命为安北大将军，击破厄鲁特，三十五年复从圣祖征噶尔丹凯旋，恩加锡赉事载入八旗通志。始祖妣那拉氏，册封福晋。高高祖海山，袭封多罗贝勒，赐谥僖敏。高高祖妣瓜尔佳氏，册封福晋。高祖伦布，御前头等侍卫。高祖妣他他拉氏，诰命夫人。曾祖斐苏，袭封多罗贝勒，任宗人府宗正。曾祖妣钮钴禄氏，册封福晋。祖明韶，袭封固山贝子。祖妣完颜氏，散秩大臣白第公女，册封福晋。父晋隆，初封辅国将军兼上驷院侍卫，袭封奉恩辅国公，授散秩大臣、前引大臣，正蓝旗汉军副都统，镶蓝旗满洲副都统，镶黄旗护军统领，正白旗蒙古都统，赏穿黄马褂，内大臣，宗人府左宗人，正蓝旗汉军都统，镶黄旗汉军都统。恩赐紫禁城骑马，理藩院尚书，管理觉罗学大臣，稽察坛庙大臣，管理雍和宫大臣，值年旗大臣，领侍卫内大臣，改补二等侍卫。母卓佳氏，工部员外郎多伦讷尔理事同知兼榷宫张家口税务监督兆杰公女，册封夫人。生母曹佳氏。例封恭人……娶瓜尔佳

氏，乾隆乙丑科进士，山东馆陶县、历城县知县，德州知州，登州府知府，四川潼川府知府石之珂公孙女。廪膳生浙江盐经历石兰图公女。子灵杰，原名灵椿，宗人府笔帖式，由荫生考取，赏戴花翎。灵桂，四品宗室，官学生，道光乙未恩科举人。豫本，乙卯科乡试中式第一名，丙戌科会试中式第一名，覆试一等第一名，殿试二甲第一百十名，钦点主事，签掣宗人府"。

［3］奎光中式道光九年（1829）己丑科三甲第四十六名进士。

［4］柏昌属移居盛京宗室。嘉庆二十四年（1819）参加顺天府乡试，需要向盛京将军告假。详见中国第一历史档案馆藏《宗人府左司为镶白旗移居宗室柏昌告假留京俟嘉庆二十四年乡试后再行回沈知照盛京将军事》，嘉庆二十一年十月十四日，档案号：06-01-002-000074-0050。

［5］瑞麟保嘉庆二十五年（1820）庚辰科二甲第七十九名进士。瑞麟保中式进士后，和硕肃亲王宗人府宗令永锡上奏折代宗室谢恩。详见中国第一历史档案馆藏《宗人府宗令和硕肃亲王为宗室瑞麟保等庚辰科中式文进士本府代奏谢恩事》，嘉庆二十五年三月二十四日，档案号：06-02-005-000004-0027。

［6］额勒春，曾任宗人府左司理事官，升任御史。《国朝满洲蒙古御史题名》道光二十三年载："宗室额勒春，由宗人府副理事官补授河南道御史。"

［7］德崇布中式道光六年（1826）丙戌科二甲第七十九名进士。《嘉庆二十四年己卯乡试同年谱》载，"宗室德诚，字子韧，号默莽，别号鹤云，行六。嘉庆辛酉年六月二十八日寅时生，镶蓝旗满洲都统宗室玉英佐领下，现任侍讲学士，甲午科贵州主考。曾祖和硕简勤亲王。祖和硕简恪亲王。父伊铿额，历任镇国将军兼散秩大臣，前引大臣，钦命总理回疆八城事务喀什噶尔参赞大臣，钦命叶尔羌办事大臣，吉林伯都纳、黑龙江省墨尔根等处副都统，赏穿黄马褂兼善骑射，钦命伊犁领队大臣署理吐鲁番办事大臣，原任阿克苏办事大臣。母索绰罗氏，乾隆丙辰恩科举人，丁巳恩科进士，由庶吉士历任翰林院检讨，原任礼部尚书，上书房总师傅，赐谥文庄，德保公女。乾隆壬子科举人，癸丑科进士，由编修前任协办大学士、户部尚书、军功加三级，恩赐紫缰，诰命光禄大夫名英和公胞姐。生母吴佳氏。胞叔祖讳景讷亨，原任辅国公兼散秩大臣。胞伯讳积拉敏，原任奉国将军，前二等侍卫。胞伯和硕郑恭亲王。胞叔讳叶铿额，原任奉国将军兼二等侍卫，上驷院行走。胞叔讳伊绵阿，原任奉国将军，历任二等侍卫兼侍卫处章京。胞兄德隆布，原中式戊寅恩科举人。德珩，戊寅恩科举人，右翼宗学副管，实录馆校对收掌，宗人府主事，圣训校勘处收掌官，现任吏部稽勋司员外郎。娶钮钴禄氏，由侍卫处笔帖式调提督衙门笔帖式，历任司务、主事、员外郎、户部缎疋库员外郎，福建汀州、福州知府，湖南粮道、辰永沅靖道，贵州、湖北、福建按察使，湖南布政使，安徽、山西、陕西巡抚，兵部堂主事，直隶霸昌

道、大理寺少卿，刑部右侍郎，镶白旗蒙古、镶黄旗蒙古、镶白旗满洲副都统、户部左侍郎、吏部左右侍郎，工部尚书、礼部尚书，镶蓝旗汉军、镶红旗满洲都统，恩赐花翎、紫禁城骑马、蓝翎侍卫，哈密办事大臣，副都统衔喀什噶尔参赞大臣，理藩院右侍郎，三等侍卫乌什办事大臣，泰宁镇总兵，礼部尚书管理乐部、太常寺、鸿胪寺事务，内阁侍读学士，大理寺少卿、仓场侍郎，正白旗蒙古都统，漕运总督，署镶白旗汉军都统，诰授光禄大夫，讳成龄公女。原任工部员外郎，诰封中宪大夫，名重光，嘉庆癸酉科举人，庚辰科进士，现任户部山西司员外郎名重谦胞妹，五品荫生现任三等侍卫名重纶胞姐，女一。乡试中式第八名，丙戌会试中式第四名，殿试第二甲第七十九名，朝考入选第十八名，钦点翰林院庶吉士"。

## 嘉庆二十五年庚辰科会试
"能尽其性，则能尽人之性"[1] "好雨知时节" 得"知"字

瑞麟保，更名瑞旹，主事，官至翰林院侍讲学士。

成朗，主事，官至给事中[2]。

桂森，庶吉士，授检讨，历官内阁学士兼礼部侍郎衔，降官至和田办事大臣[3]。

庆全，主事，官吏部主事。

### 校注：

[1]《中庸》："唯天下至诚，为能尽其性。能尽其性，则能尽人之性。能尽人之性，则能尽物之性。能尽物之性，则可以赞天地之化育。可以赞天地之化育，则可以与天地参矣。"

[2]给事中，即六科给事中。清初设置，至雍正年间，为加强皇权，六科并入督察院，与御史合称"科道官"。给事中有进谏之责，秩正五品。掌抄发题本，审核奏章，监察六部、诸寺、府、监公事，其封驳之权有名无实，职权较明为轻。成朗曾任员外郎、御史、给事中等职。《国朝满洲蒙古御史题名》道光十七年载，"宗室成朗，号润方，镶蓝旗人，嘉庆庚辰科文进士，由刑部员外郎补授江西道御史"。《嘉庆丙子科各省乡试同年齿录》载，"宗室成朗，字明斋，号润方，行二。乾隆己酉年十二月十三日戌时生，镶蓝旗人，刑部广西司员外郎。曾祖父辅国将军萨山。祖父闲散宗室苏顺。本省祖闲散宗室海德。父闲散宗室迪祥。本生父闲散宗室德齐"。

[3]和田办事大臣，乾隆二十四年（1759）设置，受叶尔羌办事大臣节制，属钦简性

质，多为满洲旗人，秩多为三品以上。桂森散馆后授检讨，曾任国子监满洲祭酒等官，升至内阁学士兼礼部侍郎职衔，从二品官职。

# 道光元年辛巳恩科乡试
### "子闻之曰再斯可矣"[1] "秋山极天净" 得"天"字

饶余敏亲王后裔祥麟保，更名保极，号汝亭，正蓝旗第八族，奕字辈，联捷进士[2]。

辅国悫厚公后裔阿诚，正白旗第三族，绵字辈[3]。

镇国勤敏公后裔佛尔国保，号蕴之，正蓝旗头族，载字辈，联捷进士[4]。

礼烈亲王后裔伊克唐阿，号尧农，正红旗第五族，奕字辈，丙戌进士[5]。

裕宪亲王后裔恒忠，号荩臣，镶白旗第二族，绵字辈，由宗人府笔帖式官至御史[6]。

广略贝勒后裔瑞吉，镶红旗头族，载字辈。

礼烈亲王后裔德金泰[7]，更名德金，正红旗第二族，载字辈，由宗学总管至御史。

庄亲王后裔恩桂，号小山，镶蓝旗第三族，载字辈，联捷进士[8]。

**校注：**

[1]《论语·公冶长》："季文子三思而后行，子闻之曰：'再，斯可矣。'"

[2] 祥麟保中式道光二年（1822）壬午科三甲第二十名进士。《道光元年辛巳各省同年全录》载，"（壬午科进士、现任国子监司业）保极，榜名祥麟保，号汝亭，嘉庆丁巳年二月初十日吉时生，正蓝旗宗室铁麟佐领下人，现任宗人府候补主事。曾祖锡全，头等侍卫，一等镇国将军。祖玳珽，宗人府副理事官。父敏学，四品宗室"。

[3]《道光元年辛巳各省同年全录》载，"阿诚，字春溪，号次莼，行九。乾隆甲寅年正月初十日吉时生，正白旗宗室。祖格赛泰，世袭奉恩将军，原任护军参领。父都尔嘉原任东三省将军、西宁办事大臣"。

[4] 佛尔国保中式道光二年（1822）壬午科二甲第四十二名进士。《道光元年辛巳各省同年全录》载，"（壬午科进士）佛尔国保，字韫之，行一，嘉庆辛酉年七月二十日吉时生，正蓝旗宗室，现任宗人府主事。曾祖瑞成（原任十五善射大臣）。祖灵椿（原任吏部员外郎）。父兴朗"。

[5] 伊克唐阿中式道光六年（1826）丙戌科三甲第一百三十名进士。《道光元年辛巳各省同年全录》载，"（丙戌科进士）伊克唐阿，正红旗宗室，现任宗人府主事"。

［6］恒忠历任宗人府笔帖式、东陵承办衙门事务主事、员外郎。同治四年（1865）八月补授宗人府左司理事官，后任江南道御史兼镶白旗佐领等职。《国朝满洲蒙古御史题名》同治十年载，"宗室恒忠，字安良，号茞臣，镶白旗满洲宗室，文举人，由宗人府理事官补授江南道御史"。

［7］《国朝满洲蒙古御史题名》同治四年载，"宗室德金，字鉴堂，正红旗人，由户部郎中补授河南道御史"。又《大清缙绅录·同治八年冬》①载，德金为"掌贵州道监察御史"。督察院衙门曾于同治十二年（1873）八月和光绪二年（1876）八月派德金稽查内务府事务。

［8］恩桂中式道光二年（1822）壬午科二甲第六十六名进士。《道光元年辛巳各省同年全录》载，"（壬戌科进士）恩桂，字步蟾，号小山，行一。嘉庆庚申年八月二十日吉时生，镶蓝旗宗室，现任翰林院侍讲学士。曾祖武壮，监察御史。祖拜灵额，宗学总管。父吉纯，宗学副管"。

# 道光二年壬午恩科会试

"殷有三仁焉"[1] "其出如纶" 得"言"字

保极，主事，官至左春坊左庶子[2]。

恩桂，庶吉士，授编修，官至吏部尚书[3]，谥文肃。道光己亥科顺天乡试副考官[4]。

佛尔国保，主事，降笔帖式。

受庆，庶吉士，授检讨，官至督察院左副都御史[5]。道光乙酉科顺天乡试同考官[6]。

**校注：**

［1］《论语·微子》："微子去之，箕子为之奴，比干谏而死。孔子曰：'殷有三仁焉。'"

［2］《重订道光二年壬午恩科同年齿录》载，"宗室保极，字于汝，号汝亭，行一。嘉庆丁巳二月初十日吉时生。正蓝旗宗室讷勒亨额佐领下辛巳举人，宗室会试一名，殿试三甲。钦点主事，现任宗人府主事，升左司副理事官、内阁侍读学士，以库案罚官，旋起用，今任司业。曾祖锡清，原任三等侍卫，诰封中宪大夫。曾祖母索齐勒氏，诰封恭人。本生曾祖锡全，原任头等侍卫，诰封通议大夫。本生曾祖母塔他拉氏，诰封淑人。祖崑璋，四品宗室。祖母索齐勒氏。本生祖玳班，原任宗人府主事，诰封奉政大夫。本生祖母博勒济吉特氏，诰封宜人。赵佳氏，诰封宜人。父兴裕，少殁。本生父敏学，四品宗室。本生母

---

① 《大清缙绅录》，京都琉璃厂荣禄堂本。

范氏，诰封宜人。本生生母黄氏，诰封宜人。胞弟瑞昔（瑞麟保）嘉庆庚辰进士，现任刑部主事。庆琳保，娶王氏，继娶克楚特氏"。保极历任三库档房主事、左春坊左庶子、宗人府副理事官（杀虎口监督）、国子监司业、内阁侍读学士等职，后缘事革职。详见台北史语所藏《内阁大库档案》，《户部移会稽察房户部奏杀虎口监督刑部郎中怀塔哈一年差满例应奏请更换谨将内务府郎中富文等开具履历带领引见恭候钦定奉旨杀虎口监督差著宗人府副理事官宗室保极去》，道光二十年十月，登录号：156378；《吏部移会内阁典籍厅奉上谕前因户部银库查出亏短为数甚巨兹据查明历任银库司员查库御史职名开单呈览查前任稽查御史现任内阁侍读学士祥福前任稽查御史现任内阁侍读学士文绣前署银库员外郎现任内阁侍读学士宗室保极奉旨革职之处知照内阁》，道光二十三年四月初六日，登录号：216253。咸丰三年（1853）二月宗室保极奏请饬远支闲散宗室习练弓箭，宗人府议奏。又见奏折《国子监司业保极奏请将轻弃疆土各官照军例定罪并按成赔补所失钱物折》（咸丰三年五月初二日录副）。

［3］清代六部各设满汉尚书一名，秩从一品。恩桂仕途顺遂，中式进士后馆选翰林，散馆授翰林院编修，历任内阁学士兼副都统、盛京工部侍郎、兵部侍郎、吏部侍郎兼护军统领、理藩院尚书、礼部尚书、步军统领、吏部尚书兼管三库事务大臣等，谥号文肃。详见台北史语所藏《内阁大库档案》，《户部移会稽察房盛京工部侍郎宗室［恩桂］奏接印任事一折奉朱批知道了》，道光十五年三月，登录号：194037；《管理户部三库事务衙门移会稽察房本衙门奏为管理三库事务大臣现届三年期满请旨简派更换谨将满洲大学士各部院尚书左都御史左右侍郎等衔名另缮清单伏候钦点奉朱笔圈出吏部尚书宗室恩桂》，道光二十七年十月二十七日，登录号：178841。史评恩桂"奏绩金吾，肃清辇毂，一时称矫矫焉"。

《清史稿》卷374有传，兹录如下："宗室恩桂，字小山，隶镶蓝旗。道光二年进士，选庶吉士，授编修。九迁至内阁学士，兼副都统。十五年，授盛京工部侍郎，寻召为兵部侍郎，调吏部。因旷文职六班，降内阁学士。历工部、吏部侍郎，管理国子监事，兼护军统领、左右翼总兵。十九年，典顺天乡试，偕大理寺卿何汝霖往浙江按学政李国杞被劾事，遂查勘南河、东河料垛，奏劾虚缺浮用者，议谴有差。二十年，充内务府大臣，管理上驷院。议增圆明园丁四百名，命偕尚书赛尚阿督率训练。

"二十一年，授理藩院尚书，兼署左都御史。劾太常寺丞丰伸及查仓御史广祜不职，并罢之。署步军统领。奏言：'京城巡捕五营枪兵一千名，不足以资捍卫，增设一千。裁撤藤牌弓箭等兵，改为枪兵；不敷者，于各营兵丁内拣选足额。轮派二百名打靶，操演阵式。'诏议行。二十二年，调礼部尚书，又调吏部，实授步军统领。上御阅武楼，亲阅圆明园兵丁枪操，步式整齐，施放有准，嘉恩桂督率有方，赐花翎。时议节冗费，恩桂先已奏裁上驷院马六百余匹。又奏言南苑六圈，请裁其二，并裁各圈及京圈马二百余匹。上驷院、司鞍、司缮、蒙古医生旧支马乾银，均减半给，如议行。以兼摄事繁，罢管内务府，二十五年，复之。

"恩桂在吏部，严杜冒滥。兼步军统领衙门最久，先后逾十年，综核整顿，厘定章程，训练兵卒，皆有实效，宣宗甚倚之。二十六年，京察，特予议叙。又幸南苑，见草木牲畜蕃盛，嘉恩桂经理得宜，加一秩。迭奉命治仓胥舞弊，及户部捐纳房书吏贿充司员、收受陋规诸狱，并持正不挠法。二十八年，卒于官，上深悼惜，称其任劳任怨，殚竭血诚，赠太保，赐金治丧，谥文肃。"

[4]《清秘述闻续》卷4，道光十九年己亥科乡试，"吏部侍郎宗室恩桂，字小山，镶蓝旗人，壬午进士"。

[5] 左副都御使帮助左都御史处理督察院事宜，秩正三品。《嘉庆丙子科各省乡试同年齿录》载，"宗室受庆，字应云，号次农，行一。乾隆乙卯年六月二十二日吉时生，正蓝旗人，通政司通政使。曾祖原任奉恩将军华龄。祖四品宗室岳兴阿。父四品宗室海蓝泰。子奎景、奎晟、奎昱"。

[6]《清秘述闻续》卷14道光五年乙酉科顺天乡试同考官载："中允宗室受庆，字次农，正蓝旗人，壬午进士。"《清宣宗实录》卷236载，道光十三年（1833）四月庚申"内阁学士恩桂为殿试读卷官"。《清宣宗实录》卷325载，道光十九年（1839）八月己巳"以大学士潘世恩为顺天乡试正考官，户部尚书何凌汉、吏部右侍郎恩桂、工部右侍郎徐士芬为副考官"。

# 道光二年壬午科乡试
### "仁者爱人"[1]二句 "江涵秋影雁初飞" 得"江"字

英亲王后裔重兴，镶红旗第六族，绵字辈，由宗学总管官至理藩院[2]郎中。

庄亲王后裔善亮，镶蓝旗第五族，绵字辈，官笔帖式。

礼烈亲王后裔伦堪，正红旗头族，奕字辈。

理密亲王后裔载亮，更名疆，镶蓝旗第二族。

镇国恪僖公后裔庆彬，正黄旗头族，绵字辈。

豫通亲王后裔保清，号鉴塘，正蓝旗第四族，奕字辈，癸巳进士[3]。

理密亲王后裔奕鼐，号冀阶，镶蓝旗第二族联捷进士[4]。

庄亲王后裔海枚[5]，惠端子，镶蓝旗第五族，绵字辈，由主事官至驻藏大臣[6]。

**校注：**

[1]《孟子·离娄章句下》："君子所以异于人者，以其存心也。君子以仁存心，以礼存心。仁者爱人，有礼者敬人。爱人者人恒爱之；敬人者人恒敬之。"

[2]理藩院是清朝统治蒙古、回部及西藏等少数民族地区的中央机构，也处理与俄罗斯的外交、通商等事宜。在清朝入关前，理藩院被称为蒙古衙门。崇德三年（1638）更名为理藩院，颁布有《理藩院则例》。清末理藩院更名理藩部。

[3]保清中式道光十三年癸巳科二甲第五十五名进士。

[4]奕鼎中式道光三年癸未科三甲第二十八名进士。

[5]海枚曾任笔帖式、员外郎等职。《清宣宗实录》卷389"道光二十三年乙酉"条载，"此次京察一等复带引见各员内宗室海枚，著交军机处记名。遇有应升缺出提奏"。也可参见中国第一历史档案馆藏《为京察一等复带引见各员内宗室海枚著交军机处记名遇有应升缺出拟奏等事》，道光二十三年二月十二日，档案号：05-13-002-000677-0094。此后海枚宦绩以钦差武职为多，如以头等侍卫作为吐鲁番领队大臣、科布多帮办大臣、驻藏大臣等要职。详见台北故宫博物院藏《译汉月折档道光二十四年夏宗室海枚为接任叩谢天恩之处奏闻事（吐鲁番领队大臣）》，道光二十四年三月二十七日，档案号：603000115。虽然咸丰帝继位后不久，海枚因事被革除吐鲁番领队大臣职，但很快在咸丰二年（1852）四月补授科布多帮办大臣，同年十月升任驻藏大臣。《清文宗实录》卷14载，道光三十年七月，"头等侍卫宗室海枚身任边陲大员，既知前在吐鲁番，该犯登塔招摇，无难立即拏获。到京后该犯屡次往找，并不呈送究办，实属糊涂荒谬，亦著照宗人府所拟，即行革职"。

台北故宫博物院藏《宗室惠端列传·附海枚传》（档案号：701007361）兹录如下："海枚，由荫生于道光元年以宗人府笔帖式用。二年中式文举人，补七品笔帖式。十年迁西陵主事。十二年擢泰陵礼部员外郎。十六年期满，以六部员外郎用。十七年补户部员外郎。二十年迁郎中。二十三年京察一等，奉旨交军机处记名，遇有应升缺出，题奏。旋充宗室佐领，擢太常寺少卿，迁通政使司副使，赏给头等侍卫，充吐鲁番领队大臣。二十四年奏捐修军台、兵房、水磨、渠堤、道路各项工程，谕令务期工坚料实，完竣时，核实具奏，免其造册报销。二十五年核奏捐修各工完竣，请将营员等量予鼓励，并回子郡王阿克拉伊都交部议叙，诏如所请。二十七年伊犁将军萨迎阿具奏，此次军兴，阿克苏设立粮台。查宗室海枚由户部司员出身，明白精细，堪以前往，会同阿克苏办事大臣扎拉芬泰办理，允之。奏言见在粮台一切事件谨遵谕旨，加意撙节，无事铺张，一俟大兵凯旋，即行裁撤。寻命来京当差。二十八年萨迎阿奏委海枚署理伊犁参赞大臣，上命毓书署理，海枚仍会同办理粮台报销。旋奏保粮台出力员弁，奏撤回伊犁遣勇在途抢掠，致毙人命，审明定拟。又奏伊犁派往阿克苏之满汉官兵及带领遣勇巴尔楚克之协领等，应领盐菜等银共三千余两，归伊犁新收案内办理。行营粮台赏给兵丁皮衣银一万一千余两，准其作正开销，均得旨允行。二十九年以保奏阿克苏粮台出力人员，声叙错误，下部议处，寻回京。先是甘肃民人苏生一以画符呪水在吐鲁番辟展等处，借医惑众，旋改名薛执中来京行医，忘谈休咎，擅议时政。三十年经中城御史拿获，奏交王大臣审办。海枚以前在吐鲁番失察，命撤任候质。寻谳定奏入，谕曰：'海枚前在吐鲁番身任边陲大员，既知该犯登坛招摇，无难即时擎获。到京后屡次往找，并不呈送究办，实属糊涂荒谬，著照宗人府所议即行革职，仍罚养赡银一年。'咸丰二年，赏二等侍卫充驻藏大臣，奏言科布多戍守屯田期满，弁兵轮应更换，请将防兵内选谙练耕作、通晓蒙古言语者暂行留驻，以资差遣，俟下届更换，从之。捐备军饷，谕令交军机处存记，俟军务告竣，候旨施恩。三年，海枚以乍了地方夷务亲往，相机办理，行至打箭炉途次，卒。"

［6］驻藏大臣，始设于雍正五年（1727），首派僧格担任，负责管辖藏务，位高权重，由皇帝特简，属钦差大臣，对于加强对西藏管控和维护大一统局面，发挥了重要作用。

# 道光三年癸未科会试
"和也者天下之达道也"[1] "台笠聚东菑" 得"东"字

海朴，主事，官至镶红旗蒙古副都统[2]。

华德，庶吉士，改主事，袭奉恩将军授佐领[3]。

文溥，主事，官至东陵郎中。

奕㬂[4]，主事，历官翰林院侍读学士，降笔帖式。

**校注：**

［1］《中庸》："喜怒哀乐之未发，谓之中；发而皆中节，谓之和。中也者，天下之大本也；和也者，天下之达道也。致中和，天地位焉，万物育焉。"

［2］副都统，清代八旗职官，秩正二品。海朴曾任宗人府额外主事、经历、副理事官、理事官、坐粮厅监督等职，后外放驻藏大臣等职，因事革职后复任阿克苏办事大臣等职。海朴任驻藏大臣后不久被革职，查抄家产。详见中国第一历史档案馆藏《刑部为查抄已革驻藏大臣宗室海朴家产一案抄单请查照事致宗人府》，道光二十五年二月二十五日，档案号：06-01-002-000166-0003。《大清搢绅全书（咸丰六年春）》载，宗室海朴，满洲镶蓝旗人"镇守阿克苏等处地方办事大臣"，并赏给副都统衔。台北故宫博物院藏《宗室海朴列传》

（档案号：701002038）兹录如下："宗室海朴，镶蓝旗人，父惠端，盛京兵部侍郎，自有传。海朴，道光三年进士，以主事用。旋补宗人府主事，擢副理事官。十五年补户部银库员外郎。十七年京察一等，寻升宗人府理事官。十九年六月，记名以副都统用。七月补正蓝旗汉军副都统，管理新旧营房。十月充驻藏帮办大臣……十一月调驻藏办事大臣。二十三年召来京。寻因前在户部银库员外郎任内，库款亏缺，经户部奏参，海朴坐失察，革职留任。二十四年七月，因前在驻藏大臣任内发给诺门罕印照住牧，八月又将前藏应存火药铅子等项滥行借支，不敷操演，经四川总督琦善先后奏参，上严饬之，命照数估计价银，令海朴将应赔银两解部，仍下部议处，旋褫职。二十五年二月，琦善奏参海朴前在驻藏大臣任内滥提官物，上命查抄海朴家产，下刑部，会同宗人府、军机大臣审讯。复谕令兵部尚书文庆驰赴四川，会同总督宝兴核办鞫实，命发往盛京，充当苦差。十月，上以海朴擅用官物为数无几，给还前抄家产。二十六年海朴交罚赔银两全完，免其发遣。咸丰五年正月，赏三等侍卫，大门上行走。旋赏二等侍卫充巴里坤领队大臣。十月赏头等侍卫充阿克苏办事大臣……（八年）八月，赏加副都统衔。十月补镶红旗蒙古副都统。九年，因病奏请开缺回旗调理，允之。十年，卒。"

[3] 佐领，原称牛录，是清代八旗制度的基层管辖单位，秩正四品，负责所属旗人的管理、生死、婚嫁、发粮等日常事务。华德，翰林院散馆后以部属用，后授任镶红旗第六族三甲喇佐领。《嘉庆丙子科各省乡试同年齿录》载，"华德，字葆淳，号鉴堂，行三。乾隆己酉年八月初六日生，镶红旗人，现官奉恩将军。曾祖瑚图礼头等侍卫。祖额尔赫宜凤凰城守尉。父硕臣四品宗室。子秀平"。

[4] 奕蒿曾任宗人府理事官、宝泉局满监督等职。详见台北史语所藏《内阁大库档案》，《户部移会稽察房户部奏为宝泉局满监督德全升任遗缺臣等谨将宗人府理事官宗室奕蒿等七员开具履历缮写绿头牌带领引见恭候钦简一员奉旨宝泉局满监督著宗人府理事官宗室奕蒿去》，道光十九年九月，登录号：229068。

## 道光五年乙酉科乡试
"武王不泄迩"[1]二句 "涉江采芙蓉" 得"方"字

礼烈亲王后裔成庆，更名成祐，镶红旗第五族，载字辈，官宗人府笔帖式。
礼烈亲王后裔德迈，镶红旗第五族，载字辈。
饶余敏亲王后裔贵诚，号伯存，正蓝旗第八族，载字辈。

恂勤郡王后裔奕书，号柳堂，镶蓝旗第四族，联捷进士<sup>[2]</sup>。

饶余敏亲王后裔宽绵<sup>[3]</sup>，号飐圃，正蓝旗第八族，奕字辈。

理密亲王后裔奕和，镶蓝旗第二族。

辅国愨厚公后裔和泰，更名和信<sup>[4]</sup>，号怡斋，正白旗第二族，奕字辈，官宗学副管<sup>[5]</sup>。

恭亲王后裔庆安，号云舫，正蓝旗第六族，奕字辈，己丑进士<sup>[6]</sup>。

镇国恪僖公后裔瀋文，正黄旗头族，绵字辈。

## 校注：

[1]《孟子》："孟子曰：禹恶旨酒而好善言。汤执中，立贤无方。文王视民如伤，望道而未之见。武王不泄迩，不忘远。周公思兼三王，以施四事；其有不合者，仰而思之，夜以继日；幸而得之，坐以待旦。"

[2]奕书中式道光六年丙戌科三甲第一百一十四名进士。《道光乙酉科乡试齿录》载，"宗室奕书，号柳堂，行一。镶黄旗绵能佐领下四品宗室。丙戌进士，庶吉士，现任宗人府主事"。

[3]《道光乙酉科各省乡试齿录》载，"宗室宽绵，字绥联，飐圃，行四。丙午三月二十五日生。正蓝旗吉尔杭阿佐领下四品宗室，中式第五名。曾祖兴让，姚钮祜禄氏、王氏。祖平太，姚钮钴禄氏。父玉梁，母完颜氏。妻瓜尔佳氏。子耀旭。耀恒魁"。宽绵中举后，正蓝旗第八族族长吉尔杭阿还向道光帝上奏汇报宽绵准备于道光六年（1826）参加会试事宜。详见中国第一历史档案馆藏《正蓝旗第八族族长吉尔杭为宗室宽绵耀昶应试道光六年文会试事》，道光六年正月，档案号：06-01-001-000503-0020。只是这次宽绵落第后，却没能有机会继续下科会试。据正蓝旗满洲都统奏报，宽绵于道光九年（1829）病故。

[4]和信于嘉庆十年（1805）十二月娶妻时名额勒和泰，后更名和泰，又更名和信。详见中国第一历史档案馆藏《正白旗第二族族长庆绪为查明已故宗室和信于嘉庆十年十二月娶妻时名额勒和泰后更名和泰又更名和信事》，咸丰七年，档案号：06-02-007-000679-0028。

[5]《清宣宗起居注》道光十九年八月十一日载，"奉谕旨此案正白旗族长左翼宗学副管宗室和泰，经该宗令等传令看押吸食鸦片烟之宗室来恩，并未到署，致令脱逃，著即革职"。

[6]庆安中式道光十二年壬辰科二甲第二十一名进士。《道光乙酉科各省乡试齿录》载，"宗室庆安，改名祺，字心恭，号云舫，行一。乙丑三月二十日生，第六族正蓝旗宗室吉勒章阿佐领下人，中式第八名，壬辰进士。现任盛京户部侍郎兼管奉天府府尹。曾祖隆蔼，姚黄佳氏；祖谦益，姚孙佳氏；父玉芝，母那佳氏；妻方氏"。

# 道光六年丙戌科会试

"郁郁乎文哉！吾从周"[1] "春风柳上归" 得 "归" 字

毓本[2]，更名豫本，主事，官至宗人府理事官。

德诚[3]，庶吉士，授编修，官至仓场侍郎，道光甲午科贵州乡试正考官[4]。

奕书[5]，庶吉士，改宗人府主事，降笔帖式。

伊克唐阿，主事，官宗人府主事。

## 校注：

[1]《论语》："子曰：周监于二代，郁郁乎文哉！吾从周。"

[2] 毓本有文名，著有《选梦楼诗抄》《茶邨集》等。《晚晴簃诗汇》卷132载，"宗室豫本，字茶邨，恭亲王常颖六世孙，道光丙戌进士，历官宗人府理事官，有茶邨集"。《晚晴簃诗汇》收录毓本六首诗文，包括《感兴》《赠曹映渠》《一舸》《晚归》《秋望》等。《一舸》："一舸亭亭逐浪斜，意行忽复得芳华。软风吹绿水杨叶，浓雨洗红山杏花。乍可衔杯消世虑，直将搜句作生涯。故人迢递违清赏，安得临流一笑哗。"曾燠撰《赏雨茅屋诗集》卷21载有诗《赠宗室豫本》（道光丙戌进士，现为宗人府主事，以诗就正）载，"唐室有李程，宋廷有令铄。尝登进士科，未逮诗人作。本朝设胄监，更设觉罗学。二南开国风，孙子皆麟角。君试辄冠军，才名已卓卓。复继花间堂，渊然奏雅乐。清若香松枝，丽比红兰萼。（《花间堂诗》，慎郡王之集也。香松室主人、红兰主人皆往时宗室诗家）"。豫本为解元、会元联捷进士。

[3] 德诚中式进士后，奉旨改为翰林院庶吉士。历任左春坊左赞善、翰林院侍讲、侍讲学士、詹事府詹事、大理寺卿、左副都御史、盛京户部侍郎、刑部侍郎、仓场侍郎等职。参见中国第一历史档案馆藏《宗人府经历司为道光六年丙戌科新进士宗室德诚奕书奉旨改为翰林院庶吉士等知照各该处事》，道光六年五月二十一日，档案号：06-01-002-000183-0017。德诚曾任内务府大臣镇守直隶泰宁等处地方总兵官，有文名。《晚晴簃诗汇》载，"宗室德诚，字默庵，简恪亲王丰讷亨孙，道光丙戌进士，改庶吉士，授编修，官至仓场侍郎，有听香读画山房诗稿"。《晚晴簃诗汇》卷132收录诗文《黔山》一首。台北故宫博物院藏《宗室德诚列传》（档案号：701002537）兹录如下："宗室德诚，镶蓝旗人。父伊铿额，阿克苏办事大臣，自有传。德诚，道光六年进士，改翰林院庶吉士。九

年四月散馆，授编修。七月升詹事府司经局洗马。十年充文渊阁校理。十三年大考三等，降补左春坊左赞善。十四年五月充贵州乡试正考官。十二月升翰林院侍讲。充日讲起居注官。十五年升侍讲学士。十六年五月擢詹事府詹事。十二月授大理寺卿。十七年四月升都察院左副都御史。十二月擢盛京工部侍郎，管理移居宗室事务。十八年六月命偕盛京将军耆英监收奉天官庄米石。十一月调盛京刑部侍郎兼奉天牛马税监督。十九年三月调盛京户部侍郎。四月复调盛京刑部侍郎。二十年正月调刑部左侍郎。二月兼镶红旗汉军副都统。四月充朝考阅卷大臣……六月充顺天乡试监临。十月署正蓝旗护军统领。……二十一年三月署镶黄旗满洲副都统，寻兼署右翼总兵、镶红旗护军统领。四月充殿试读卷官。五月管理镶红旗汉军新旧营房事务。八月会同大学士王鼎等奏拟秋审实缓章程……二十二年署泰宁镇总兵兼总管内务府大臣。寻实授……（二十五年）十一月授仓场侍郎……二十七年奏严定收放米石章程……二十八年正月命偕户部右侍郎朱凤标前赴天津验收海运漕粮……（二十九年）上责德诚等不以公事为重，下部议处。寻议降二级留任。三十年，卒。"

［4］自雍正年间定例，乡试正考官由进士出身者担任。德诚在道光十四年甲午科出任贵州乡试正考官，是清代宗室出任外省正考官之始。《清秘述闻续》卷4载，"贵州考官侍讲宗室德诚，字默菴，镶蓝旗人，丙戌进士"。《听雨丛谈》卷10载，嘉庆十四年"贵州正考官詹事宗室德诚，为宗室典试外省之始"。

［5］奕书，馆选翰林院庶吉士，散馆以部属用，曾任左中允、侍读等职。《清宣宗实录》卷319载，道光十九年二月朝廷大考翰詹，考列三等的"侍读宗室奕书著以主事补用"。修纂《宗室奕书宗谱》（道光五年修）。

# 道光八年戊子科乡试

"枨也欲焉得刚"[1] "菊散一业金" 得"金"字

辅国介直公后裔英瑞，号彦甫，正蓝旗第八族，奕字辈，癸巳进士[2]。

庄亲王后裔英继，希哲子，号铁峰，镶蓝旗第五族，绵字辈，乙未进士[3]。

恂勤郡王后裔奕诱，更名班[4]，号小泉，镶蓝旗第四族。

豫通亲王后裔文彬，更名文亶[5]，正蓝旗第三族，奕字辈。

庄亲王后裔崇光，号花岩，镶蓝旗头族，奕字辈，乙巳进士[6]。

礼烈亲王后裔呈瑞，更名呈德，镶红旗第五族，溥字辈[7]。

愉恪郡王后裔绵兴，正红旗第四族[8]。

肃武亲王后裔图山，更名善焘，号溥泉，镶白旗第三族，奕字辈，壬辰进士[9]。

## 校注：

[1]《论语》："子曰：'吾未见刚者。'或对曰：'申枨。'子曰：'枨也欲，焉得刚？'"

[2]英瑞中式道光十三年癸巳科三甲第五十四名进士。《道光戊子科直省同年录》载，"英瑞，字毓芷，号彦甫，行一。嘉庆乙丑年二月十七日生。正蓝旗其宗室。癸巳进士，刑部主事。曾祖勇武，世袭奉恩将军。祖郭伸布世袭奉恩将军。父弼成，四品宗室"。

[3]英继中式道光十五年乙未科二甲第一百一十七名进士。《道光戊子科直省同年录》载，"英继，字复初，号铁峰，行二。嘉庆癸亥年二月二十日生。镶蓝旗宗室。乙未进士，宗人府主事。曾祖蒙泰，工部郎中，公中佐领。祖遐龄，兵部郎中，公中佐领，户部宝泉局监督。父希哲，嘉庆丁卯翻译举人，己卯进士，钦点主事，宗人府经历，户部颜料库员外郎。胞兄英善，壬辰举人，笔帖式；英翔，壬辰举人，笔帖式。胞侄瑞麟"。

[4]奕诱更名为奕秀，这与《宗室贡举备考》所记不同。详见中国第一历史档案馆藏《右翼近支第四族学长绵爵为右翼近支第四族文举人宗室奕诱更名奕秀事》，道光十五年六月二十日，档案号：06-01-001-000444-0041。

[5]道光十五年闰六月初四日，礼部行文宗人府，备案文彬改名一事。详见中国第一历史档案馆藏《礼部为正蓝旗文举人宗室文彬更名文亶片查其科分名次等事致宗人府》，道光十五年闰六月初四日，档案号：06-01-001-000444-0046。文彬曾任宗人府银库额外主事。

[6]崇光中式道光二十五年乙巳科三甲第一百一十名进士。《道光戊子科直省同年录》载，"崇光，字子孚，号华岩，行二。嘉庆己巳年八月初十日生。镶蓝旗宗室。现任右翼宗学副管。曾祖马麟。祖琳宁，协办大学士，太子少保，赐谥勤禧。父玉昌，理藩院郎中，宗室佐领。胞伯叔玉庆，山东道监察御史；玉衡，吉林副都统；玉福，礼部侍郎；玉英，齐齐哈尔副都统。胞弟崇文，辛卯举人，癸巳进士，庶吉士；崇武，官学生；崇恩，官学生"。

[7]《道光戊子科直省同年录》载，"呈瑞，字辑菴，号凤岐，行一。嘉庆丁卯年二月初二日生，镶红旗宗室，候补宗人府笔帖式。曾祖克勤郡王。祖克勤郡王。父常裕，宗学总管。胞伯尚格，克勤郡王"。

[8]《道光戊子科直省同年录》载，"绵兴，改名绵英，字芝庭，行九，嘉庆壬申三月十二日生。正红旗宗室，候补宗学副管。曾祖允裪，多罗愉恪郡王。祖宏富，头等镇国将军。父永度。胞伯永绶，头等镇国将军"。

[9] 图山中式道光十二年壬辰科二甲第六十六名进士。《道光戊子科直省同年录》载，"图山，改名善焘，字仁甫，号溥泉，行二。嘉庆戊午年八月十八日生。镶白旗宗室。壬辰进士，翰林院编修、侍讲、国子监祭酒、太仆寺卿。曾祖襄德。祖保英。父庆杰，三等侍卫，散秩大臣，镶黄旗蒙古副都统，正白旗护军统领，马兰镇总兵内务府大臣。胞伯叔唐古山，四品宗室；庆嵩，四品宗室；庆隆，宗人府笔帖式。胞兄岐山，四品宗室"。

# 道光九年己丑科会试
"君子怀刑"[1]二句　"耕耤"得"推"字

瑞兴[2]，主事。

奎光[3]，更名奎泽，主事，官至翰林院侍讲学士。

庆安，更名庆祺，壬辰科补殿试，庶吉士，改吏部主事，官至直隶总督[4]，谥恭肃，道光丁酉科四川乡试副考官[5]。

恩来，更名豫德，庶吉士，改宗人府主事，历官左春坊左庶子，降官至户部员外郎[6]。

## 校注：

[1]《论语》："君子怀德，小人怀土；君子怀刑，小人怀惠。"

[2]《道光九年己丑科会试同年齿录》载，"宗室瑞兴，字符祥，号芝庭，行三。乾隆己酉年七月初一日寅时生，镶红旗宗室奉福佐领下宗室。嘉庆癸酉科乡试第四名，己丑科会试宗室第一名，殿试第三甲第一百二名。工部屯田司主事。曾祖广龄，奉恩辅国公。曾祖母舒书觉罗氏，诰封辅国公夫人。祖博尔忠武，奉恩辅国公。祖母那拉氏，诰封辅国公夫人。父明崇，未入八分辅国公。母何氏，诰封一品夫人。胞兄瑞吉，辛巳科举人，诰授振威将军。胞侄德本，一等镇国将军；荣本，官学生；裕本。娶郭尔佳氏。子富春"。

[3]《道光九年己丑科会试同年齿录》载，"宗室奎光，字焕斋，行一。乾隆庚戌年二月十五日巳时生。镶红旗克明佐领下四品宗室。嘉庆己卯科宗室乡试第二名，己丑科宗室会试第三名，殿试第三甲第四十六名。宗人府主事。曾祖宗云，四品宗室。祖明达，四品宗室。父三凤，四品宗室。胞弟奎璧，四品宗室，奎云，四品宗室。子桂山，四品宗室；桂芬，四品宗室"。

[4]《道光九年己丑科会试同年齿录》载，"宗室庆安，字静旃，号云舫，行一。嘉庆乙丑年三月二十日戌时生。正蓝旗讷勒亨额佐领下官学生。乙丑科乡试第八名，己丑科会

试第二名，壬辰科殿试第二甲第二十一名，翰林院庶吉士，吏部主事。曾祖隆蔼。曾祖母黄佳氏。祖谦益。祖母孙佳氏。父玉芝。母那拉氏。胞伯廉端、廉秀、玉瑛、玉印、玉尺。胞叔懿德。娶方氏。子桂荣、桂涵"。庆安，翰林院散馆后以部属用，为宗人府经历司额外主事。详见中国第一历史档案馆藏《翰林院为散馆庶吉士宗室善焘著授为编修宗室庆安著以部属用事致宗人府》，道光十三年四月，档案号：06-01-002-000185-0032。道光十五年七月，庆安补授吏部主事。其后，庆安宦绩顺遂，逐渐由文职转任武职。咸丰朝，庆安宦绩更进一步，先是被"赏给都统衔"，任太常寺卿、都察院左副都御史，后历任兵部右侍郎、仓场侍郎、泰宁镇总兵、盛京总管内务府大臣、盛京将军和直隶总督等职。直隶总督为清代八大总督之首，有拱卫京畿之责，秩从一品。庆安去世后，直隶总督李鸿章上奏朝廷《庆祺请附祀僧王祠片》，奏请将庆安配祀僧格林沁祠。详见台北史语所藏《内阁大库档案》，《吏部移会稽察房大学士穆彰阿等奏詹事府詹事博迪苏奉旨补授大理寺卿无庸在批本处行走所有批本之翰林官一员谨拣选将洗马宗室庆祺拟正侍讲和色本拟陪带领引见等因奉旨著拟正之洗马宗室庆祺补授》，道光二十一年五月十七日，登录号：210617。另见台北故宫博物院藏《盛京将军宗室庆祺为接任盛京将军恭谢天恩事》，咸丰七年七月二十三日，档案号：603000207-010；《盛京将军宗室庆祺为著补授直隶总督叩谢天恩事》，咸丰八年七月初七日，档案号：603000230-059。

　　台北故宫博物院藏《宗室庆祺列传》（档案号：701001573）兹录如下。"宗室庆祺，原名庆安，正蓝旗人。道光十二年进士，改翰林院庶吉士。十三年散馆，改主事，签分吏部。十五年补官，更名庆祺。十七年充四川乡试副考官。十九年三月升司经局洗马。四月充日讲起居注官。二十三年三月迁右春坊右庶子，转左春坊左庶子。四月升翰林院侍讲学士。十二月转侍读学士。寻升太仆寺卿。二十四年迁太常寺卿。二十五年五月，命稽察左翼觉罗学。十一月升都察院左副都御史。二十六年闰五月，授盛京户部侍郎兼管奉天府府尹事务。十二月，以永陵名堂前泊岸堤工，经盛京工部估需银两，有逾岁修常数。庆祺偕将军宗室奕湘等奏请由盛京户部银库动项兴修。如所请行……五月充牛马税监督。二十九年闰四月，命偕奉天府府丞兼学政龚文龄，考试盛京宗室、觉罗各学汉教习……寻调兵部右侍郎，召来京。十一月，充马馆监督。三十年二月，遵旨诣西陵查工。三月，命阅满洲翻译试卷，充会试知贡举。四月，调仓场侍郎……（咸丰）二年正月，命偕尚书孙瑞珍前赴天津查收米石。五月事竣，以督饬妥速，下部议叙……三年二月，以浙江全省漕粮仿照江苏试办海运……八月，以江苏省海运米石，未到尾数无多，奏请照折放米石之数，折价交收，得旨允行。寻以两省米石全数兑收。海运事竣。上嘉其两次督办妥协，赏戴花翎……（咸丰五年）十二月，擢西安将军。六年三月，调盛京将军。遵旨偕尚书瑞麟赴河南兰阳口门以下，查勘黄水漫流情形，并由江南达山东之山湖僻径，及所过地方形势，有无险隘扼要之处，逐加履堪。"七月回京奏覆，旋赴盛京将军任。七年二月，以上年筹济仓储，谕令奉天省劝办捐输，收买米石。庆祺等遵议章程，派员设局筹办，并自行倡捐粟米一千石。寻以吁恳回旗省亲，赏假两个月。三月，丁母忧。闰五月，百日服满……是月，诏来京。授直隶总督，未启程，适英吉利等夷船犯顺，天津海口筹防吃紧。有旨饬催迅抵天津任事。八月抵津，偕钦差大臣亲王僧格林沁筹办海防一切事宜……九年二月，仍由天津前赴海口，因病折回天津，乞假调理，寻卒……谕曰：'直隶总督庆祺由庶吉士授职部曹，渐升卿贰。咸丰四年，由仓场侍郎带兵在独流镇等处追剿粤匪出力，赏加勇号，擢任西安、盛京将军。上年六月，调任直隶总督，宣力中外，懋著勤劳……赠太子太保衔，照尚书例赐恤，准其入城治丧。任内一切处分，悉予开复。应得恤典，改衙门察例具奏。伊子翰林院庶吉士延煦，著俟百日孝满后，由宗人府带领引见，候朕施恩，以示优恤尽臣至意。'寻赐祭葬。予谥恭肃。子延煦，翰林院庶吉士，赏授编修，见官侍讲。"

[5]《清秘述闻续》卷4载道光十七年丁酉科四川乡试考官："吏部主事宗室庆祺，字云舫，正蓝旗人，壬辰进士。"

[6]《道光九年己丑科会试同年齿录》载，"宗室豫德，原名恩来，字以仁，号雨帆，行一。嘉庆丁巳年闰六月二十五日未时生。镶红旗博铭佐领下四品宗室。嘉庆戊寅恩科宗室乡试第八名，己丑科宗室会试第四名，殿试第二甲第八十八名，翰林院庶吉士，宗人府笔帖式。曾祖和灵阿，原任三等侍卫。曾祖母博尔济吉特氏。祖书龄，原任宗学副管兼十五善射。祖母乌苏鲁氏。父博通，宗人府笔帖式、主事，副理事官，陕西道御史兼宗室佐领。母乌里扬海氏、伊尔根觉罗氏。胞弟泽来，候补笔帖式。娶伊尔根觉罗氏。子敦诚，四品宗室。女一"。道光二十三年三月大考詹翰，考列三等的左庶子宗室豫德以员外郎降补。

# 道光十一年辛卯恩科乡试
"上好礼"四句[1] "听诗静夜分" 得"分"字

诚隐郡王后裔载灵，更名能，镶蓝旗第三族。

镇国恪僖公后裔春熙，更名春章，正黄旗头族，绵字辈。

庄亲王后裔常禄，号莲溪，镶蓝旗第五族，奕字辈，联捷进士[2]。

诚隐郡王后裔载龄，号鹤峰，镶蓝旗第三族，辛丑进士[3]。

恭亲王后裔荣菜，号兰石，正蓝旗第六族，载字辈，丙申进士[4]。

庄亲王后裔崇文，号杏田，镶蓝旗头族，奕字辈，癸巳进士[5]。

庄亲王后裔常璧，号图桥，镶蓝旗第五族，奕字辈。

恭亲王后裔惠林，号铁琴，正蓝旗第六族，载字辈，联捷进士[6]。

## 校注：

[1]《论语》："子曰：'小人哉樊须也！上好礼，则民莫敢不敬；上好义，则民莫敢不服；上好信，则民莫敢不用情。夫如是，则四方之民襁负其子而至矣，焉用稼？'"

[2]常禄中式道光十二年（1832）壬辰科三甲第二十一名进士。

[3]载龄中式道光二十一年（1841）辛丑科三甲第九名进士。

[4]荣棻中式道光十六年（1836）丙申科三甲第四十七名进士。

[5]崇文中式道光十三年（1833）癸巳科二甲第五名进士。

[6]惠林中式道光十二年（1832）壬辰科三甲第二十九名进士。

# 道光十二年壬辰恩科会试
**"君子易事，不说也"[1] "岁丰仍节俭" 得"成"字**

常禄，主事，官至翰林院侍读学士[2]。

惠林，主事，官至库尔噶拉乌苏领队大臣[3]。

善焘[4]，庶吉士，授编修，官至盛京工部侍郎，正红旗蒙古副都统。道光甲午科顺天乡试同考官[5]。

## 校注：

[1]《论语》："子曰：'君子易事而难说也，说之不以道不说也，及其使人也器之；小人难事而易说也，说之虽不以道说也，及其使人也求备焉。'"

[2]常禄，曾任宗人府额外主事，学习行走期满后宗人府宗令定亲王奕绍上奏，题请常禄遇缺奏补。此后，常禄官职逐渐升转，渐至翰林院侍读。道光二十六年（1846）二月，翰林院侍读常禄因京察一等，"照例以应升之缺升用"，后又因道光二十七年（1847）五月朝廷大考詹翰，结果"不列等职侍讲学士宗室常禄著即革职"。

[3]惠林，中式进士后，曾任刑部额外主事。道光十六年（1836）三月惠林补授广西司宗室主事、刑部员外郎、宗人府理事官、库尔喀喇乌苏领队大臣等职。库尔喀喇乌苏领队大臣，乾隆三十七年（1772）始设，管理该地游牧、屯田、军台等事务。所属有游击、

粮员、笔帖式等官，受乌鲁木齐都统节制。

[4]善焘散馆授翰林院编修。详见中国第一历史档案馆藏《翰林院为散馆庶吉士宗室善焘著授为编修宗室庆安著以部属用事致宗人府》，道光十三年四月，档案号：06-01-002-000185-0032。其后历任正白旗满洲副都统、马兰镇总兵、乌里雅苏台参赞大臣、吏部右侍郎、刑部侍郎等职。

[5]《清秘述闻续》卷14载道光十四年甲午科顺天乡试考官：“侍讲宗室善焘，字溥泉，镶白旗人，壬辰进士”。

## 道光十二年壬辰科乡试

“仁且智，是何言也”[1]　“露涊荷裳已报秋”　得“秋”字

恂勤郡王后裔载庆，号心友，镶蓝旗第四族，由宗学副管官至内阁学士兼礼部侍郎衔[2]。

豫通亲王后裔英绥，号若卿，正蓝旗第三族，奕字辈，乙未进士[3]。

庄亲王后裔英善，希哲子，镶蓝旗第五族，绵字辈[4]。

庄亲王后裔英翔，镶蓝旗第五族，绵字辈[5]。

庄亲王后裔英澝，号琴南，镶蓝旗第五族，奕字辈，乙未进士[6]。

辅国悫厚公后裔晟格，更名庆续，号旭峰，正白旗第二族，载字辈[7]。

庄亲王后裔和澝，号兰庄，镶蓝旗第五族，奕字辈，丙申进士[8]。

**校注：**

[1]《孟子》：“王曰：‘吾甚惭于孟子。’陈贾曰：‘王无患焉。王自以为与周公，孰仁且智？’王曰：‘恶！是何言也？’曰：‘周公使管叔监殷，管叔以殷畔。知而使之，是不仁也；不知而使之，是不智也。’”

[2]载庆曾任候补委署主事、宗学副管等职。《道光壬辰科直省同年录》载，“载庆，心友，行二，癸酉年生。镶蓝旗奕彬佐领下四品宗室”。同治三年二月载庆京察一等，以“四五品京堂补用”，升任宝源局满监督。详见中国第一历史档案馆藏《为同治三年京察一等复带引见之宗室载庆麟书均著以四五品京堂补用等事》，同治三年二月十二日，档案号：05-13-002-000785-0042。同治四年（1865）正月，署理镶蓝旗佐领。载庆后升任太仆寺卿、太常寺卿等职。《桃花圣解盦日记·甲集第二集》邸钞光绪元年（1875）四月二十二日载，

"以太仆寺卿宗室载庆为太常寺卿"。《桃花圣解盫日记·丙集第二集》邸钞光绪元年十一月二十九日载，"太常寺卿宗室载庆为内阁学士兼礼部侍郎衔"。

　　[3] 英绶中式道光十五年（1835）乙未科三甲第四十三名进士。《道光壬辰科直省同年录》载，"（乙未工部）英绶，若卿，行一，辛未年生。正蓝旗官学生"。

　　[4]《道光壬辰科直省同年录》载，"英善，晓岩，行一，辛酉年生。镶蓝旗常秀佐领下四品宗室"。

　　[5]《道光壬辰科直省同年录》载，"英翔，春山，行三，丙寅年生。镶蓝旗常秀佐领下四品宗室"。

　　[6] 英滽中式道光十五年（1835）乙未科二甲第四十五名进士。《道光壬辰科直省同年录》载，"（乙未翰林工部）英淳，原名纯，行一，丁卯年生。镶蓝旗常秀佐领下四品宗室"。

　　[7]《道光壬辰科直省同年录》载，"庆绪，原名晟格，余峰，行二，戊辰年生。正白旗佑祥佐领下四品宗室"。

　　[8] 和滽中式道光十六年（1836）丙申科二甲第五十二名进士。《道光壬辰科直省同年录》载，"（丙申翰林）和滽，信夫，行一，辛未年生。镶蓝旗常秀佐领下四品宗室"。

## 道光十三年癸巳科会试
"君子易事，器之"[1] "天降时雨" 得 "甘" 字

保清[2]，主事，官至翰林院侍讲学士，道光庚戌科会试同考官[3]。

崇文[4]，庶吉士。

英瑞，主事官至詹事府少詹事[5]。

**校注：**

　　[1]《论语》："子曰：'君子易事而难说也：说之不以道，不说也；及其使人也，器之。小人难事而易说也。说之虽不以道，说也；及其使人也，求备焉。'"

　　[2]《道光十三年癸巳科会试同年齿录》载，"宗室保清，字鉴堂，号惟一，行三。嘉庆庚申年九月初十日吉时生。正蓝旗咸宜佐领下四品宗室。到壬午科乡试中式第六名，会试中式第一名，殿试二甲第五十五名。钦点主事，签分吏部，现官詹事府左春坊左庶子。曾祖和龄，应封一品。祖倭伦泰，原任盛京城守尉。父布因泰，四品宗室"。

　　[3]《清秘述闻续》卷15载，道光三十年（1850）庚戌科会试"侍读学士宗室保清，

字鉴塘，正蓝旗人，癸巳进士"。

[4]《道光十三年癸巳科会试同年齿录》载，"宗室崇文，字心润，号杏田，行三。嘉庆癸酉年六月二十九日吉时生。镶蓝旗富昌佐领下四品宗室。道光辛卯科乡试第六名，会试中式第二名，殿试第二甲第五名。钦点翰林院庶吉士，官至翰林院侍读。曾祖马麟。曾祖母黄佳氏。祖琳成，原任协办大学士，吏部尚书。祖母他他拉氏。庶祖母王佳氏。父玉昌，原任理藩院郎中。母伊尔根觉罗氏。继母侯佳氏。胞伯玉庆，原任刑科给事中。玉衡，吉林副都统。玉福，原任理藩院右侍郎。胞叔玉英，原任黑龙江将军。胞兄崇光，戊子举人，乙巳进士，现任宗人府主事。崇武，现任銮仪卫侍卫。妻完颜氏"。宗室崇文中式后以笔帖式用，曾任翰林院侍读等职。《东海渔歌》卷5《南乡子 上巳前一日，同屏山、云林、云姜游可园，园为宗室崇文别墅》载："郊外按鸣驺。行过城西二里沟。老树长藤交映处，临流。隐约王孙别墅楼。"按顾太清文所记，崇文别墅可园显然位于京师西北处。据北京市文物局侯海洋研究，北京大概有两处可园。一处位于东城区帽儿胡同，另一处则在今北京动物园内。又据朱家溍研究可知，三贝子花园的正式名称为"可园"，乃康熙帝第三子诚隐亲王允祉的赐邸。参见侯海洋.顾太清与道咸时期的北京名胜[J].北京档案，2018（03）：47-51.

[5]英瑞，居住在盛京，翰林院庶吉士，散馆分部学习，曾任候补宗室学正、管长等职。《道光十三年癸巳科会试同年齿录》载，"宗室英瑞，字毓芷，号彦甫，行一。嘉庆乙丑年二月十七日吉时生。正蓝旗讷勒亨额佐领下四品宗室。带给戊子科乡试中式第一名，会试中式第三名，殿试第三甲第五十四名，钦点主事，签分刑部，现官国子监司业。曾祖勇武，世袭奉恩将军。祖郭伸布，世袭奉恩将军。祖弼成，四品宗室"。詹事府是明清时期的中央机构之一，创设于明朝洪武年间。该机构模仿明朝旧有机构并加以扩充，主要为皇子或皇帝的内务服务，其中置詹事、少詹事等官职。清朝设满汉詹士府少詹事各一人，秩正四品，凡纂修实录、圣训，詹事府詹事、少詹事例得充任副总裁官及纂修官。纂修其他书史，少詹事皆得充任纂修官。

## 道光十四年甲午科乡试

"其为气也"二句[1] "疏雨滴梧桐" 得"秋"字

礼烈亲王后裔瑞徵[2]，号石麟，正红旗第三族，奕字辈。
敦郡王后裔奕润，号雨人，正红旗第三族，官宗人府笔帖式[3]。
饶余敏亲王后裔恩和，号琴舫，正蓝旗第八族，绵字辈。

庄亲王后裔常瑞，号辑五，镶蓝旗第五族，奕字辈。

辅国悫厚公后裔赑普，更名荣遐，号月山，正白旗第二族，载字辈，由宗学总管至宗人府主事。

恒温亲王后裔载荣，更名垂，号仁山，镶白旗头族。

**校注：**

［1］《孟子·公孙丑上》："其为气也，至大至刚，以直养而无害，则塞于天地之间。其为气也，配义与道；无是，馁也。"

［2］瑞徵，曾任右翼宗学副管。

［3］详见中国第一历史档案馆藏《宗人府经历司为文举人宗室奕润补放宗人府笔帖式带领引见已经奉旨行各该处事》，咸丰四年四月十二日，档案号：06-01-002-000317-0017。

## 道光十五年乙未科会试
"庶民去之"二句[1]　"春雪优霑"　得"丰"字

英滷，更名英宝，庶吉士，改主事，官至工部员外郎[2]。道光丙午科顺天乡试同考官。

英绥[3]，主事，官至甘肃宁夏兵备道。道光辛丑科会试同考官[4]。

英继，主事，历官翰林院侍讲学士，降笔帖式[5]。

**校注：**

［1］《孟子》："孟子曰：'人之所以异于禽兽者几希，庶民去之，君子存之。舜明于庶物，察于人伦，由仁义行。非行仁义也。'"

［2］《道光十五年乙未科会试同年齿录》载，"宗室英滷，年二十九岁，系镶蓝旗常秀佐领下。曾祖长钦，祖书达，父明善"。英滷中式后，以部属用，任工部主事。道光二十三年大考詹翰，考列三等的英滷以右中允"著以主事改补"（参见中国第一历史档案馆编：《道光朝上谕档》第48册，广西师范大学出版社，2000年，第128页）。英滷（已改名英宝）又于咸丰八年二月京察一等，奉旨议叙，"照例以应升缺升用"。详见中国第一历史档案馆藏《吏部为京察分别列为一等二等之工部主事宗室英宝等员奉旨议叙开单转饬查照办理事致内务府等》，咸丰八年二月十三日，档案号：05-13-002-000755-0069。

［3］《道光十五年乙未科会试同年齿录》载，"宗室英绥，年二十五岁，系正蓝旗谦恩

佐领下。曾祖成惠，祖荣庆，父长椿"。英绶家住京师北新桥二条胡同。《清秘述闻续》卷15"同考官类三"载，"工部主事宗室英绶，字若卿，正蓝旗人，乙未进士"。英绶中进士后，以工部额外主事用。《钦定科场条例》卷9载，"道光二十三年覆准：工部咨称，已考试差之主事宗室英绶，现升兵部员外郎，应由兵部开送"。道光二十三年闰七月英绶记名以御史用。详见中国第一历史档案馆藏《吏部为奉旨户部缎匹库郎中宗室咸廷兵部员外郎宗室英绶著记名以御史用事致宗人府》，道光二十三年闰七月三十日，档案号：06-01-001-000361-0023。英绶咸丰六年任给事中，咸丰九年补放佐领，咸丰九年十月补授甘肃宁夏道，携带其子灵锐、灵弼及眷属由京赴任。

［4］同考官，又称房师，为清代乡会试中协同主考官、副主考官一同阅卷的官员。雍正朝，同考官也按照地域回避制度，但乾隆朝以后多用本省科甲出身者担任。清代会试同考官为18人，主要由翰林院官员担任，为内帘官，负责批阅试卷、给予标记、写上批语等，并将优秀的试卷推荐给主考官，是为"荐卷"。

［5］英继中式后分部学习，曾在宗人府任额外主事，补授宗人府经历司左司主事，迁升至侍讲。详见中国第一历史档案馆藏《宗人府经历司为文进士宗室英继分在宗人府额外主事上学习行走进署日期知照各该处事》，道光十五年六月初四日，档案号：06-02-007-000059-0024。后因道光二十七年大考詹翰列第四等，侍讲英继降为笔帖式，罚俸一年。

## 道光十五年乙未恩科乡试
"人以事其父兄"[1]二句　"天际一帆影"　得"波"字

珠隆阿[2]，号□□，□□旗，□□族，□字辈。

广略贝勒后裔舒云，镶红旗第四族，载字辈[3]。

裕宪亲王后裔丰敬，号一斋，镶白旗第二族，奕字辈，由宗学总管官至理藩院郎中[4]。

恭亲王后裔灵桂，豫本子，号莪生，正蓝旗第六族，溥字辈，戊戌进士[5]。

诚隐郡王后裔载颐[6]，更名鑫[7]，镶蓝旗第三族。

英亲王后裔广振[8]，镶红旗第六族，载字辈。

肃武亲王后裔承恩，镶白旗头族，载字辈[9]。

## 校注：

［1］《孟子》："孟子对曰：'地方百里而可以王。王如施仁政于民，省刑罚，薄税敛，深耕易耨。壮者以暇日修其孝悌忠信，入以事其父兄，出以事其长上，可使制梃以挞秦楚

之坚甲利兵矣。'"

［2］珠隆阿信息不见载于《宗室贡举备考》。据笔者考证，珠隆阿，正蓝旗人，因应试雇佣枪手替考，被革除举人功名，发近边充军，后移居盛京。《嘉庆道光两朝上谕档》第40册道光十五年九月二十六日载："文理不符之载颐、承恩，文理笔记均不符之珠隆阿，俱著革去举人，派大学士、军机大臣会同宗人府、刑部严行审讯。"据珠隆阿供称："伊系浼直隶生员戈廷本在伊家代作诗文，赵保、关骡子代为传递，并请素好之儒麟顶伊弟乌隆阿名字，进场代为誊卷。"参见台北史语所藏《内阁大库档案》，《兵部移会稽察房奕绍奏已革举人叶卓桂宗室珠隆阿均因应试文闱妄希幸中雇倩换卷枪替并雇倩作文传递顶名进场代誊试卷实属玩法叶卓桂宗室珠隆阿等均合依例俱发近边充军》，道光十五年十二月，登录号：192453。详见中国第一历史档案馆藏《盛京将军衙门为安置发遣盛京宗室珠隆阿等房间住所事致宗人府》，道光十九年六月二十六日，档案号：06-01-001-000559-0183。《清秘述闻补》载"珠隆阿，镶红旗人"，有误。

［3］《道光乙未恩科直省同年录》载，"宗室舒云，字岳齐，号月帆，行四。嘉庆丁卯二月初八日生，镶红旗纯惠佐领下官学生。曾祖阿敏图，辅国将军。祖惠英，辅国将军。父焕奎，辅国将军。胞叔焕明，奉恩将军；焕诚，户部员外郎。胞兄讷勒赫淳。妻赫舍里氏"。

［4］丰敬于咸丰二年十一月由东陵郎中调补理藩院郎中。详见中国第一历史档案馆藏《宗人府经历司为东陵郎中宗室丰敬调补理藩院郎中带领引见已经奉旨行各该处事》，咸丰二年十一月二十八日，档案号：06-02-007-000088-0015。《道光乙未恩科直省同年录》载，"宗室丰敬，字主之，号梅村，行十。嘉庆癸酉二月二十日生。镶白旗官学生。曾祖广坤前锋参领。祖诚松四品宗室。父恒安四品宗室。母氏瓜尔佳氏。本生父恒谟四品宗室。母氏博尔济吉特氏。胞兄丰存前锋侍卫。丰智官学生。妻氏洪武。子常英、常善、常隽"。

［5］灵桂中式道光十八年戊戌科二甲第一名进士，即全国第4名进士，又称传胪。吴庆坻《蕉廊脞录》卷2载，"道光戊戌宗室灵桂列一甲三名，成庙谕曰：我家子弟不必与寒士争此一名，乃改为第四。节庵熟于掌故，好诙谐，尝以之语余云"。《道光乙未恩科直省同年录》载，"宗室灵桂，字郄枝，号乡生，行二。嘉庆乙亥正月十五日生正蓝旗讷勒亨额佐领下官学生。戊戌传胪，翰林院编修，现任光禄寺正卿。曾祖明韶，固山贝子。母氏完颜氏。祖晋隆，辅国公，部尚书、都统。母氏桌佳氏。父豫本，道光丙戌进士，宗人府副理事官，山海关监督。母氏瓜尔佳氏。胞伯叔豫彩、豫芳。胞兄灵杰，笔帖式。胞侄孚馨。妻西林觉罗氏"。

［6］《钦定科场条例·卷1·宗室人员乡会试》载，载颐虽中式举人，但没有通过覆试，被革除举人功名，"道光十九年，准宗人府咨称镶蓝旗宗室载颐，系乙未科乡试中式举人，

因覆试文理不符斥革。经钦派王大臣讯，系点写窟课所中，并无余罪。今己亥科乡试之年，请以原名再应乡试等因。查宗室载颐，前因覆试文理不符，特旨革去举人，检查原案虽无余罪，究系有关科场碍难，准其应试入考"。《嘉庆道光两朝上谕档》第40册道光十五年九月二十六日载，"文理不符之载颐、承恩，文理笔记均不符之珠隆阿，俱著革去举人，派大学士、军机大臣会同宗人府、刑部严行审讯"。据载，"载颐供我系镶蓝旗宗室奕彬佐领下闲散宗室，年二十七岁。父亲奕蒙已故，母亲关氏现年五十二岁。兄弟三人。我自幼读书，共乡试六次。本年我族叔奕果延请正白旗满洲举人英亮在家教读书，我也从英亮批改文章。逢三八日作文。闰二月十八日二课期，系以"入以事其父兄"二句题目，我做就送给英亮改好。八月十七日进场，适遇此题，遂将改本记忆誊写上卷，排律系套"春帆细雨来"旧作，榜发中式第五名举人。二十一日覆试文章，系自己做的。今蒙严讯，正窗的文章实系窗下课文，经英亮改好场中默写上卷，并无夹带、传递情弊。现蒙将原文获查对，并传英亮讯问。倘有别故，英亮岂肯替我隐瞒呢？只求详情，所供是实"。

[7] 载颐，原拟改名阮，后改名鑫。详见中国第一历史档案馆藏《右翼近支第三族学长奉恩将军宗室奕䁒为镶蓝旗宗室载颐奉堂谕著改名载阮伏思此阮字实碍难为名情愿更名载鑫恳祈查照更名事》，咸丰六年十一月，档案号：06-02-001-000153-0050。

[8] 广振中式举人后，并未参加覆试，后呈请注销其举人功名，以原名参加庚子科乡试，被礼部认为有故意拖延之嫌，所请被驳回。《钦定科场条例》卷1"宗室人员乡会试"载，"道光二十年，据镶红旗宗室广振呈称：于道光乙未科中式举人，因出场后坠车跌伤右臂，随愈随发，延至本年四月始痊，三科覆试限期已满，情愿将举人注销，以原名应庚子科乡试等情。查道光十五年九月奉旨：本年顺天乡试取中举人，昨降旨著于本月二十一日在圆明园正大光明殿覆试，其实有患病等项事故不能赴考，取结报部，仍著照乾隆年间旧例，以下三科为限，补行覆试。如有托故不到，此三科内并未覆试者，显系意存规避，著永远不准赴会场考试，亦不准赴吏部截取铨选等因，钦此。今镶红旗宗室广振呈请注销举人，以原名应庚子科乡试之处，应不准行"。详见中国第一历史档案馆藏《礼部为镶红旗宗室广振呈请注销举人以原名应道光二十年庚子科乡试之处应不准行事致宗人府》，道光二十年六月初一日，档案号：06-01-001-000503-0131。

[9] 承恩，中式举人后因文理不符，被革去举人功名。据《嘉庆道光两朝上谕档》第40册道光十五年九月二十六日载，"文理不符之载颐、承恩，文理笔记均不符之珠隆阿，俱著革去举人，派大学士、军机大臣会同宗人府、刑部严行审讯"。据载，"承恩供我系镶白旗宗室祥璧佐领下闲散宗室，年十八岁，父亲富润年五十七岁，母亲关氏年五十七岁。兄弟二人。我自幼从师作文，初次乡试。家中有旧存时文数十篇，遂夹带进场，出题后因所带时文内适有此题文章，随检出抄录上卷。至排律因读过'天际识归舟'旧诗，场中诗题

相近，因而套用，榜发中式第七名举人。二十一日覆试，文章系我自己做的，今蒙严讯，委无传递、枪替情弊，所供是实"。

## 道光十六年丙申恩科会试
"居处恭"[1]二句　"小楼一夜听春雨"　得"春"字

和滃，庶吉士，授编修，官至都察院左副都御史。道光己亥科云南乡试正考官，辛丑科会试同考官[2]。

荣菜，主事，官至工部员外郎[3]。

**校注：**

[1]《论语》："子曰：居处恭，执事敬，与人忠。虽之夷狄，不可弃也。"

[2]《清秘述闻续》卷4载道光十九年己亥科乡试云南考官，"侍读宗室和淳，字兰庄，镶蓝旗人，丙申进士"。《清秘述闻续》卷15载道光二十一年辛丑恩科会试同考官，"庶子宗室和淳，字兰庄，镶蓝旗人，丙申进士"。

[3]荣菜进士中式后分部学习，道光二十三年（1843）任宗人府经历司右司主事。道光二十七年（1847）五月考试詹翰，考列三等的宗室荣菜以主事降补；咸丰六年（1856）任宗人府经历司经历，咸丰十年（1860）任工部虞衡司员外郎。

## 道光十七年丁丑科乡试
"是岂水之性哉"[1]四句　"平秩西成"　得"丰"字

英亲王后裔秀平，华德子，号晴川，镶红旗第六族，奕字辈，庚子进士[2]。

诚毅勇壮贝勒后裔联英，号喆士，正蓝旗第二族，奕字辈，联捷进士[3]。

辅国介直公后裔文琳，更名文全，号兰圃，正蓝旗第八族，奕字辈。

礼烈亲王后裔煜纶，号星东，正红旗第二族，载字辈，甲辰进士[4]。

镇国勤敏公后裔兴苍，号佑之，正蓝旗头族，奕字辈，丁未进士[5]。

**校注：**

[1]《孟子》："今夫水，搏而跃之，可使过颡；激而行之，可使在山。是岂水之性哉？其势则然也。"

[2] 秀平中式道光二十一年（1841）辛丑科三甲第二十二名进士。

[3] 联英中式道光十八年（1838）戊戌科三甲第六十四名进士。

[4] 煜纶中式道光二十四年（1844）甲辰科三甲第二十六名进士。

[5] 兴苍中式道光二十七年（1847）丁未科三甲第六十二名进士。

# 道光十八年戊戌科会试
"过儿不改"二句[1]　"所宝惟贤"　得"安"字

灵桂，殿试二甲第一名，庶吉士[2]，授编修，官至武英殿大学士[3]，谥文恭[3]。道光己酉科、咸丰己未科顺天乡试副考官[5]。

联英，主事，官至右春坊右中允，降主事[6]。

**校注：**

[1]《论语·卫灵公》："子曰：'过而不改，是谓过矣。'"

[2] 详见中国第一历史档案馆藏《宗人府经历司为将内阁抄出道光十八年戊戌科新进士宗室灵桂改为翰林院庶吉士等所降上谕行各该处事》，道光十八年闰四月初八日，档案号：06-01-002-000192-0021。

[3] 灵桂，殿试以传胪身份入翰林院，历任翰林院侍讲学士、侍读学士、光禄寺卿、通政使、光禄寺卿、内阁学士、理藩院侍郎、都察院左都御史、礼部尚书等职，官至武英殿大学士，谥号文恭。大学士，又称"内阁大学士"，正一品，为内阁最高级别的官职。清延明制，在入关前即创设文馆，又改为内三院，各设置大学士一人。入关后，顺治朝定大学士为二品官职，并冠以殿阁之名，其殿阁衔名为"四殿二阁"，即中和殿大学士、保和殿大学士、文华殿大学士、武英殿大学士、文渊阁大学士、东阁大学士。雍正八年（1730）定制，大学士秩正一品，仍兼尚书衔，位列各部尚书之上，居文官之首。九年（1731），增设协办大学士。乾隆十三年（1748）定大学士满汉各二人、协办大学士满汉一人或二人，并定大学士加衔为"三殿三阁"之制，即文华殿、武英殿、保和殿、文渊阁、体仁阁、东阁。

台北故宫博物院藏《宗室灵桂列传》（档案号：701001550），兹录如下："宗室灵桂，正蓝旗人。道光十八年进士，改翰林院庶吉士。二十年四月散馆，授编修。六月迁国子监司业。二十三年四月擢翰林院侍讲学士，充日讲起居注官。十二月转侍读学士。二十四年正月充文渊阁直阁事。二月充随围大臣。六月授光禄寺卿。九月稽察宗学。十二月授通政使司通政使。二十六年二月署正红旗满洲副都统。六月授都察院左副都御史。七月充顺天乡试监临。十二月以御门到迟，罚俸二年。二十七年正月充会试知贡举，四月擢盛京兵部侍郎……二十八年二月，充威远堡查边大臣并管理威远堡等六关口事务，七月兼署盛京刑部侍郎，十二月调工部右侍郎兼管钱法堂事务。二十九年正月授正红旗蒙古副都统。三月兼署刑部左侍郎，充正白旗族长。七月充顺天乡试监临。八月充顺天乡试副考官。三十年二月恭办西陵工程。四月转左侍郎。七月授总管内务府大臣，管理畅春园。咸丰元年正月，充前引大臣，管理火药局事务。四月，充盘查三库大臣，署清漪园印钥……灵桂著毋庸办理西陵工，并革去工部左侍郎、总管内务府大臣，留正红旗蒙古副都统……二年二月，兼署镶白旗护军统领。十二月以捐备军饷，得旨军机处存记。三年十月署正蓝旗汉军副都统，授内阁学士兼礼部侍郎衔兼署正白旗护军统领，调镶蓝旗满洲副都统。十一月署户部右侍郎兼管钱法堂事务。因续卷饷银，有旨奖励。十二月充文渊阁直阁事……（咸丰四年）六月，兼署正黄旗汉军副都统。七月，署户部左侍郎，兼管三库事务，充御门读本官。五年二月，兼署正白旗护军统领。七月，补进文职六班。十一月，稽察中书科。七年闰五月，署刑部左侍郎。十月，调理藩院右侍郎。十二月，兼署工部右侍郎，兼管钱法堂事务。八年五月，充稽察坛庙大臣，补进武职六班。六月，调刑部左侍郎。八月，充崇文门监督……九年三月，复署工部右侍郎，兼管钱法堂事务。五月，以误戴无缨冠入紫禁城，革职留任，降三品顶带。八月，充顺天乡试副考官。十一月，因刑部承审司员，于革商马锡禄等欠缴官项，奏明严追之案，办理草率，未能先事查出，夺俸二年。十年正月上三旬庆辰，赏还二品顶带，寻以滥保郎中庆纲京察一等，坐降二级调用，有旨改降二级留任。寻又署工部右侍郎，兼管钱法堂事务。复因会勘秋审失入，降一级留任。是月，充会试知贡举。闰三月，以题名录呈进迟误，下部议处。十一年，兼署镶蓝旗护军统领。同治元年八月，署管理户部三库事务。十一月充左翼监督。二年三月，兼署都察院左都御史，补进武职六班。八月，兼署户部左侍郎，兼管三库事务并兼署正白旗蒙古副都统。十二月，充实录馆副总裁。三年四月，兼署镶白旗护军统领。七月，以江宁克复，赏加一级，复兼署户部左侍郎，兼管三库事务。八月，兼署镶黄旗护军统领。十月，兼署镶白旗蒙古副都统。十一月，充稽察七仓大臣……十一月，充国史馆副总裁。五年八月，又兼署户部左侍郎，兼管三库事务。十二月，授正蓝旗蒙古都统。嗣以文宗显皇帝圣训、实录庆成，赏加三级。旋擢都察院左都御史。六年正月，充专操大臣。二月充管理新旧营房大臣。三月，署工部尚书。十月，赐紫禁城骑马。七年二月，兼署镶白旗蒙古都统。八月，署礼部尚书。

九月，充专司稽察大臣。八年八月，兼署镶蓝旗汉军都统。十二月，充经筵讲官。九年正月，署兵部尚书。八月，署刑部尚书。十年正月，充崇文门正监督。二月，授理藩院尚书。十一年六月，兼署礼部尚书。七月，调礼部尚书。十二年，兼署镶白旗蒙古都统。十三年四月，兼署镶白旗满洲都统。十月，充八旗值年大臣。十二月，奉皇太后懿旨，恭理穆宗毅皇帝丧仪。光绪元年二月，兼署刑部尚书，充实录馆总裁。九月，穆宗毅皇帝、孝哲毅皇后梓宫奉移，飨奠礼成，赏加三级。二年闰五月，兼署镶蓝旗汉军都统。七月，兼署镶红旗满洲都统。九月，兼署正黄旗蒙古都统，充玉牒馆副总裁。三年正月，兼署户部尚书。二月，兼署正黄旗蒙古都统。七月，兼署镶蓝旗汉军都统。四年正月，兼署正黄旗护军都统。三月，管理理藩院事务。五月，调吏部尚书。八月，兼署镶红旗蒙古都统。十月，兼署礼部尚书。十一月，兼署正红旗满洲都统。五年三月，穆宗毅皇帝、孝哲毅皇后梓宫永远奉安，赏加二级。七月，充崇文门正监督。九月，充翻译乡试正考官。十一月，恭纂穆宗毅皇帝圣训、实录庆成，赏加太子少保衔。六年九月，管理光禄寺卿事务。十一月，命以吏部尚书。十二月，补进内大臣班。七年三月，命恭理孝贞显皇后丧仪。六月，兼署正蓝旗汉军都统。闰七月，充覆核朝审大臣。九月，稽察钦奉上谕事件处。嗣以孝贞显皇后梓宫永远奉安，随入地宫，赏加二级。寻管理三库事务。十月，授大学士。十一月，授体仁阁大学士。十二月，充文渊阁领阁事。九年，充武英殿总裁。十年三月，充翰林院掌院学士，教习庶吉士。五月，管理吏部事务。八月，充覆核朝审大臣。十月，授武英殿大学士。灵桂，道光二十八年以来，充顺天及各直省乡试、覆试阅卷大臣九次。会试覆试阅卷大臣、拔贡生朝考阅卷大臣、考试汉荫生阅卷大臣各三次。进士朝考阅卷大臣、考试试差阅卷大臣、考试汉御史阅卷大臣各二次。殿试读卷大臣、翻译会试覆试、外省翻译乡试并覆试阅卷大臣，考学正学录阅卷大臣各一次。十一年，卒。遗疏入，谕曰：'大学士灵桂，老成端恪，学问优长，受先朝知遇之隆，由翰林渐陟正卿，叠司文柄。朕御极后，复加委任，擢晋纶扉，兼理部旗事务。宣力有年，克勤厥职。前以微疴，给假调理。方冀即日就痊，长资倚畀。遽闻溘逝，悼惜殊深。著赏给陀罗经被，派辅国公载濂带领侍卫十员，即日前往奠醊，加恩晋赠太保，照大学士例赐恤，入祀贤良祠，任内一切处分悉予开复，应得恤典，该衙门察例具奏。伊子孚会，著俟服阕后，以六部员外郎即补，用示笃念耆臣至意。'寻赐祭葬，予谥文恭。"

　　［4］李慈铭著《郇学斋日记·庚集下》载："宗室灵桂卒。灵桂，字荸生，正蓝旗人。道光戊戌二甲一名进士，年七十一，无子。诏灵桂老成端恪，学问优长，由翰林渐陟正卿，迭司文柄，擢晋纶扉，宣力有年，克勤厥职。遽闻溘逝，悼惜殊深，著赏给陀罗经被，派辅国公载濂带领侍卫十员即日往奠，晋赠太子太保，照大学士例赐卹，入祀贤良祠。伊子孚会，俟服阕后以六部员外郎即补，旋赐谥文恭。"

　　［5］《清秘述闻续》卷5道光二十九年己酉科乡"顺天考官"载："工部侍郎宗室灵桂，

字芰生，正蓝旗人，戊戌进士"。《清秘述闻续》卷6咸丰九年己未恩科乡试"顺天考官"载，"刑部侍郎宗室灵桂，字芰生，正蓝旗人，戊戌进士"。详见台北史语所藏《内阁大库档案》，《礼部移会内阁典籍厅礼部奏为顺天学政考试八旗选拔生员请派大臣会同覆试验看一摺奉硃笔圈出沈兆霖宗室灵桂钦此》，咸丰十一年六月十七日，登录号：209593。

[6]联英中式后分部学习，以礼部主事补授詹事府右中允。详见中国第一历史档案馆藏《吏部为礼部主事宗室联英补授詹事府右中允事致宗人府》，道光二十六年九月初七日，档案号：06-01-001-000444-0078。道光二十七年朝廷大考詹翰，联英名列三等，降旨以主事降补。

# 道光十九年己亥恩科乡试
## "好善优于天下"[1]二句 "霜林落后山争出" 得"山"字

庄亲王后裔和润，崇硕子，号月溪，镶蓝旗第五族，奕字辈，联捷进士[2]。
庄亲王后裔锡龄，号鹤亭，镶蓝旗第三族，载字辈，辛丑进士[3]。
裕宪亲王后裔英绩，号熙卿，镶白旗第二族，奕字辈，甲辰进士[4]。
庄亲王后裔和霈，德崇子，镶蓝旗第三族，载字辈。

**校注：**

[1]《孟子》载："'好善足乎？'曰：'好善优于天下，而况鲁国乎？夫苟好善，则四海之内，皆将轻千里而来告之以善。夫苟不好善，则人将曰：訑訑，予既已知之矣。'"
[2]和润中式道光二十年（1840）庚子科二甲第四十八名进士。
[3]锡龄中式道光二十一年（1841）辛丑科三甲第四十四名进士。
[4]英绩中式道光十五年（1835）乙未科二甲第一百一十七名进士。

# 道光二十年庚子恩科会试
## "劳心者治人"二句[1] "春水绿波" 得"何"字

秀平，辛丑科补殿试，主事，官工部主事，承袭奉恩将军[2]。
和润，庶吉士，授编修，官至工部侍郎[3]。咸丰壬子科会试同考官[4]。

**校注：**

[1]《孟子》："故曰，或劳心，或劳力；劳心者治人，劳力者治于人；治于人者食人，治人者食于人；天下之通义也。"

[2]秀平中式后未殿试。江庆柏对"补殿试"的定义是："会试中式贡士，未参加当年殿试，而参加下一科或以后科年的殿试。"（江庆柏.清朝进士题名录（上册）[M].北京：中华书局，2007：85.）有关"未殿试"成因，参见王学深著《清代科举"未殿试"成因再探析》（《地域文化研究》，2022年第4期）。秀平于辛丑科补殿试中式后分部学习，任工部候补主事，道光二十八年（1848）七月承袭奉恩将军。《清宣宗实录》卷457载："宗室秀平著准其承袭奉恩将军世职，仍留工部候补主事之任。"详见中国第一历史档案馆藏《吏部等为奉旨宗室秀平著准承袭奉恩将军世职仍留工部候补主事之任事》，道光二十八年七月十六日，档案号：05-13-002-000703-0173；《宗人府右司为礼科抄出镶红旗宗室秀平承袭奉恩将军添撰诰命已经奉旨行各该处事》，道光二十八年七月二十七日，档案号：06-02-007-001985-0050。《清宣宗起居注》卷90"道光二十八年七月十七日"载："奉谕旨载铨等奏遵旨会同核议承袭世职章程一折。宗室秀平，著准其承袭奉恩将军世职，仍留工部候补主事之任，余依议。"

[3]和润，馆选庶吉士，散馆授翰林院编修。道光二十三年（1843）朝廷大考詹翰，名列四等的侍讲和润以笔帖式降补。道光二十八年（1848）补宗人府副理事官，后升任理事官。《清宣宗起居注》卷89"道光二十八年三月初二日"载，朝廷奖叙编修《玉牒》的官员，纂修官宗人府主事宗室和润"著以宗人府副理事。官缺出，不论题选，遇缺即补"。咸丰元年（1851）京察二等，以理事官保送税差。咸丰五年（1855）二月，咸丰帝引见京察一等圈出官员，和润著交军机处记名，"遇有应升缺出提奏"。详见中国第一历史档案馆藏《为此次京察查一等复带引见各员宗室和润等议叙事》，咸丰五年二月十二日，档案号：05-13-002-000741-0006。和润以京察一等保送内阁满侍读学士，官至盛京户部侍郎兼署奉天府尹。详见台北故宫博物院藏：《译汉月摺档咸丰七年下盛京刑部侍郎兼署奉天府尹宗室和润为著兼署奉天府府尹叩谢天恩事》，咸丰七年七月十七日，档案号：603000207。

[4]《清秘述闻续》卷十五咸丰二年壬子恩科会试同考官载："宗人府理事官宗室和润，字月溪，镶蓝旗人，庚子进士。"

## 道光二十年庚子科乡试
"子曰：枨也欲，焉得刚？"[1] "秋香动桂林" 得"秋"字

英亲王后裔奎福，更名奎成，号晴江，镶红旗第六族，奕字辈，官宗人府笔帖式[2]。

镇国愨厚公后裔文华，号菊丛，正黄旗第二族，奕字辈，由宗人府笔帖式官至光禄寺少卿[3]。

庄亲王后裔定纶，号锡祉，镶蓝旗第五族，奕字辈，乙巳进士[4]。

裕宪亲王后裔文陞，号云阶，镶白旗第二族，奕字辈[5]。

### 校注：

[1]《论语·公冶长》："子曰：'吾未见刚者。'或对曰：'申枨。'子曰：'枨也欲，焉得刚？'"

[2]《道光庚子恩科直省同年谱》载，"宗室奎福，字锡五，号晴江，行二。嘉庆己卯年九月十六日吉时生。镶红旗华德佐领下四品宗室。祖父荣达四品宗室。父满陞四品宗室。本生父希拉布四品宗室。胞兄弟奎铭、奎熺。胞侄宝瑄、宝珩、宝琛。子宝璐"。

[3]《道光庚子恩科直省同年谱》载，"宗室文华，字既实，号菊丛。正月初九日吉时生，正黄旗宜传佐领下四品宗室"。文华曾任宗人府副理事官，宗人府则例馆纂修官，因功绩升光禄寺少卿。经宗人府则例馆奏请，将升任光禄寺少卿的文华留任则例馆纂修官任。详见中国第一历史档案馆《宗人府则例馆为同治八年续修则例恳恩将升任光禄寺少卿宗室文华仍留纂修官具奏请旨事》，同治八年五月初二日，档案号：06-01-006-000051-0002。

[4]定纶中式道光二十五年（1845）乙巳科二甲第九十五名进士。

[5]据《道光庚子恩科直省同年谱》载，"宗室文陞，号云阶，行六，镶白旗丰存佐领下文举人。曾祖和硕裕庄亲王。祖多罗裕僖郡王。父恒晋现任镇国将军"。

## 道光二十一年辛丑科会试
"人不知而不愠"[1] "修竹成阴手自栽" 得"阴"字

锡龄，庶吉士，授检讨，官至盛京兵部侍郎[2]。咸丰壬子科浙江乡试正考官，安徽学政[3]。

载龄[4]，庶吉士，授检讨，官至体仁阁大学士，承袭辅国公[5]，谥文恪。道光丁未科

会试同考官，咸丰壬子科、同治癸亥科会试副总裁[6]。

**校注：**

[1]《论语·学而》："学而时习之，不亦说乎？有朋自远方来，不亦乐乎？人不知，而不愠，不亦君子乎？"

[2]锡龄中式进士后，馆选翰林，散馆授检讨（翰林院检讨，翰林院官名，品秩从七品，掌修国史等）。历任侍讲、侍读、詹事府詹事，官至盛京兵部侍郎。台北故宫博物院藏《宗室锡龄列传》，兹录如下："宗室锡龄，镶蓝旗人。道光二十一年进士，改翰林院庶吉士。二十四年四月，散馆授检讨。九月，升侍讲。十二月，派充经筵讲官。二十五年，充日讲起居注官。二十六年，转侍读。二十七年，充咸安宫总裁，升侍讲学士。二十八年，转侍读学士。二十九年四月，升詹事府詹事。八月，升内阁学士兼礼部侍郎衔。三十年，稽查中书科事务。咸丰二年正月，升工部左侍郎。二月，调工部右侍郎，兼管钱法堂事务。六月，充浙江乡试正考官。八月提督安徽学政……（咸丰六年）七月调盛京兵部侍郎。十月病故。"

[3]《清秘述闻续》卷6咸丰二年壬子科乡试"浙江考官"载："工部侍郎宗室锡龄，字鹤亭，镶蓝旗人，辛丑进士。"《清秘述闻续》卷11《学政类三》"安徽省"载："宗室锡龄，字遐菴，镶蓝旗人，道光辛丑进士。咸丰二年以工部侍郎任。"

[4]载龄中式进士后馆选翰林院，散馆授检讨，逐渐至内阁学士。历任光禄寺卿、都察院副都御史、工部左侍郎、刑部侍郎、泰宁镇总兵兼内务府大臣、都察院左都御史、兵部尚书、协办大学士、体仁阁大学士等职。著有《碧琅玕吟馆诗注》。《刑部通行条例》卷4《刑律·贼盗·强盗·同治二年》有《钦差工部右侍郎宗室载龄奏强盗案件请从严办理一折》。《清史稿》卷440有《宗室载龄》传，兹录如下："宗室载龄，字鹤峰，隶镶蓝旗，诚隐郡王允祉五世孙。道光二十一年进士，改庶吉士，授检讨。迁洗马，累至内阁学士。以题定郡王载铨息肩图称门生违例，镌三级。除光禄寺卿。咸丰三年，擢都察院副都御史，授工部左侍郎。粤匪北窜，踞河间、阜城，命载龄督防固安，匪南窜，撤防。会川督裕瑞被劾，命载龄往勘。因疏陈山西、陕西、四川捐输款项侵蚀、滥销诸弊，请敕各督抚严查参办，并条上章程五则，议行。时黔匪偪近蜀境，诏载龄严饬地方劝谕乡团助声势。寻署陕西巡抚。调刑部侍郎，仍留陕。五年，疏言：'前抚臣王庆云请准遣戍新疆官犯捐输，改发内地。捐数无多，何裨国计？此端一开，行险徼幸之徒，将肆意妄为，绝无忌惮。所得小而所失大，请停止以儆官邪。'上韪之。寻诏回京，授泰宁镇总兵，兼总管内务府大臣。以病乞休。病痊，署礼部侍郎，授刑部，调吏部。同治元年，擢都察院左都御史，迁兵部尚书。九年，丁父忧，袭辅国公。光绪三年，调吏部，协办大学士。明年，授体仁阁大学士。六年，因病屡疏乞休，允之。九年，卒，赠太子太保，谥文恪。"

［5］清代宗室公爵品级内，又分为入八分镇国公、辅国公和不入八分镇国公、辅国公，在享有权益上以前者为优，均为超品爵位。

［6］清代会试为国家抢才大典，为清朝最高级别的选拔考试，竞争激烈。因为殿试仅为排位考试，并不黜落士子，所以会试成功者，不出意外均可视为新科进士。会试主考官又称会试总裁，副主考又称副总裁，以示隆重。嘉庆以前，会试总裁多一正二副，道光以后，固定为一正三副。《清秘述闻续》卷6咸丰二年壬子恩科会试"考官"载："内阁学士宗室载龄，字鹤峰，正蓝旗人，辛丑进士。"《清秘述闻续》卷7同治二年癸亥恩科会试"考官"载："左都御史宗室载龄，字鹤峰，镶蓝旗人，辛丑进士。"《清秘述闻续》卷15《同考官类三》道光二十七年丁未科会试载："洗马宗室载龄，字鹤峰，镶蓝旗人，辛丑进士。"

# 道光二十三年癸卯科乡试
### "小弁之怨，仁也"[1] "月中桂树" 得"秋"字

理密亲王后裔载宜，更名寅，号左之，镶蓝旗头族[2]。

诚毅勇壮贝勒后裔锡祐，号子申，正蓝旗第九族，绵字辈，承袭奉恩将军[3]。

肃武亲王后裔恒恩[4]，号雨亭，镶白旗第三族，奕字辈，由恩赏主事官至都察院左副都御史。

庄亲王后裔舒志[5]，镶蓝旗第七族，溥字辈。

礼烈亲王后裔恩特和，号星海，镶红旗第五族，载字辈[6]。

**校注：**

［1］《孟子》："小弁之怨，亲亲也。亲亲，仁也。固矣夫，高叟之为诗也！"

［2］《道光二十三年癸卯科直省同年全录》载，"宗室载宜，改名载寅，字左之，嘉庆甲戌年生，镶蓝旗雍彬佐领下四品宗室"。

［3］奉恩将军，为清朝宗室爵位十四等级的最低等，未获封爵的宗室称为闲散宗室。

《道光二十三年癸卯科直省同年全录》载，"宗室锡祐，字子申，嘉庆丁丑年生，正蓝旗瑛海佐领下四品宗室"。

［4］《道光二十三年癸卯科直省同年全录》载，"宗室恒恩，字子元，号雨亭，行三，道光辛巳十月十四日生，镶白旗质善佐领下四品宗室，由宗人府主事历官都察院左副都御使。曾祖追封肃亲王。母氏富察。祖肃恭亲王。母氏那太都鲁、博尔济吉特。父敬征，户

部尚书，协办大学士。母氏萨尔图克、钮钴禄。本生父敬敦，考封不入八分辅国公，原任头等侍卫。母氏噶里噶斯、博罗特。生母氏蒙古，慈母氏杨佳。胞叔伯肃亲王、敬叙（考封不入八分辅国公）、敬效（考封不入八分辅国公）、敬敫（考封镇国将军）、敬穆（考封镇国将军）、敬斌（考封镇国将军）。胞兄恒龄（袭封镇国将军）、恒训（应封宗室）。胞侄盛昌（应封宗室）。妻氏博尔济吉特。子盛昱（同治庚午举人，候选主事）"。《清文宗起居注》卷14咸丰三年七月二十二日载，"宗人府额外主事宗室恒恩，著赏戴花翎，仍交宗人府议叙"。恒恩妻为蒙古博尔济吉特氏阿拉善王之女那逊兰保，清代著名女诗人，著有《芸香馆遗诗》（二卷）。

［5］舒志，嘉庆二十四年（1819）六月初四日卯时生，曾任镶蓝旗学长。《道光二十三年癸卯科直省同年全录》载，"宗室舒志，字健鹏，号宽甫，行二。嘉庆己卯六月初四日生，镶蓝旗惠增佐领下四品宗室。曾祖德满，右翼宗学总管。母氏叶穆札库塔、瓜尔佳。祖塞漠浑，宗人府笔帖式。母氏胡佳。父丰泰，四品宗室。母氏许、徹墨特、汪。胞兄舒哲，四品宗室。胞侄普英。妻氏卓特。子承印"。

［6］《道光二十三年癸卯科直省同年全录》载，"宗室恩特和，嘉庆辛未年生，镶红旗连本佐领下四品宗室"。

# 道光二十四年甲辰科会试
## "举直错诸枉，则民服"[1] "莺出谷" 得"声"字

煜纶，庶吉士，授检讨，官至盛京兵部侍郎[2]。咸丰己未科四川乡试正考官[3]。英绩[4]，主事，官宗人府主事。

**校注：**

［1］《论语·为政》："举直错诸枉，则民服；举枉错诸直，则民不服。"

［2］煜纶馆选翰林院庶吉士，渐升至侍讲，因道光二十七年朝廷大考詹翰名列三等，降为编修。历任詹事府左庶子、太仆寺卿、盛京兵部侍郎等职。

［3］《清秘述闻续》卷6《乡会考官类六》咸丰九年己未恩科乡试"四川考官"载："副都御史宗室煜纶，字子常，正红旗人，甲辰进士。"

［4］道光二十四年五月初五日，道光帝引见新科进士，发布上谕："宗室英绩著以笔帖式用。"

# 道光二十四年甲辰恩科乡试
## "有事君人者"一节[1] "秋净雁行高" 得"高"字

广略贝勒后裔舒璐，镶红旗头族，载字辈[2]。

镇国勤敏公后裔桂山[3]，号岩客，正蓝旗头族，绵字辈。

礼烈亲王后裔谦惠，号雨农，正红旗头族，溥字辈，庚戌进士[4]。

循郡王后裔载铿，号瑟菴，镶红旗头族，丁未进士[5]。

广略贝勒后裔色钦，号星海，镶红旗第二族，奕字辈[6]。

**校注：**

[1]《孟子》："有事君人者，事是君则为容悦者也。有安社稷臣者，以安社稷为悦者也。有天民者，达可行于天下而后行之者也。有大人者，正己而物正者也。"

[2]《道光甲辰恩科直省同年录》载，"舒璐，字佩卿，号绳庵，行四。嘉庆甲戌四月初七日吉时生。镶红旗四族纯惠佐领下四品宗室。曾祖阿敏图，袭封辅国将军。母氏伊拉里氏、舒穆鲁氏。祖惠英，袭封奉国将军。母氏伯都氏。父焕明，袭封奉恩将军，盛京城守尉。母氏张佳氏。妻伊拉里氏。子缉禄、缉恒"。

[3]桂山，家住史家胡同中间路北镶白旗地面，系正蓝旗三甲喇。《道光甲辰恩科直省同年录》载，"桂山，号燕客，行一。嘉庆戊辰三月初四日吉时生。正蓝旗头族庆凌佐领下四品宗室。曾祖敷国。母氏他塔拉氏。祖文端。母氏索绰罗氏。父龄辉。母氏约谱诺特氏。妻瓜尔佳氏"。

[4]谦惠中式道光三十年（1850）庚戌科三甲第二十二名进士。《道光甲辰恩科直省同年录》载，"谦惠，号雨农，行二。道光甲申三月初七日吉时生。正红旗头族桂林佐领下四品宗室。庚戌进士，吏部主事。曾祖巴克瞻布。母氏辉和策穆特。祖玉策。母氏富察氏。父图桑阿。母氏关佳氏。妻氏米佳氏"。

[5]载铿中式道光二十七年（1847）丁未科二甲第九十一名进士。《道光甲辰恩科直省同年录》载，"载铿，字仲琴，号瑟庵，行二。道光丙戌九月初十日吉时生。镶红旗四族近光佐领下四品宗室。大考翎缎，赏戴花翎。丁未进士，翰林院庶吉士，宗人府经历。曾祖多罗循郡王。母氏嫡福晋博尔济吉特氏。本生曾祖和硕成哲亲王。母氏嫡福晋富察氏。祖多罗贝勒绵懿，正白旗领侍卫内大臣。母氏福晋富察氏、佟佳氏、乌拉特氏、哈克氏。父

奕经，封授二等辅国将军，吏部尚书，协办大学士。母氏佟佳氏、鄂佳氏。本生父奕纪，特封二等镇国将军，户部尚书。母氏费莫氏。妻李佳氏。子溥喆，宗人府笔帖式。溥岳、溥璘"。

［6］《道光甲辰恩科直省同年录》载，"色钦，字子源，号星海，行二。嘉庆丁丑四月初八日吉时生。镶红旗二族豫德佐领下四品宗室。曾祖瑟尔臣，袭封奉恩辅国公，宗人府左宗人，谥温僖。母氏瓜尔佳氏。祖德隆阿。母氏郭络罗氏。父同兴。妻乌梁汉齐济尔默特氏。子保宣"。

# 道光二十五年乙巳恩科会试
"用之则行"[1]二句　"草色遥看近却无"　得"春"字

崇光[2]，丁未补殿试，主事，官至兵部员外郎。
定纶[3]，主事，官至户部郎中。

**校注：**

［1］《论语·述而》："用之则行，舍之则藏，唯我与尔有是夫！"

［2］崇光进士中式后分部学习，曾任右翼宗学副管、兵部车架司员外郎。现存中国第一历史档案馆咸丰十一年至同治元年期间的数份档案，记载了崇光因租住都察院左副都御史署兵部左侍郎王发桂宅，但却拖欠王宅房租，以致成为被告，由王发桂家人李升呈告兵部，勒令其搬出。直到同治元年（1862）十月，经过一年多的呈控，崇光最终将租住房屋交还结案。详见中国第一历史档案馆藏《巡视南城察院为封送左副都御史王宅呈告前兵部员外郎宗室崇光拖欠房租一案原呈司详事致宗人府》，咸丰十一年九月二十八日，档案号：06-01-001-000566-0189。《宗人府右司为刑部咨呈都察院副都御史王宅佣工李升抱告前任兵部员外郎宗室崇光不肯腾房一案办理完结呈明存案事》，同治元年十月初三日，档案号：06-01-002-000394-0023。

［3］定纶中式进士后，分部学习。历任理藩院旗籍司员外郎、户部江西司郎中。曾被宗人府经历司保送同考官。详见中国第一历史档案馆藏《宗人府经历司为镶蓝旗主事宗室定纶等保送内帘同考官事》，咸丰二年七月初七日，档案号：06-01-002-000313-0023。

# 道光二十六年丙午科乡试

"而亦何常师之有"[1] "万宝告成" 得"丰"字

镇国勤敏公后裔桂崑，号韫山，正蓝旗头族，绵字辈[2]。

诚毅勇壮贝勒后裔阿里汉，号植庭，正蓝旗第九族，奕字辈，咸丰壬子进士[3]。

庄亲王后裔豫璋，海枚子，更名豫灏，号子琴，镶蓝旗第五族，奕字辈，由礼部主事官至郎中[4]。

庄亲王后裔寿格，英善子，号伯平，镶蓝旗第五族，奕字辈[5]。

## 校注：

[1]《论语·子张》："文武之道，未坠于地，在人。贤者识其大者，不贤者识其小者，莫不有文武之道焉。夫子焉不学？而亦何常师之有？"

[2]《道光丙午科乡试同年录》载，"桂崑，年三十三岁，正蓝旗，庆凌佐领下，覆试三等二名"。

[3]阿里汉中式咸丰二年（1852）壬子科三甲第四十二名进士。《道光丙午科乡试同年录》载，"阿里汉，年二十一岁，正蓝旗，英海佐领下，覆试二等一名"。

[4]《道光丙午科乡试同年录》载，"豫章，年二十八岁，镶蓝旗，新瑞佐领下，覆试三等三名"。豫章在咸丰朝初年因涉医生薛执中案，交刑部议处，罚停会试两科（后减免为一科，于咸丰三年癸丑科恩准参加会试）。咸丰二年，豫章获准由科布多随同父亲驻藏大臣海枚一同回京。详见中国第一历史档案馆藏《镶蓝旗第五族族长玛尚阿为文举人宗室豫璋由科布多跟随伊父新放驻藏大臣海枚回京日期呈报宗人府事》，咸丰二年，档案号：06-02-007-002007-0052。台故宫博物院藏《宫中档咸丰朝奏折》有《礼部奏为臣部精膳司主事宗室豫璋到任三年仰恳天恩将该员遇有宗室员外郎缺照例升用事》，咸丰十年八月十五日，档案号：406012884。同治年间任礼部主客司员外郎、精膳司郎中。据《桃花圣解盦日记·乙集第二集》光绪元年六月丁卯日邸抄载，"诏礼部精膳司郎中宗室豫璋，仍以五品京堂补用"。

[5]《道光丙午科乡试同年录》载，"寿格，年二十一岁，镶蓝旗，新瑞佐领下，覆试三等一名"。

## 道光二十七年丁未科会试
"诗云周道如底"[1]四句　"戴胜降于桑"　得"桑"字

载铿，庶吉士，改主事[2]。

兴苍，主事，官宗人府主事。

### 校注：

[1]《孟子·万章下》："诗云：'周道如底，其直如矢；君子所履，小人所视。'"

[2]宗室载铿中式进士后，馆选翰林院庶吉士，散馆以部属用，任主事。道光三十年（1850）六月载铿涉刑案被暂行解任。《清文宗实录》卷11载，"刑部奏，现审案内牵涉大员并御史职官等语。此案医生薛执中以治病为名，编造妖言，现经该城访获交部。据供有传授道术等情，著文庆、福济、丰绅据实明白回奏。御史谢荣埭、侍卫宗室海枚、刑部主事宗室载铿均暂行解任"。

## 道光二十九年己酉科乡试
"上律天时"[1]二句　"无偏无陂"　得"公"字

豫通亲王后裔麟书，号芝荪，正蓝旗第四族，奕字辈，咸丰癸丑进士[2]。

诚隐郡王后裔载萼，号瓣香，镶蓝旗第三族，由宗人府笔帖式，现官内阁侍读学士[3]。

诚贝勒后裔绵宜，号佩卿，镶白旗头族，咸丰壬子进士[4]。

贝子允禩后裔奕密，号崇峰，正蓝旗第二族[5]。

循郡王后裔载肃，号秋涛，镶红旗头族，联捷进士[6]。

### 校注：

[1]《中庸》："上律天时，下袭水土。辟如天地之无不持载，无不覆帱。辟如四时之错行，如日月之代明。"

[2]麟书中式咸丰三年（1853）癸丑科二甲第六十九名进士。《道光己酉科直省乡贡同

年录》载，"宗室麟书，字厚甫，号芝莪，行一。道光己丑三月十三日生。正蓝旗宗室，癸丑进士，现官盛京礼部侍郎。曾祖和硕豫良亲王，妻富察氏。祖和硕豫亲王，妻富察氏、王佳氏。父善循（刑部员外郎），妻栋鄂氏。胞伯善徵，銮仪卫治仪正。胞弟麟仲、麟俊、麟肃。妻戴佳氏"。

［3］载莘历任宗人府主事、副理事官、理事官等职。光绪三年（1877）京察一等，升任通政司副使。详见中国第一历史档案馆藏《宗人府经历司为京察一等宗人府理事官镶蓝旗宗室载莘保送通政使司副使咨送考语出身履历事》，光绪三年二月二十七日，档案号：06-01-002-000842-0018。后任内阁侍读学士、詹事府詹事、通政使司通政使等职。《道光己酉科直省乡贡同年录》载，"宗室载莘，字兰舫，号瓣香，行一。道光乙酉八月初四日生。镶蓝旗宗室，现官宗人府副理事官。曾祖（永）珩。祖（绵）导。父（奕）谟。子溥治"。

［4］绵宜中式咸丰二年（1852）壬子科二甲第五十五名进士。《道光己酉科直省乡贡同年录》载，"宗室绵宜，字听涛，号佩卿，行二。道光丁亥十一月三十日生。镶白旗宗室，壬子进士，翰林院庶吉士。现官礼部右侍郎。曾祖郡王衔多罗诚贝勒。母氏富察、王。祖弘善，奉恩将军，晋封辅国将军，官至广州将军。母氏博尔济吉特、钮钴禄。父永良，奉恩将军，盛京辽阳城守尉，母氏郭罗洛。胞兄（弟）绵材、绵源、绵文。妻那拉氏。子奕桢"。

［5］《道光己酉科直省乡贡同年录》载，"宗室奕密，字华甫，号崇峰，行一。嘉庆甲戌三月初八日生，正蓝旗宗室。曾祖东启，妻索佳氏。祖福伸，刑部郎中，妻佟佳氏。父绵绥，妻赵氏、栋鄂氏。胞叔绵韬。妻杨氏。子载集、载祥"。

［6］载肃中式道光三十年（1850）庚戌科三甲第十八名进士。《道光己酉科直省举贡同年录》载，"宗室载肃，字秋涛，号寅谷，行三。道光戊子五月十三日生。镶红旗宗室，庚戌进士，翰林院检讨，官至盛京工部侍郎。曾祖多罗循郡王，母氏博尔济吉特。祖绵懿，多罗贝勒，母氏富察。父奕纪，御前大臣、户部尚书，母氏费莫。胞伯（叔）奕绪，固山贝子；奕经，吏部尚书、协办大学士。胞兄（弟）载饶，应封，赏戴花翎；载铿，应封，赏戴花翎，甲辰举人，丁未进士；载治，多罗贝勒，妻萨尔图克氏。子溥松，二品荫生，赏戴花翎；溥灏。胞侄溥顾、溥喆、溥颐、溥颂、溥岳、溥峋"。

# 道光三十年庚戌科会试
"尧舜之道"[1]二句 "无怠无荒" 得"临"字

谦惠，主事，官吏部主事。
载肃，庶吉士，授检讨，官至盛京工部侍郎[2]。

**校注：**

[1]《孟子》："尧舜之道，孝弟而已矣。子服尧之服，诵尧之言，行尧之行，是尧而已矣；子服桀之服，诵桀之言，行桀之行，是桀而已矣。"

[2]载肃，馆选翰林，授翰林院检讨。历任翰林院侍读、光禄寺卿、内阁学士、盛京工部侍郎等职官。台北故宫博物院藏《宗室载肃列传》（档案号：701001922）兹录如下："宗室载肃，镶红旗人。父奕纪，前户部尚书，自有传。载肃，中式道光三十年进士，改翰林院庶吉士。咸丰二年散馆，授检讨。三年四月升侍讲。九月转侍读。四年缮写《贞观政要》告成，载肃与分校，得旨此次缮写《贞观政要》分校之翰林院侍读宗室载肃，著赏给小卷八、丝缎一套、大荷包一对、小荷包两个。六年三月，充日讲起居注官。四月，升侍讲学士。十月，擢授光禄寺卿。八年，派阅河南翻译试卷。九月，署兵部右侍郎。十二月，命查右翼觉罗学。九年四月，升内阁学士兼礼部尚书衔。寻充殿试读卷官。六月，署镶红旗汉军副都统。七月，翻译录科，派充弹压副都统。寻充册封醇郡王福晋副使。九月，磨勘各省试卷。十年，充右翼监督。十一年正月，兼正黄旗汉军副都统。旋因监督任满，短收正额盈余银两，请援案赔缴，得旨户部核议具奏。二月，署正蓝旗护军统领。九月，署刑部左侍郎。十月，授盛京工部侍郎。同治元年，偕将军玉明奏查勘陵寝应修应缓各工，分别料估，并请派员承修，得旨昭陵隆恩门内西南面情形较重，著即派玉明、载肃敬谨承修。二年六月，丁忧回旗。九月，百日服满，仍回任。三年十一月，卒"。

# 咸丰元年辛亥恩科乡试
### "君子不亮恶乎执"[1] "秋露如珠" 得"圆"字

饶余敏亲王后裔瑞联，号睦菴，正蓝旗第八族，奕字辈，癸丑进士[2]。

豫通亲王后裔奎景，受庆子，号云槎，正蓝旗第四族，载字辈，由宗人府笔帖式官至主事[3]。

镇国勤敏公后裔桂秀，号筱岩，正蓝旗头族，绵字辈。

庄亲王后裔广恩，号榕谷，镶蓝旗第六族，载字辈。

恭亲王后裔延煦，庆祺子，号树南，正蓝旗第六族，载字辈，丙辰进士[4]。

**校注：**

[1]《孟子》："白圭曰：'丹之治水也愈于禹。'孟子曰：'子过矣。禹之治水，水之道也，

是故禹以四海为壑。今吾子以邻国为壑。水逆行谓之洚水——洚水者，洪水也——仁人之所恶也。吾子过矣。'孟子曰：'君子不亮，恶乎执？'"

［2］瑞联中式咸丰三年（1853）癸丑科三甲第二十六名进士，乃《宗室贡举备考》作者。

［3］详见中国第一历史档案馆藏《宗人府经历司为文举人宗室奎景坐补宗人府七品笔帖式带领引见已经奉旨行各该处事》，咸丰五年九月初八日，档案号：06-01-002-000318-0043；《宗人府宗令和硕恭亲王奕䜣为宗人府主事宗室奎景历俸九年俸次已深为人明白当差奋勉请旨将该员留于宗人府事》，同治二年十二月十九日，档案号：06-02-005-000018-0020。

［4］延煦中式咸丰六年（1856）丙辰科二甲第九名进士。《咸丰六年丙辰科会试同年齿录》载，"宗室延煦，字青卿，号树南，行一。道光戊子年八月十四日吉时生。正蓝旗宗室奕斌佐领下，礼部额外主事，候选员外郎，赏戴花翎。曾祖讳谦益，诰封光禄大夫。曾祖妣氏孙，诰封一品夫人。生曾祖妣氏吴，诰封一品夫人。祖讳玉芝，诰封光禄大夫。祖母氏那拉，诰封一品太夫人。父庆祺，道光乙酉科举人，己丑科进士，壬辰科殿试，钦点翰林院庶吉士，散馆授职吏部主事，丁酉科四川副考官，司经局洗马，詹事府左右春坊庶子，翰林院侍讲学士，太仆寺卿，太常寺卿，都察院左副都御史，盛京户部侍郎兼管奉天府府尹事务，兵部右侍郎，庚戌科会试知贡举，现任仓场侍郎、泰宁镇总兵，钦加都统衔，西安将军，盛京将军，赐花尚阿巴图鲁名号，赏戴花翎，诰封荣禄大夫，例赠振威将军。母方氏，敕授文林郎方公名镛之第三女，诰封一品夫人。胞伯祖廉瑞，四品宗室；廉秀，四品宗室；玉瑛，四品宗室；玉印，四品宗室；玉尺，四品宗室。胞叔祖彝德，四品宗室。嫡堂伯钟静，四品宗室；柏秀，左翼宗学总管。嫡堂叔文涛，四品宗室。堂兄德塈，候补左翼宗学副管；英杰，四品宗室；英翘，四品宗室。堂弟耆龄，四品宗室；和贵，四品宗室。妻伊尔根觉罗氏，原任福建将军嵩公名溥之第七女；继娶完颜氏，原任江南河道总督麟见亭公名庆之次女。子会章、会荣"。

# 咸丰二年壬子恩科会试
### "孟施舍之守气"[1]二句 "以礼为车" 得"车"字

阿里汉，主事，官宗人府主事[2]。

绵宜[3]，庶吉士，改礼部主事，现官理藩院右侍郎[4]。咸丰己未科顺天乡试同考官。同治壬戌补行己未科湖南乡试正考官[5]。

### 校注：

[1]《孟子·公孙丑上》："孟施舍之守气，又不如曾子之守约也。"

[2] 阿里汉中进士后，分部学习，任宗人府银库后补主事。详见中国第一历史档案馆藏《宗人府经历司为文进士宗室阿里汉分在宗人府额外主事上学习行走进署日期知照各该处事》，咸丰二年六月初十日，档案号：06-02-007-000087-0025。咸丰五年，阿里汉额外实习期满，因办事勤恳，由宗人府带领引见补授宗人府右司主事，后缘事革职。详见中国第一历史档案馆藏《宗人府为额外主事宗室阿里汉期满办事勤慎仰恳将其留于衙门行走等并将阿里汉于带领引见请旨事》，咸丰五年，档案号：06-02-004-000390-0006。

[3] 绵宜中式进士后，以部属用。详见中国第一历史档案馆藏《宗人府经历司为将内阁抄出散馆庶吉士宗室绵宜等著以部属用所降上谕行各该处事》，咸丰三年五月初八日，档案号：06-01-002-000314-0034。其后历任礼部精膳司主事、翰林院侍讲、右春坊右庶子、詹士府詹士、玉牒馆副总裁、内阁学士、理藩院右侍郎，盛京户部侍郎、兵部侍郎、礼部右侍郎管理户部三库事务等职。光绪十六年绵宜被派充考试宗室觉罗官学汉教习（朱笔圈出盛京户部侍郎宗室绵宜、盛京兵部侍郎凤秀）。详见台北故宫博物院藏《月折档光绪十六年九月上为请派大臣考试宗室觉罗官学汉教习事》，光绪十六年九月初五日，档案号：603001291-022。同治朝《刑部通行条例》卷5《刑律·贼盗·共谋为盗》载，"咸丰十一年十一月，间臣部议覆升任詹事府詹事宗室绵宜奏请严定窝盗章程"。

台北故宫博物院藏《宗室绵宜列传》（档案号：702002843），兹录如下："宗室绵宜，镶白旗人。咸丰二年进士，改翰林院庶吉士。三年散馆，改礼部主事。五年十月补官。六年三月，升左春坊左中允。五月，补翰林院侍讲。九年，充顺天乡试同考官。十月，转侍读。十年正月，升詹事府右庶子。闰三月，迁翰林院侍读学士，充日讲起居注官。九月升詹事府詹事。十月，以京师盗案叠出，奏请饬下地方官严缉，从之。十二月，授内阁学士兼礼部侍郎衔。同治元年正月，充湖南乡试正考官。十一月，署兵部左侍郎。二年正月，升礼部右侍郎。二月，补正红旗蒙古副都统。十月，调正蓝旗满洲副都统。十一月，充册封寿禧公主正使。三年正月，署正黄旗护军统领。五月，署正黄旗蒙古副都统。七月，署左翼前锋统领。八月，充顺天乡试监临。十二月，署正白旗满洲副都统。四年五月，调补镶蓝旗满洲副都统。十月，充右翼监督。五年二月，充岁修东西陵工程大臣。八月充覆核朝审大臣。七年八月，署刑部右侍郎。十二月，兼署户部左侍郎，管理三库事务。八年八月，调盛京兵部侍郎，管理威远堡等六关口事务。十一年二月，疏陈治盗事宜。一曰清盗源。一曰除贼首。一曰整兵力。一曰严门禁。诏下，将军都兴阿议行。六月，以父永良老病，乞假回京。允之。七月，调礼部右侍郎。九月，充管理三库大臣。十二年闰六月，盛京马贼复炽，再疏陈整兵、募勇、禁赌、聚粮四策，得旨允之。十三年四月，补正黄旗蒙古副都统。八月，署正白旗护军统领。十月，管理新旧营房事务。光绪元年正月，再署户部左侍郎兼管三库事务。二月，充专操大臣。十二月，充管理沟渠河道大臣、值年大臣。六月，再充左翼监督。十月，补礼部左侍郎。十一月，授镶白旗总族长。三年，兼署兵部右侍郎。四年，复调补盛京兵部侍郎。五年，管理移居宗室事务。六年十一月，以奉天府尹衔署恭行典礼，绵宜起立离席，任意戏谑，奉旨革职。十二年五月起用，授内阁学士兼礼部侍郎衔。十月，充玉牒馆副总裁。十二月，迁理藩院右侍郎。十三年三月，充宗人府族长。十二月，调兵部右侍郎兼镶红旗汉军副都统。十四年三月，复调补盛京户部侍郎。二十年九月，因病乞假回旗。二十一年二月，奏请开缺，许之。九月，病痊。二十二年，授理藩院左侍郎。二十三年十月，赐紫禁城骑马。十一月，复充左翼监督。二十四年正月，卒。遗疏入，谕曰：'理藩院左侍郎绵宜，由翰林改官部属，渐擢卿贰。宣力有年，克勤厥职。前因患病，赏假调理。兹闻溘逝，轸惜殊深。加恩著照侍郎例赐恤，任内一切处分悉予开复。应得恤典，该衙门察例具奏。'寻赐祭葬，子奕寿，荫生"。

[4] 详见中国第一历史档案馆藏《宗人府玉牒馆副总裁内阁学士宗室绵宜奉上谕补授理藩院右侍郎日期等单》，光绪十三年十一月二十五日，档案号：06-02-002-000037-0056。

[5]《清秘述闻续》卷15"同考官类三"咸丰九年己未恩科顺天乡试载，"侍讲宗室绵宜，字佩卿，正蓝旗人，壬子进士"。《清秘述闻续》卷7"乡会考官类七"同治元年壬戌恩科乡试"湖南考官"载，"内阁学士宗室绵宜，字佩卿，正蓝旗人，壬子进士"。

# 咸丰二年壬子科乡试
## "君子义以为质"[1] "马射" 得 "驰" 字

镇国勤敏公后裔殊保，号洛溪，正蓝旗头族，载字辈。

饶余敏亲王后裔桂昂，号杏邨，正蓝旗第八族，载字辈，同治壬戌进士[2]。

恭亲王后裔松林，更名松森，号吟涛，正蓝旗第六族，载字辈，同治乙丑进士[3]。

庄亲王后裔崇吉，素博通额子[4]，号小楼，镶蓝旗第五族，载字辈，承袭辅国公[5]。

庄亲王后裔岳琪，英宝子，号小琴，镶蓝旗第五族，载字辈，同治乙丑进士[6]。

**校注：**

[1]《论语·卫灵公》："君子义以为质，礼以行之，孙以出之，信以成之。君子哉！"

［2］桂昂中式同治元年（1862）壬戌科三甲第五十七名进士。

［3］松林中式同治四年（1865）乙丑科二甲第四名进士，即全国第7名。按照规定，由殿试读卷官拟定的前十名士子，应进呈皇帝御览，并钦定前十名位次。

［4］详见中国第一历史档案馆藏《镶蓝旗第五族族长玛尚阿为查明宗室崇吉系素克精额之子素博通额之承继子呈报宗人府事》，咸丰三年四月，档案号：06-02-007-002090-0042。

［5］崇吉道光七年（1827）二月十九日戌时生，承袭不入八分辅国公岳灵爵位。不入八分辅国公是清朝宗室十四等爵位中的第十等。详见中国第一历史档案馆藏《宗人府右司为镶蓝旗不入八分辅国公岳灵病故宗室崇吉奉旨袭职原得诰命添撰等具题请旨事》，同治十一年十一月二十八日，档案号：06-01-005-000008-0021。

［6］岳琪中式同治四年（1865）乙丑科三甲第一百五十二名进士。

# 咸丰三年癸丑科会试
"夫志气之帅也"[1]二句　"克己复礼"　得"箴"字

瑞联，庶吉士，授检讨，官至兵部尚书，江宁将军[2]。咸丰戊午、辛丑科顺天乡试同考官，庚申科会试同考官；同治乙丑补行辛酉、壬戌科浙江乡试正考官；光绪癸未科会试副总裁[3]。

麟书，主事，现官刑部尚书[4]。咸丰戊午科顺天乡试同考官，同治癸亥科会试同考官，光绪丙子科顺天乡试副考官，庚辰科会试副总裁[5]。

## 校注：

[1]《孟子·公孙丑章句上》："夫志，气之帅也；气，体之充也。"

[2]瑞联，馆选翰林院庶吉士，散馆授翰林院检讨。历任翰林院侍读、盛京兵部侍郎、署理盛京将军暨总管内务府大臣印务盛京户部侍郎、热河都统、绥远城将军、杭州将军、工部尚书、户部尚书、正蓝旗汉军都统、江宁将军等职。详见中国第一历史档案馆藏《翰林院知照翰林院新转侍读学士宗室瑞联并新升侍读学士参领衔兴恩转补升任到院日期事致内务府》，同治三年六月二十六日，档案号：05-13-002-000786-0133；《奕劻为正蓝旗热河都统宗室瑞联携眷前往热河任所起程日期等事致宗人府》，同治十二年十一月，档案号：06-01-002-000383-0103；《宗人府左司为都统宗室瑞联奉旨补授江宁将军所遗管理正蓝旗

总族长一缺缮单请旨简派事》，光绪十年三月二十二日，档案号：06-01-006-000053-0008。李慈铭《郇学斋日记·乙集下》光绪六年十一月初五日邸抄载，"以杭州将军宗室瑞联为工部尚书。瑞联以去年十一月由绥远城将军调杭州。今年九月，始自绥远城入觐。十月请假两月。未几，而有此授"。李慈铭《郇学斋日记·己集上》光绪十年三月十九日邸抄载，"以正蓝旗汉军都统宗室瑞联为江宁将军"。台北史语所藏《内阁大库档案》有《咨内阁满票签处为内阁咨取都统等官衔为奏派验放官缺大臣本旗都统宗室瑞联奉旨补授江宁将军正蓝旗汉军都统著昆冈补授查新放本旗都统都察院左都御史宗室昆冈其衔名应由都察院咨行》，光绪十年三月，登录号：227750。

瑞联绥远将军任内，重视教育，每逢月考，必亲临启秀书院，亲阅试卷，并倡捐俸禄以奖励士子，受到士林爱戴，为其立祠纪年。光绪《绥远全志》卷7载，"宗室瑞联，字睦庵，壬戌翰林，由察哈尔都统于光绪三年任绥远将军。于整军经武之余，尤加意文学。因前将军定安所建长白书院改为启秀书院，奏明立案，每逢月课必临院，亲阅试卷为士子口讲指画，历数年不倦。又倡捐巨款添膏火二十余分用资奖励，士林爱戴，奉公之禄位为祠，以酬公德云"。

台北故宫博物院藏《宗室瑞联列传》（档案号：701004144），兹录如下："宗室瑞联，正蓝旗人。咸丰三年进士，改翰林院庶吉士。四年七月充武英殿协修。五年以核对《太白阴经》赏文绮，充国史馆协修。六年四月散馆授检讨。八月补武英殿纂修。十二月充玉牒馆纂修。八年八月充顺天乡试同考官。十二月协办院事。九年二月充功臣馆纂修。六月奏办院事充庶常馆提调。九月补国史馆纂修，大考二等，记名遇缺题奏，赏文绮。十年三月充会试同考官。六月充日讲起居注官。十一年七月升侍讲。九月充顺天乡试同考官。十二月充实录馆纂修。同治元年二月充咸安宫总裁转侍读。二年五月迁侍讲学士。九月充实录馆黄绫本总校。三年六月转侍读学士。八月文宗显皇帝实录全书过半，得旨遇缺题奏。十一月擢国子监祭酒。四年二月充实录馆总校。六月充浙江乡试正考官。五年八月授詹事府詹事。十一月擢内阁学士兼礼部侍郎衔。十二月文宗显皇帝实录全书告成，下部从优议叙。充文渊阁直阁事。六年二月派稽察本章。四月授盛京兵部侍郎。八年调盛京刑部侍郎。十年五月调盛京兵部侍郎兼管奉天府府尹事务。六月署将军。九月署府尹。十二月复署将军。十一年查勘永陵、福陵、昭陵应修各工……十二年授热河都统……（光绪二年）十月调察哈尔都统。三年四月升绥远城将军。八月赐紫禁城骑马。五年调杭州将军。六年九月入觐。十一月授工部尚书充考试应封宗室马步射大臣。十二月管理沟渠河道大臣。七年二月恭修西陵工程。五月署对引大臣。八月授正蓝旗汉军都统。十一月署镶蓝旗满洲都统。十二月署理藩院尚书充对引大臣。八年二月恭修东陵工程，查估普祥峪，定东陵工程。五月署正黄旗满洲都统。十二月充正蓝旗族长。九年二月调兵部尚书，充武英殿总裁。三月充会试副考官。四月充教习庶吉士。五月管理新旧营房。七月充崇文门正监督。八月恭修泰陵宝城，署正白旗汉军都统。九月充武会试校射大臣。十一月因失察崇文门委员家丁勒罚妄拿，奉旨开去尚书仍留正蓝旗汉军都统。十年授江宁将军。闰五月因病奏请开缺。允之。瑞联自任尚书后，乡试覆试阅卷二次，优贡朝考阅卷一次，考试汉御史、孝廉方正阅卷各二次，考试试差、应封宗室、汉荫生汉誊录阅卷各一次。十八年，卒。遗疏入，谕曰：'前任江宁将军瑞联，由翰林渐陟正卿，管理旗务，调任将军。宣力有年，无旷厥职。嗣因患病开缺。兹闻溘逝，轸惜殊深，加恩著照将军例赐恤，任内一切处分，悉予开复，应得恤典，该衙门查例具奏。'寻赐祭葬"。

江宁将军，全称镇守江宁等处地方将军，为清代统领江南驻防八旗军兵的最高将领，也是清朝江南地方八旗驻防之首。自顺治二年（1645）清朝平定江南以来，朝廷就在江宁设置驻防八旗，顺治十八年（1661）改称江宁将军。品秩从一品，与两江总督平级，下辖驻防八旗五千余人，辖京口八旗兵三千余人。乾隆朝《大清会典》卷96《八旗都统·兵制》载，"江南江宁府将军所属八旗满洲、蒙古委前锋校十有六人，前锋百八十四人，鸟枪领催五十六人，鸟枪骁骑七百四十四人，炮骁骑九十人，领催二百八十人，骁骑二千七百二十人，步军八百人，弓匠、箭匠、铁匠各五十六人，教养兵九百人。江宁将军统辖之京口副都统所属八旗汉军领催四百有二人，骁骑千五百九十八人，炮手七十二人，步军千人，弓匠、铁匠各八人，铜匠二人"。

［3］《清秘述闻续》卷15《同考官类三》咸丰八年戊午科顺天乡试载，"检讨宗室瑞联，字睦菴，正蓝旗人，癸丑进士"；咸丰十年庚申恩科会试载，"检讨宗室瑞联，字睦菴，正蓝旗人，癸丑进士"；咸丰十一年辛酉科顺天乡试载，"侍讲宗室瑞联，字睦菴，正蓝旗人，癸丑进士"。《清秘述闻续》卷7《乡会考官类七》同治四年乙丑补行乡试"浙江考官"载，"祭酒宗室瑞联，字睦菴，正蓝旗人，癸丑进士"。《清秘述闻续》卷8《乡会考官类八》光绪九年癸未科会试"考官"载，"兵部尚书宗室瑞联，字睦菴，正蓝旗人，癸丑进士"。

［4］麟书中式进士后分部学习，历任额外主事、宗人府副理事官、翰林院掌院学士、理藩院侍郎、礼部侍郎、吏部左侍郎、都察院左都御史、理藩院尚书、工部尚书、礼部尚书、刑部尚书、吏部尚书、协办大学士、武英殿大学士等职。台北故宫博物院藏《宗室麟书列传》（档案号：702001723），兹录如下："麟书宗室，前和硕裕亲王裕丰之孙，员外郎善循之子。咸丰三年进士，以主事用，签分宗人府主事。八年二月补官。八月充顺天乡试同考官。同治二年复充会试同考官。四年三月补授鸿胪寺卿。八月授张家口税务监督。先是诏起定陵，麟书派差陵次，至是蒇工。十月奉上谕'定陵工程开工数载，任事各员均能敬谨。麟书著遇有应升至缺，开列在前。'十二月擢太常寺卿。五年二月常咨派查验东陵赞

读等官。是月竣事回京。六年正月铃出稽查西四旗觉罗学。二月补授内阁学士兼礼部侍郎衔。八年三月补盛京礼部侍郎。十二月兼署盛京户部侍郎，兼管奉天府尹。光绪元年二月命来京，五月补理藩院右侍郎。二年三月充会试恩科知贡举。八月充顺天乡试副考官。十月转补理藩院左侍郎。十一月调补刑部右侍郎。三年二月充管理正白旗总族长。十一月转补刑部左侍郎。四年二月调补户部右侍郎兼管钱法堂事务。五年三月署理正白旗满洲副都统并佩带镶蓝、正黄蒙古统领都统印钥。五月转补户部左侍郎兼管三库事务。八月充顺天乡试监临。九月命在总理各国事务衙门行走。十一月调补吏部左侍郎。六年三月充会试副考官。十月补授都察院左都御史。七年十月授理藩院尚书，赐紫禁城骑马。十二月奉派往江苏查办事件之命……（光绪八年）四月兼授吏部尚书。七月充崇文门正监督。九月云南官吏因报销一案牵涉京内大小各员事，为数言官纠，奉谕著麟书、潘祖荫严行审办……九年二月调补工部尚书。八月兼署户部尚书。十年三月佩带总理各国事务衙门印钥。五月以病累请允准开缺……十一年九月充翰林院掌院学士补署工部尚书。十二月调补刑部尚书。十二年三月兼署吏部尚书。四月充教习庶吉士。九月署正红旗都统。十月充会典馆副总裁。十三年充承修孝陵荣亲王园寝工程大臣。十四年兼授工部尚书。十五年三月兼署礼部尚书。六月兼署吏部尚书。九月调补吏部尚书。十二月充经筵讲官。十六年闰二月简授管库大臣。六月奉命派往吉林查办事件……十七年十一月复充教习庶吉士。十八年闰六月充国史馆副总裁。九月命以吏部尚书协办大学士。十二月充补文渊阁领阁事。二十年四月仍命充教习庶吉士。八月兼署礼部尚书。二十一年五月补署内大臣。六月补授大学士，管理工部事务。是月授文渊阁大学士。七月充崇文门正监督。二十二年三月充国史馆正总裁，稽察钦奉上谕事件处，并充会典馆正总裁。四月管理户部事务。五月授武英殿大学士。十一月恭修玉牒，奉朱笔著麟书为督催大学士。十一月署理步军统领，寻卒。谕曰：'大学士麟书，持躬恪慎，学问优长。由宗人府主事渐历正卿，屡司文柄，简授内大臣、翰林院掌院学士，旋登揆席，翊赞纶扉，总理部旗事务。宣力有年，克勤厥职。前因患病给假，方冀调理就痊，长资倚畀。遽闻溘逝，悼惜殊深。著赏给陀罗经被，派贝子溥伦带侍卫十员即日前往奠酳。麟书著加恩晋赠太子太保衔，入祀贤良祠，照大学士例赐恤，任内一切处分，悉予开复，应得恤典，该衙门察例具奏。伊子工部员外郎英縡著以五品京堂即补；伊孙定恒著赏给举人，准其一体会试，用示笃念耆臣至意。'寻赐祭葬，予谥'文慎'。子英縡现官鸿胪寺卿"。

［5］《清秘述闻续》卷15《同考官类三》咸丰八年戊午科顺天乡试载，"宗人府主事宗室麟书，字芝荪，正黄旗人，丙辰进士"。《清文宗起居注》卷42咸丰八年八月初四日载："奉朱笔这（顺天乡试）同考官著宗室麟书、张桐、徐桐、邹石麟、何福咸、浦安、郭梦惠、宗室瑞联、赵树吉、景其濬、宝洵、锺琇、宋梦兰、丁绍周、刘成忠、涂觉纲、

王楷、周士炳去。"《清秘述闻续》卷16《同考官类四》同治二年癸亥恩科会试载，"宗人府副理事官宗室麟书，字芝莘，正蓝旗人，癸丑进士"。《清秘述闻续》卷8《乡会考官类八》光绪二年丙子科乡试"顺天考官"载，"理藩院侍郎宗室麟书，字芝菴，正蓝旗人，癸丑进士"；光绪六年庚辰科会试"考官"载，"吏部侍郎宗室麟书，字芝弇，正黄旗人，癸丑进士"。

# 咸丰五年乙卯科乡试
### "王曰善哉言乎"[1] "露凝千片玉" 得"林"字

　　庄亲王后裔宝森，常璧子，号震甫，镶蓝旗第五族，载字辈，庚申进士[2]。
　　肃武亲王后裔多泰，号镇东，镶白旗头族，溥字辈，同治辛未进士[3]。
　　礼烈亲王后裔钟桂，号芝臣，正红旗第三族，载字辈[4]。
　　诚毅勇壮贝勒后裔霍穆欢，号慎斋，正蓝旗第二族，溥字辈，联捷进士[5]。
　　辅国悫厚公后裔阿克丹，号允庭，正白旗第二族，载字辈，庚申进士[6]。

## 校注：

　　[1]《孟子》："王曰：'善哉言乎！'曰：'王如善之，则何为不行？'"

　　[2]宝森中式咸丰十年（1860）庚申科二甲第七十八名进士。《咸丰乙卯科直省乡试同年齿录》载，"宝森，年二十岁，镶蓝旗新瑞佐领下四品宗室"。

　　[3]多泰中式同治十年（1871）辛未科三甲第一百三十二名进士。据《咸丰乙卯科直省乡试同年齿录》载，"多泰，年二十六岁，镶白旗质善佐领下四品宗室"。

　　[4]据《咸丰乙卯科直省乡试同年齿录》载，"钟桂，年二十七岁，正红旗春安佐领下四品宗室"。

　　[5]霍穆欢中式咸丰六年（1856）丙辰科二甲第七十八名进士。据《咸丰乙卯科直省乡试同年齿录》载，"霍穆欢，年二十八岁，正蓝旗世兴佐领下四品宗室"。

　　[6]阿克丹中式咸丰十年（1860）庚申科二甲第十三名进士。据《咸丰乙卯科直省乡试同年齿录》载，"阿克丹，年二十三岁，正白旗咸春佐领下四品宗室"。

# 咸丰六年丙辰科会试

"子曰'果哉，末之难矣'"[1] "开径望三益" 得"明"字

延煦，庶吉士，未散馆授编修，官至礼部尚书[2]。咸丰辛酉科顺天乡试同考官，同治壬戌、癸亥科会试同考官[3]。

霍穆欢[4]，主事，现官翰林院侍读学士。同治甲子科顺天乡试同考官，辛未科会试同考官[5]。

## 校注：

[1]《论语·宪问》："子击磬于卫。有荷蒉而过孔氏之门者，曰：'有心哉！击磬乎！'既而曰：'鄙哉！硁硁乎！莫己知也，斯己而已矣。深则厉，浅则揭。'子曰：'果哉！末之难矣。'"

[2] 延煦，直隶总督庆祺之子，以恩荫任礼部主事，中式进士后馆选翰林院庶吉士，散馆授翰林院编修。历任日讲起居注官、内阁学士、盛京兵部侍郎、户部侍郎仓场总督、热河都统、都察院左都御史、理藩院尚书、礼部尚书等职。史评其"争谒陵拜跪，劾朝贺乱班，侃侃尤无愧礼臣云"。职官升转文献参见中国第一历史档案馆藏《宗人府宗令和硕惇亲王奕誴宗人府左宗正和硕恭亲王奕䜣等为仓场侍郎宗室延煦现奉旨补放热河都统其所管镶白旗总族长一缺奏请简派一人管理事》，光绪二年十一月初七日，档案号：06-02-005-000041-0017。李慈铭《郇学斋日记·戊集下》光绪九年十一月十八日邸抄载，"都察院左都御史宗室延煦充崇文门正监督"。《郇学斋日记·己集上》光绪十年三月十三日邸抄载，"都察院左都御史宗室延煦为理藩院尚书"。《郇学斋日记·庚集下》光绪十一年九月初八日邸抄载，"礼部尚书宗室延煦充国史馆副总裁"。《光绪重修天津府志》卷30载，同治十二年（1873）直隶总督臣李鸿章和仓场总督臣宗室延煦联名上奏《毕道远奏为江浙漕粮海运抵津拟请改令粮道自行运通以除积弊而重仓储折》。《晚晴簃诗汇》卷186载，延煦娶妻佛芸保，为满洲旗人麟庆女，有诗名，著有《清韵轩诗草》。

《清史稿》卷442《宗室延煦》有传，兹录如下："宗室延煦，字树南，隶正蓝旗，直隶总督庆祺子。以任子官礼部主事。咸丰六年，成进士，选庶吉士，授编修。十三年，车驾北狩，录城防功，擢四品京堂。明年，授赞善。累迁内阁学士，除盛京兵部侍郎。同治六年，调户部，数勘办展边垦地。十一年，移督仓场。与汉侍郎毕道远疏请漕粮起运本色济

兵食，议行。光绪二年，出为热河都统，以围场旷莽，易丛奸宄，请增置营汛资守御。有土寇王致冈者，构众扰平泉、赤峰、建昌诸处，积为民患，官军莫能捕，至是遣守备松恩剿平之。寻移疾去。九年，授左都御史。念会典事例自嘉庆间续修，中更六十余年，典章制度，视昔弥剧。及今不修，恐文献无征，难免舛漏。疏请敕廷臣集议开馆，限年修明宪典，得旨报可。十年，晋理藩院尚书，调礼部。万寿圣节，大学士左宗棠未随班叩祝，延煦上疏论劾。略谓：'左宗棠职居首列，鸿胪引班时，竟步出乾清门，不胜骇诧！国家优礼大臣，宗棠被恩尤重。纵捐顶踵，未报万一，乃躬履尊严之地，绝无诚敬之心。如曰遘疾，曷弗请假？而必故乱班联，害礼负恩，莫或斯等！'疏上，下宗棠吏议，以延煦语过当，诏革职留任。会山东民埝决口，言者劾巡抚陈士杰误工状，命延煦偕祁世长往按，白其诬而言其失计。又以遵旨巡察海防，具图说以上，谓：'烟台、旅顺对峙，海面至此一束，两岸同心扼守要隘，津、沽得有锁钥。防守之法，应如何测浅深，审沙线，备船炮，设水师；募谙海战之人，必有制胜之策。'上韪其议，特宣示。还京，再移疾，不允。十二年，两宫祗谒东陵，诣孝贞显皇后陵寝，慈禧皇太后不欲行拜跪礼，延煦持不可，面诤数四。方是时，太后怒甚，礼部长官咸失色，延煦从容无少变。太后卒无以难，不得已跪拜如仪。延煦起家贵介，以文词受主知，而立朝大节侃侃无所挠，士论伟之。明年，卒。"

［3］《清秘述闻续》卷15《同考官类三》咸丰十一年辛酉科顺天乡试载，"编修宗室延煦，字树南，正蓝旗人，丙辰进士"。《清秘述闻续》卷16《同考官类四》同治二年癸亥恩科会试载，"侍讲学士宗室延煦，字树南，正蓝旗人，丙辰进士"。

［4］霍穆欢，中式进士后以部属用，历任副理事官、缎匹库员外郎、礼部主事、左春坊左庶子、詹事府詹事、侍讲学士、内阁学士兼礼部侍郎衔等官职。恽毓鼎著《澄斋日记》光绪二十一年六月十五日载，"至国史馆交功课，又领得宗室《霍穆欢传》（号慎斋，阁学，六弟辛卯、大兄壬辰座师）"。现台北故宫博物院藏有恽毓鼎辑纂、朱延熙覆辑的宗人府覆霍穆欢出身片文、吏部覆霍穆欢履历片文、霍穆欢事迹册、霍穆欢列传。兹录《宗人府覆霍穆欢出身片文》欢履历片如下："正蓝旗第二族族长宗室和祥等呈报本族内原任内阁学士兼礼部侍郎衔宗室霍穆欢系正蓝旗玉溥佐领下人。光绪八年十二月二十三日，宗人府咨由咸丰六年丙辰科文进士，以部属用，签分礼部，历升副理事官。因案降三级调用。光绪五年正月二十五日，奉旨依议，钦此，降至七品笔帖式。六年九月内截补七品笔帖式。光绪八年十二月初九日，补左赞善。九年三月二十八日奉旨詹事府右中允员缺著拟正之霍穆欢补授，钦此。七月二十日，补詹事府右庶子。十月初二日，转补詹事府左庶子。十一月二十六日，翰林院咨充满洲日讲起居注官。十年二月初二日，补授翰林院侍讲学士。十一年京察，奉旨著照旧供职，钦此。十三年四月初九日奉旨，转补翰林院侍读学士。十四年三月二十九日，奉旨补授詹事府少詹事。四月二十五日奉旨补授詹事府詹事。

六月十一日，稽察东四旗觉罗学。十二月初九日，放内阁学士。十五年正月三十日查库点翰林院。咨十四年十二月二十五日充补文渊阁直阁事。十八年闰六月结报。五月二十四日病故。并非大员子弟，现在并无子嗣为此呈报。"详见台北博物院藏《霍穆欢传包》，档案号：702003373。

[5]《清秘述闻续》卷16《同考官类四》同治三年甲子科顺天乡试载，"礼部主事宗室霍穆欢，字慎斋，正蓝旗人，丙辰进士"；同治十年辛未科会试载，"宗人府理事官宗室霍穆欢，字慎斋，正蓝旗人，丙辰进士"。

## 咸丰八年戊午科乡试
"切切偲偲怡怡如也"[1] "赤帝收三杰" 得"宫"字

理密亲王后裔福锟，号箴亭，镶蓝旗第二族，溥字辈，联捷进士[2]。
豫通亲王后裔昆冈，号筱峰，正蓝旗第四族，奕字辈，同治壬戌进士[3]。
裕宪亲王后裔常玿，丰敬子，号蔚亭，镶白旗第二族，载字辈，联捷进士[4]。
庄亲王后裔清奎，号洁平，镶蓝旗第三族，奕字辈。

**校注：**

[1]《论语》："子路问曰：'何如斯可谓之士矣？'子曰：'切切偲偲，怡怡如也，可谓士矣。朋友切切偲偲，兄弟怡怡。'"
[2]福锟中式咸丰九年（1859）己未科二甲第七十三名进士。
[3]昆冈中式同治元年（1862）壬戌科二甲第二十八名进士。
[4]常玿中式咸丰九年（1859）己未科二甲第五十一名进士。

## 咸丰九年己未科会试
"如斯而已乎？曰：'修己以安百姓'"[1] "自有岁寒心" 得"丹"字

福锟[2]，主事，现官户部尚书，协办大学士[3]。
常玿[4]，庶吉士，授编修。

**校注：**

[1]《论语·宪问》："子曰：'修己以敬。'曰：'如斯而已乎？'曰：'修己以安人。'曰：'如斯而已乎？'曰：'修己以安百姓。修己以安百姓，尧、舜其犹病诸！'"

[2]《咸丰九年己未科会试同年齿录》载，"宗室福锟，字纯甫，号少欣，又号箴亭，行一。道光甲午十月初五日生。镶蓝旗近支二族奕贵佐领下四品宗室。咸丰戊午科举人，本科进士。官吏部主事，现官工部员外郎。曾祖绵溥，固山贝子。曾祖母章佳氏。祖奕颢，奉恩镇国公，兵部尚书。祖母富察氏。父载耀，吉林副都统。母那拉氏。胞伯载受，辅国将军。胞叔载宽，承袭奉恩辅国公。载寅，道光癸卯举人。载隽，三等侍卫。胞弟福恩，宗人府笔帖式。胞侄毓善。妻钮钴禄氏"。福锟中式进士后，分部学习，授吏部主事。历任员外郎、右庶子、侍读学士、太仆寺卿、西宁办事大臣、兵部侍郎、刑部侍郎、户部侍郎、工部尚书兼步军统领、总理衙门大臣兼内务府大臣、户部尚书、协办大学士、体仁阁大学士等职。光绪十四年十月，充任光绪帝大婚纳采礼副使。《清史稿》卷440有《宗室福锟》传，兹录如下："宗室福锟，字箴庭，隶镶蓝旗，理密亲王允礽六世孙。咸丰九年进士，授吏部主事，晋员外郎。光绪四年，授右庶子，迁侍读学士，擢太仆寺卿。六年，赏副都统，充西宁办事大臣。八年，召授兵部侍郎，历调刑部、户部。十年，擢工部尚书，兼步军统领。命在总理各国事务衙门行走，兼管内务府大臣。调户部，协办大学士。以部驳机器鼓铸，福锟议革职，改留任，旋复官。十五年，加太子太保，詹事府右庶子。崇文疏劾大学士张之万交纳外官，命福锟偕尚书潘祖荫勘之，奏言：'之万住居湫隘，门无杂宾。枢臣接见外僚，藉以考核人才。不得以因公谒见，谓为接纳营私。惟僧静洲以方外浮屠往来仕宦之家，易招物议，请驱逐回籍。'报可。十七年，授体仁阁大学士。二十年，皇太后万寿，赏双眼花翎。时京师盗风甚炽，福锟初禁步军讯盗用严刑，盗益肆。至是奏请变通缉捕章程，允之。二十一年，疏请乞休。卒，谥文慎。"

[3]协办大学士为内阁协助大学士的高级别官员，品秩从一品。雍正年间，在大学士之外，设额外大学士、协理大学士，清朝乾隆年间内阁设置协办大学职，满、汉各一人。《钦定大清会典》卷11《内阁一·建置》载，乾隆十三年谕"向来协办大学士之设原因大学士有在内廷行走，或奉差在外者，阁务需人坐办，是以另简人员，协同办理，初非额设之缺。若因协办而任封疆，则不必仍带虚衔。嗣后大学士兼管总督者，著带大学士衔。其协办大学士兼管总督者，不必仍带协办大学士衔，著为例"。

[4]《咸丰九年己未科会试同年齿录》载，"宗室常玽，字佩如，号蔚亭，行三。道光戊戌四月十七日生。镶白旗常旺佐领下四品宗室。咸丰戊午举人，本科进士，官至翰林院编修。曾祖诚松，曾祖母钮启特氏。祖恒安，祖母瓜尔佳氏。父丰敬，道光

乙未举人，理藩院郎中。母洪乌氏。胞伯叔丰存、丰泽。胞兄弟常璞、常璘。胞侄继宁。妻李氏"。

## 咸丰九年己未恩科乡试
"南容三复白圭"[1] "养空而游" 得"舟"字

饶余敏亲王后裔宝琛，号献廷，正蓝旗第八族，载字辈，现官吏部笔帖式[2]。

辅国悫厚公后裔恩景，号星垣，正白旗第三族，载字辈，同治戊辰进士[3]。

庄亲王后裔亨敦，桂森子，号益亭，镶蓝旗第六族，载字辈，由宗人府笔帖式官至兵部员外郎。

豫通亲王后裔奎润，受庆子，号星斋，正蓝旗第四族，载字辈，同治癸亥进士[4]。

### 校注：

[1]《论语·先进篇》："南容三复白圭，孔子以其兄之子妻之。"

[2]宝琛以吏部笔帖式，累迁至工部郎中。

[3]恩景中式同治七年（1868）戊辰科三甲第六十七名进士。

[4]奎润同治二年（1863）癸亥科二甲第三十九名进士。

## 咸丰十年庚申恩科会试
"君子而时中"[1]二句 "灵液播云" 得"蓝"字

宝森，庶吉士，授编修，官盛京兵部侍郎[2]，同治庚午科福建乡试正考官[3]。

阿克丹，主事现官，盛京工部侍郎[4]。同治甲子科福建乡试副考官，同治丁卯、庚午、癸酉科顺天乡试同考官，乙丑科会试同考官[5]。

### 校注：

[1]《中庸》："仲尼曰：'君子中庸，小人反中庸。君子之中庸也，君子而时中；小人之中庸也，小人而无忌惮也。'"

[2]宝森，翰林院庶吉士，散馆授为编修。历任翰林院侍读、国子监祭酒、大理寺卿、都察院左副都御史、盛京兵部侍郎等职。参见中国第一历史档案馆藏《宗人府玉牒馆为翰林院前送译汉纂修官内侍读宗室宝森升国子监祭酒所遗纂修官一缺该院另行拣得侍读文奎充补事》，同治五年十月十五日，档案号：06-01-006-000049-0001。李慈铭《郇学斋日记·乙集下》光绪六年十月二十七日邸抄载，"以都察院左副都御史宗室宝森，为盛京兵部侍郎"。

[3]《清秘述闻续》卷7《乡会考官类七》同治九年庚午科乡试福建考官载，"祭酒宗室宝森，字震甫，镶蓝旗人，庚申进士"。

[4]阿克丹，中式进士后分部学习。历任宗人府经历司左司主事、户部颜料库郎中、宗人府经历司右司理事官等职。光绪五年京察一等，奉旨"宗室阿克丹著以四五品京堂补用"。后升任鸿胪寺卿、光禄寺卿、内阁学士兼礼部侍郎衔、盛京工部侍郎、刑部右侍郎、正黄旗汉军副都统等职。台北故宫博物院藏《宗室阿克丹列传》（台北故宫博物院藏《阿克丹传包》，档案号：702001203），兹录如下："宗室阿克丹，正白旗人。由咸丰十年进士奉旨以部属用。是年五月到署，在额外主事上学习行走。十一年九月顺天乡试，派充收掌试卷官。同治元年八月恩科乡试，派充收掌试卷官。二年六月内期满，奏留。八月内选升主事。十二月派监射试。三年三月奏漕粮抵通，请旨严剔积弊。五月派查镶黄旗事务。七月简放福建乡试副考官。四年十一月奏热河理事同知、通判等官不宜更改章程，请复旧制。五年二月片奏普济堂功德林粥厂，恳恩展限，并请加米石。奉旨依议。六年八月派充顺天乡试同考官。十一月因玉牒全书告成，保奏。奉旨免补副理事官，以题缺理事官补用。补缺后免其试俸。九年七月，截补理事官。八月派充顺天乡试同考官。十二年八月派充顺天乡试同考官。十月调补户部颜料库郎中。光绪元年由普祥峪工程处出力，赏加四品衔。三年十二月，因郎中年满无缺可补，仍由户部咨回宗人府原衙门行走。四年十二月，坐补理事官。五年二月京察一等，覆带以四五品京堂补用。十月由普祥峪工程处奏保，赏戴花翎。六年九月补授鸿胪寺卿。十二月补授通政司副使。是月蒙派稽查西四旗觉罗管学。七年七月奉命派往查看东陵。五月回京。六月奉命复往东陵。七月回京奏职官作梗，请旨从严惩办。八年四月转光禄寺卿。八月承修定东陵神路营房，各工完竣，赏加二品顶戴。九年二月补授内阁学士兼礼部侍郎衔。四月调补盛京工部侍郎。十一年四月奉命承修福陵隆恩殿。是年七月，因山东黄流为患，灾黎嗷嗷待哺，会同盛京将军崇绮、盛京户部侍郎启秀等广为劝捐，集资一万八千余两，以助抚恤，全活甚众，事闻，仰蒙奖叙。十二年九月丁忧回京。十二月服满召见，仍饬回盛京工部侍郎本任。十三年四月，派充协同管理移居宗室事务。十五年九月，奉命恭修启运殿。十月复恭修永陵各工，遂于是月恭请神牌还御。十六年正月派署盛京刑部侍郎。十八年三月

调补刑部右侍郎。七月上谕调补正黄旗汉军副都统。八月调补镶红旗满副都统。十二月奉派专司稽查一年旗务。十九年正月奉上谕调补正黄满副都统，即于是月转补刑部左侍郎。二月兼署护军统领。八月兼署镶蓝旗，满副都统。二十年正月以皇太后六旬庆辰，奉懿旨从优议叙。是月派署正黄蒙副都统。二月派修东西陵工程。二十一年十一月派充左翼监督，旋派兼署户部右侍郎兼管钱法堂事务。二十三年八月派署正蓝满副都统。又派署前锋统领，即于是月派署左翼总兵。二十四年三月派署镶红旗护军统领，旋奉旨调兼署兵部右侍郎。十一月派充专操大臣。是月奉懿旨加恩赏在西苑门内骑马，并乘坐船只、拖床。二十五年正月奉旨调补兵部左侍郎。二月派管理马馆，即奏派补进武职六班。二十六年八月奉旨署理左翼前锋统领。十二月补授理藩院尚书。二十九年正月以疾卒于官。上为轸惜，著加恩照尚书例赐恤，任内一切处分悉予开复。子海锟吏部员外郎，以本部郎中即补"。

[5]《清秘述闻续》卷16《同考官类四》同治四年乙丑科会试载，"宗人府主事宗室阿克丹，字允廷，正白旗人，庚申进士"；同治六年丁卯科顺天乡试载，"宗人府主事宗室阿克丹，字允廷，正白旗人，庚申进士"；同治九年庚午科顺天乡试载，"宗人府主事宗室阿克丹，字允廷，正白旗人，庚申进士"；同治十二年癸酉科顺天乡试载，"宗人府理事官宗室阿克丹，字允廷，正白旗人，庚申进士"。

# 咸丰十一年辛酉科乡试
### "学问之道无他"[1] 二句　"山雨忽来修竹鸣"　得"秋"字

庄亲王后裔承福，号畴九，镶蓝旗第六族，奕字辈，同治癸亥进士[2]。
恭亲王后裔勇祉，惠林子，号伯蕃，正蓝旗第六族，溥字辈，官宗人府笔帖式。
镇国勤敏公后裔玉莱，更名奎照，号近蓬，正蓝旗第十族，绵字辈。

**校注：**

[1]《孟子·告子上》："学问之道无他，求其放心而已矣。"
[2]承福中式同治二年（1863）癸亥科二甲第六十六名进士。

# 同治元年壬戌科会试

"德为圣人"[1] "龙池柳色雨中深" 得"深"字

　　昆冈，庶吉士，授编修，现官工部尚书[2]。同治甲子科河南、癸酉科云南乡试正考官，戊辰、甲戌科会试同考官，光绪丁丑科会试副总裁[3]，福建学政[4]。

　　桂昂[5]，庶吉士，改刑部主事，历官马兰镇总兵兼总管内务府大臣。

## 校注：

　　[1]《中庸》："子曰：'舜其大孝也与！德为圣人，尊为天子，富有四海之内，宗庙飨之，子孙保之。'"

　　[2]昆冈，馆选翰林院庶吉士，散馆授编修。右春坊右庶子、国子监司业、吏部侍郎、左都御史、理藩院尚书、工部尚书、礼部尚书、协办大学士、东阁大学士、体仁阁大学士、文渊阁大学士、谥号文达。李慈铭《郇学斋日记·戊集下》光绪九年十一月十九日邸抄载，"吏部右侍郎宗室昆冈转补左侍郎"；光绪十年三月十七日邸抄载，"以吏部左侍郎宗室昆冈为左都御史"。昆冈还以会典官正总裁大学士身份领衔主持编纂了清朝最后一部会典，即光绪朝《钦定大清会典》。详见台北史语所藏《内阁大库档案》，《总裁官大学士宗室昆冈奏为臣馆奉敕续修会典奏准书图交进陈设懋勤殿所有陈设本满汉会典并事例各一千三百二十卷一百五十函会典图二百七十卷现在一律装潢齐备择于本月二十二日敬谨呈进》，光绪二十五年九月二十日，登录号：209083。

　　台北故宫博物院藏《昆冈传包》（档案号：702002624），兹录如下："宗室昆冈，正蓝旗第四族人。咸丰八年举人，同治元年进士，改庶吉士。二年散馆授编修。六年充协办院事。三年三月升詹事府左赞善。七月充河南乡试正考官。旋转国子监司业。七年充会试同考官。十年升詹事府右庶子。十二月充文渊阁校理。十一年充日讲起居注官。十二年充云南乡试正考官。十三年充会试同考官。光绪元年转左庶子。六月授翰林院侍讲学士。二年擢詹事府正詹事。八月充顺天乡试监临。十一月授内阁学士兼礼部侍郎衔。十二月充文渊阁直阁事。三年充会试副总裁。四年迁礼部右侍郎。三月转兵部左侍郎。七月补正白旗汉军副都统。十月署刑部左侍郎。五年转户部右侍郎兼管钱法堂事务。六月充顺天乡试监临。八月简福建学政。十一月转户部左侍郎兼管三库事务。八年调补正白旗满洲副都统。九年转吏部右侍郎。十月再署户部右侍郎兼管钱法堂事务。十二月转吏部左侍郎。十二月充经筵讲官。十年三月迁都察院左都御史。时笔帖式荣俊日久旷官，昆冈奏参略曰：'臣衙门笔帖式荣俊久未当差，屡次严传，始行到署。上堂时语言粗谬，臣等当即叱退。当此力戒因循之时，未便稍事姑容，相应请旨将日久旷官之笔帖式荣俊即行革职，以肃官方而警顽忽。'疏入，允之。旋擢正蓝旗汉军都统。五月擢理藩院尚书管理雍和宫事务，旋充正白旗总族长、崇文门副监督。九月管理咸安宫三学大臣，稽查右翼宗学。十二年转工部尚书兼署理藩院尚书。十三年二月兼署吏部尚书。三月管理光禄寺事务。八月兼署户部尚书。十五年正月署正黄旗汉军都统。三月因慈宁门外应行支搭金殿，临时未能齐备，查明检举，并自请议处。旋充会试副总裁。六月署镶白旗满洲都统。十月因工部带领引见递牌错误，有旨昆冈著交部议处。十六年转礼部尚书管理太常寺、鸿胪寺事务。是年闰二月，皇上恭逢慈禧端佑康颐昭豫庄诚寿恭钦献崇熙皇太后祇谒东陵，命昆冈留京办事。旋佩带正黄旗满洲都统印钥兼上虞备用处及镶白旗满洲都统印钥……十月赏紫禁城骑马。十七年充崇文门副监督……十月皇太后万寿庆典派充总办。十九年充教习庶吉士。二十年赏戴花翎。二月充会典馆副总裁。二十一年署理藩院尚书。六月命以礼部尚书协办大学士。二十二年充国史馆副总裁。四月授大学士管理工部事务。五月转体仁阁大学士管理理藩院事务，旋授东阁大学士。二十四年充翰林院掌院学士、国史馆正总裁、会典馆正总裁。四月充教习庶吉士署正白旗汉军都统兼署镶蓝旗蒙古都统。十一月赏西苑门内骑马并乘坐船只拖床。十二月泰宁镇总兵祥霖奏参西陵守护大臣毓橚等废弛祀典，并职官鐕营大臣受贿各节，命昆冈往案。二十五年正月查明覆奏。诏以覆奏折内尚多不实不尽之处，仍著昆冈督饬随带司员，按照原参各节，并此次谕旨指驳各条逐一彻底根究，详悉具奏……是年十月，会典馆全书告成，昆冈等督饬提调官鸿胪寺卿那桐等办理馆事，节省经费银六万两，请交部库以备饷需。疏入，优诏许之。十一月奉旨查办库伦事件。二十六年五月由库伦到京覆命，寻以拳匪肇乱，旨昆冈著再赏假两个月，毋庸开缺，以不良于行，坚请开缺。奉谕昆冈著准其开缺，加恩赏食全俸……凡充阅卷大臣三十八次、磨勘试卷十二次、覆勘试卷者三、监射者七、点验军器者五、盘查仓库者二、管理沟渠河道者一、朝审者再稽察旗务者一。三十三年三月，卒。遗疏入，谕曰：'致仕大学士昆冈学问优长，老成恪慎，由翰林渐擢正卿，迭掌文衡，旋登揆席，充翰林院掌院学士并总理部旗事务，宣力有年，克尽厥职。前因患病，奏请开缺，以大学士致仕，赏食全俸。方冀克享遐龄，长承恩眷。兹闻溘逝，轸惜殊深，著赏给陀罗经被，派贝勒载洵带领侍卫十员即日前往奠醊，加恩追赠太子少保衔，入祀贤良祠，照大学士例赐恤，任内一切处分悉予开复，应得恤典该衙门查例具奏。伊子郎中占鳌著以四品京堂候补用，示笃念尽臣至意，钦此。'"

　　[3]《清秘述闻续》卷7《乡会考官类七》同治三年甲子科乡试载，"河南考官：赞善宗室昆冈，字筱峰，正蓝旗人，壬戌进士"；卷16《同考官类四》同治七年戊辰科会试载，

"司业宗室昆冈，字筱峰，正蓝旗人，壬戌进士"；卷7《乡会考官类七》同治十二年癸酉科乡试载，"云南考官：庶子宗室昆冈，字筱峰，正蓝旗人，壬戌进士"；卷16《同考官类四》同治十三年甲戌科会试载，"庶子宗室昆冈，字筱峰，正蓝旗人，壬戌进士"；《清秘述闻续》卷8《乡会考官类八》光绪三年丁丑科会试载，"内阁学士宗室昆冈字筱峰正蓝旗人，壬戌进士"。李慈铭《郇学斋日记·癸集下》光绪十五年三月初二日邸抄载，"命礼部尚书李鸿藻为会试正考官，工部尚书宗室昆冈、潘祖荫，礼部右侍郎廖寿恒为副考官"。

[4]《清秘述闻续》卷11《学政类三》载，"福建省：宗室昆冈，字筱峰，正蓝旗人，同治壬戌进士，光绪五年以户部侍郎任"。

[5]桂昂，中式进士后馆选翰林院庶吉士，散馆以部属用。历任刑部额外主事、宗人府主事、升补侍讲。李慈铭《桃花圣解盦日记·乙集第二集》光绪元年八月二十三日邸抄载，"宗室桂昂，宗人府主事。宗室桂昂，壬戌庶吉士升补侍讲"。《郇学斋日记·甲集上》光绪五年六月二十四日邸抄载，"詹事府詹事宗室桂昂为内阁学士兼礼部侍郎衔"。桂昂升任马兰镇总兵兼总管内务府大臣，因马兰镇绿营"兵变"事件被革职。《清史稿》卷23《德宗本纪一》光绪九年二月己未日载，"先是马兰镇总兵景瑞修缮营房，为营兵匿控，总兵桂昂请兵激变，遣伯彦讷谟祜、阎敬铭查办。至是覆陈，褫景瑞职，桂昂寻并褫职"。

# 同治元年壬戌恩科乡试

"心正而后身修"[1] "渚清沙白鸟飞回"　得"飞"字

豫通亲王后裔硕济，号泽圃，正蓝旗第四族，奕字辈，辛未进士[2]。

庄亲王后裔荣章，号怡亭，镶蓝旗第六族，载字辈，现官宗人府笔帖式。

礼烈亲王后裔寿岂，号子悌，镶红旗第五族，恒字辈。

诚恪亲王后裔绵善，号兰士，正蓝旗第二族，由礼部主事官至鸿胪寺卿[3]。

**校注：**

[1]《大学》："物格而后知至，知至而后意诚，意诚而后心正，心正而后身修，身修而后家齐，家齐而后国治，国治而后天下平。"

[2]硕济中式同治十年（1871）辛未科三甲第二名进士。

[3]绵善，历任礼部主事、礼部郎中、四译馆监督、鸿胪寺卿等职，光绪八年（1882）病故。《东华录》同治四年九月十六日载，"候补主事宗室绵善，著免补主事，以本部满洲

选缺员外郎即行借补"。中国第一历史档案馆藏《礼部为满洲郎中宗室绵善补放四译馆监督事致宗人府等》，光绪五年十月十七日，档案号：06-01-001-000369-0222。

## 同治二年癸亥恩科会试

"无适也，无莫也，义之与比"[1] "思贤咏白驹" 得"驹"字

奎润，庶吉士，授编修，现官礼部尚书[2]。光绪乙亥科浙江乡试正考官，乙酉科顺天乡试副考官[3]。

承福，庶吉士。

**校注：**

[1]《论语·里仁》："君子之于天下也，无适也，无莫也，义之与比。"

[2] 宗室奎润，馆选翰林院庶吉士，散馆授编修。历任日讲起居注官、侍读学士、大理寺卿、内阁学士、兵部侍郎、吏部侍郎、刑部侍郎、左都御史、镶黄旗汉军都统、礼部尚书等职。光绪九年（1883），曾稽察东四旗觉罗学。光绪十四年（1888），光绪帝大婚任纳彩礼正使。详见中国第一历史档案馆藏《礼部恭办大婚礼仪处为行纳采礼派正使宗室奎润并副使宗室福锟抄录原奏事致内务府等》，光绪十四年十月二十四日，05-13-002-000288-0141。其大理寺卿升任档案详见台北史语所藏《内阁大库档案》，《片行内阁查本寺汉卿潘祖荫现在续假不克开送相应将满卿堂衔开送计开满卿宗室奎润》，光绪元年六月初八日，登录号：179262。在礼部尚书任内，奎润还领衔编纂了清代最后一部《钦定科场条例》（六十卷，光绪十三年）。根据研究认为，"光绪十三年修纂本不但在体列方面较为完善，能较好地表现内容，而且内容也记载至光绪十三年，它是反映清代科举制度的最为权威、最为全面的法规汇编"（《奎润等纂修，李兵、袁建辉点校：《钦定科场条例·前言》，岳麓书社，2020年，第4页）。

台北故宫博物院藏《宗室奎润列传》（档案号：701005131），兹录如下："宗室奎润，正蓝旗人，和硕豫通亲王裔孙。同治二年进士，改翰林院庶吉士。四年散馆授编修。五年二月升詹事府左春坊左中允。五月大考三等，降编修。九月仍补詹事府左春坊左中允。六年九月迁翰林院侍讲。十一月充日讲起居注官。九年三月转侍读。闰十月升侍讲学士。十二年转侍读学士。十三年擢詹事府詹事。光绪元年二月迁大理寺卿。六月充浙江乡试正考官。十二月授都察院左副都御史。四年五月擢礼部左侍郎。十一月授镶白旗蒙古副都统。

十二月充经筵讲官。五年五月调兵部左侍郎。八月兼署吏部右侍郎。十一月兼署户部左侍郎兼管三库事务。六年正月充会试知贡举。十月调吏部右侍郎。十一月调正白旗满洲副都统。七年二月兼署正红旗护军统领。十月转左侍郎。八年兼署镶黄旗胡军统领。九年三月兼署户部右侍郎兼管钱法堂事务。四月充左翼监督。六月以户部司员书吏收受云南报销津贴银两事觉坐失察降二级调用。十月补内阁学士兼礼部侍郎衔。十一月授吏部右侍郎。十年三月转左侍郎。时法兰西构衅越南，奎润密疏以敌人窥伺藩封，宜伸挞伐，并请整顿天津防务。八月擢都察院左都御史。十一年八月充顺天乡试副考官。十二年正月授镶黄旗汉军都统……十三年二月授礼部尚书。三月充会典馆副总裁。四月兼署正白旗满洲都统。旋补进领侍卫内大臣班。十四年二月兼署镶黄旗蒙古都统。九月礼部于皇上大婚告祭典礼日期缮写错误，懿旨切责。下部议堂司各官处分，奎润左降四级留任。寻充大婚纳采礼正使，奉迎皇后副使。时北洋通商大臣直隶总督李鸿章议于天津开办铁路以达通州。奎润与九卿讲官等二十三人奏言津通将办铁路，蹰定地段民间庐墓迁徙，生业渐失，人情惶懼。窃闻津通百姓赴诉于直隶总督者不下二三百起。该督以奏定之事不肯据情入告。上年大沽等处开办铁路，民间纷纷迁墓，其无主之坟，不辨族姓，不分男女，合为丛冢，且多暴露行路，靡不酸心。然此犹海滨寥阔之区，非若津通一带居民辐辏也……中国自强之道与外洋异。外洋异商务为国本，中国以民生为国本。外洋之自强在经商，中国之自强在爱民。外洋民数少，故用机器而犹招募华工以补人力之不足。中国民数繁，故不用机器，穷民犹以谋生无路而多出洋之人。中外情形不同，灼然可见。伏愿皇太后、皇上祗承上天好生之大德，仰体列圣经邦之本计，俯念下民生计之艰难，远鉴前代废兴之往事，将津通铁路停止，以顺民心……十五年正月皇上大婚礼成，诏开复处分。八月兼署理藩院尚书。会祈年殿灾，奎润兼管太常寺事，坐疏于防护，下部察议，以降二级，准抵销例，请得旨改降一级留任。旋署镶白旗满洲都统。十月赐紫禁城骑马。奎润自光绪二年以来，贡士殿试，进士朝考，拔贡、优贡朝考，庶吉士散馆，举人、贡士覆试及考试试差，汉御史、荫生、孝廉方正，先后充读卷官、开卷大臣凡十有八次。十六年，卒，遗疏入。谕曰：'礼部尚书奎润练达勤慎，学问优长。由翰林渐陟卿贰，叠掌文衡，旋经补授尚书。宣力有年，克称厥职。前因患病，赏假调理。兹闻溘逝，轸惜殊深，加恩赏给陀罗经被，派贝勒载澍带领侍卫十员即日前往奠醊。照尚书例赐恤并著赏银五百两，由广储司给发，经理丧事。任内一切处分悉予开复，应得恤典，该衙门察例具奏。伊子笔帖式宝铭著俟服开后，以员外郎补用。用示笃念尽臣至意'。寻赐祭葬，子宝铭进士，理藩院员外郎。"

　　［3］《清秘述闻续》卷8《乡会考官类八》光绪元年乙亥恩科乡试载，"浙江考官：大理寺卿宗室奎润，字星斋，正蓝旗人，癸亥进士"；光绪十一年乙酉科乡试载，"顺天考官：左都御史宗室奎润，字星斋，正蓝旗人，癸亥进士"。

# 同治三年甲子科乡试

"由也果，于从政乎何有？" [1] "清露被兰皋" 得 "兰" 字

英亲王后裔良贵，秀平子，号子脩，镶红旗第六族，载字辈，甲戌进士 [2]。

庄亲王后裔崇宽，号厚菴，镶蓝旗第四族，溥字辈，光绪庚辰进士 [3]。

庄亲王后裔宝廷，常禄子，号竹坡，镶蓝旗第五族，载字辈，戊辰进士 [4]。

理密亲王后裔载存，奕蕗子，号义门，镶蓝旗第二族，现官御史 [5]。

庄亲王后裔谨善，号心畬，镶蓝旗第五族，载字辈，现官宗人府笔帖式 [6]。

## 校注：

[1]《论语·雍也》："季康子问：'仲由可使从政也与？'子曰：'由也果，于从政乎何有？'曰："赐也可使从政也与？"曰：'赐也达，于从政乎何有？'曰：'求也可使从政也与？'曰：'求也艺，于从政乎何有？'"

[2]良贵中式同治十三年（1874）甲戌科二甲第八十名进士。《同治三年甲子科顺天乡试齿录》载，"良贵，年二十岁，镶红旗宝廉佐领下四品宗室"。

[3]崇宽中式光绪六年（1880）庚辰科二甲第二十五名进士。《同治三年甲子科顺天乡试齿录》载，"崇宽，年二十三岁，镶蓝旗扬桑阿佐领下四品宗室"。

[4]宝廷中式同治七年（1868）戊辰科二甲第六名进士，即全国第9名，入荐卷，钦定名次，覆试第一名，朝考二等六十名。《同治三年甲子科顺天乡试齿录》载，"宝廷，年二十五岁，镶蓝旗新瑞佐领下四品宗室"。

[5]载存，镶蓝旗近支头族佐领，历任宗人府七品笔帖式，右翼宗学总管，宗人府副理事官、理事官、御史、给事中等职，曾以御史身份稽察宗人府事务、内务府事务，稽察光绪十七年四、五、六月甲米入城事务，赴朝阳门稽查光绪十八年春季份俸米入城事务。详见中国第一历史档案馆藏《宗人府带领引见宗室载存等员奉旨著拟正之载存补授理事官单》，光绪十三年六月十四日，档案号：06-02-005-000057-0052；《督察院为拣派御史宗室载存署理抽查宗人府事务事致宗人府》，光绪十九年二月二十日，06-01-001-000377-0017；《稽察内务府事务监察御史衙门为移会署理稽查内务府事务御史宗室载存到署任事日期事致内务府》，光绪二十年十二月二十七日，档案号：05-13-002-000931-0089。《同治三年甲子科顺天乡试齿录》载，"载存，年三十二岁，镶蓝旗奕贵佐领下四品宗室"。《国朝满洲蒙

古御史题名》光绪十三年载，"宗室载存，号义门，镶蓝旗满洲人，甲子科文举人，由宗人府理事官补授湖广道御史"。

[6]谨善，历任委署主事、宗人府主事、户部三库档房主事，光绪二十七年殉节，以四品衔赐恤，难荫以族孙宗室桂林承荫。《同治三年甲子科顺天乡试齿录》载，"宗室谨善，字醅修，号性畲，一号如，又号季菴，行四。道光乙未年十月二十三日吉时生。镶蓝旗满洲第五族新满佐领下。曾祖和硕郑亲王。曾祖妣嫡福晋伊尔根觉罗氏、侧福晋正佳氏。祖和硕郑慎亲王。祖妣嫡福晋富察氏、庶福晋刚佳氏。父恩华。母萨克达氏"。详见中国第一历史档案馆藏《吏部奏为此次殉难宗室谨善请准照四品衔赐恤并相同人员应即一律比照办理》，光绪二十七年五月二十七日，档案号：03-5407-082；《宗人府为镶蓝旗三库档房主事宗室谨善殉难照例先行荫一子选用笔帖式毋庸入监读书事》，光绪二十七年五月三十日，档案号：06-01-001-000517-0004。

## 同治四年乙丑科会试
"君子深造之以道"[1]　"秀语夺山绿"　得"诗"字

松森，庶吉士，授编修，现官都察院左都御史[2]。
岳琪[3]，主事，现官翰林院侍讲学士[4]。

**校注：**

[1]《孟子·离娄下》"君子深造之以道，欲其自得之也。自得之，则居之安；居之安，则资之深；资之深，则取之左右逢其原，故君子欲其自得之也。"

[2]松森，馆选翰林院庶吉士，散馆授编修，曾任日讲起居注官、司经局洗马、侍讲学士。光绪元年朝廷大考詹翰，考列三等的侍讲学士宗室松森以庶子降补仍罚俸半年。李慈铭《桃花圣解盦日记·丙集第二集》光绪元年十一月二十九日邸抄载，"右庶子宗室松森为国子监祭酒"。其后累迁盛京刑部侍郎、礼部侍郎，升任左都御史、理藩院尚书。参见中国第一历史档案馆藏《正蓝旗第六族族长宗室桂桢为宗室松森调任盛京礼部侍郎伊子宗人府笔帖式宗室寿耆随任请假将呈辞并原呈奏底出具图片呈报宗人府核夺事》，光绪六年九月，档案号：06-02-007-001115-0055。台北故宫博物院藏《宗室松森为恭谢天恩调补盛京礼部侍郎并奏闻接任日期事》，光绪六年十一月十三日，档案号：603000945-008。李慈铭《郇学斋日记·辛集下》光绪十三年二月三十日邸抄载，"据刑部侍郎宗室松森为左都御史"。奉敕纂修《钦定

理藩部则例》（六十四卷，通例二卷，光绪三十四年铅字排印本）。光绪十九年（1893）九月，理藩院曾呈送尚书松森衔名以充任顺天乡试阅卷大臣。台北故宫博物院藏《军机处档折件》，《理藩院咨呈汉军机处开送尚书宗室松森衔名》，光绪十九年九月十四日，档案号：172325。松森理藩院尚书任内奏折现存《奏闻喀喇沁本旗游牧地方及敖漠王旗各属下被贼焚烧残害等情形恭请拨援兵前往剿办事》和《奏为请旨饬下热河都统查明该盟长敖罕具子达克沁并盟长印信究系如何情形恭折密陈》等。松森在左都御史任内，曾参奏京师西城正指挥张吉贞匿报命案。详见中国第一历史档案馆藏《都察院左都御史宗室松森奏为西城正指挥张吉贞匿报命案请交部议处事》，光绪十三年四月十九日，档案号：03-5848-104。

［3］岳琪中式进士后，分部学习。历任工部屯田司主事、郎中、右庶子。李慈铭《郇学斋日记·己集下》光绪二年九月初九日邸抄载，"工部屯田司郎中宗室岳琪，升右庶子"。其后任侍讲学士、张家口监督、詹事府詹事、通政司通政使等职，曾稽查右翼觉罗学事务。详见中国第一历史档案馆藏《吏部为奉旨简派詹事府詹事宗室岳琪任稽查西四旗觉罗学事致宗人府》，光绪十五年二月二十三日，档案号：06-01-001-000374-0017。官至通政使司通政使，光绪十八年病故。

［4］侍讲学士为清代内阁官员，品秩从四品，主要参与经筵日讲，还有纂修实录、玉牒、史志等工作。

## 同治六年丁卯科乡试
"春省耕"[1]二句　"乔木自成林"　得"林"字

豫通亲王后裔崇溥，保清子，号花严，正蓝旗第四族，载字辈，由宗人府笔帖式[2]现官户部缎疋库员外郎。

恭亲王后裔桂桢，更名贵荣[3]，号午桥，正蓝旗第六族，载字辈。

循郡王后裔溥颐，号仲路，镶红旗头族，现官户部员外郎[4]。

豫通亲王后裔奎郁，号文轩，正蓝旗第四族，载字辈，甲戌进士[5]。

**校注：**

［1］《孟子·梁惠王下》："春省耕而补不足，秋省敛而助不给。"

［2］《同治丁卯科同年齿录》载，"崇溥，年二十四岁，正蓝旗奎晃佐领下四品宗室"。详见中国第一历史档案馆藏《宗人府为新补效力笔帖式宗室崇溥著在右司行走右司效力笔

帖式宗室常璘著调经历司行走事》，同治八年五月二十九日，档案号：06-02-004-000254-0008;《宗人府经历司为应行补放宗人府兼银库行走七品笔帖式一缺拟正之宗室崇溥堪以补授等缮具各该员职名清单呈览请旨事》，光绪四年十二月初五日，档案号：06-01-006-000073-0026。

[3]桂桢更名为桂荣，非"贵"字，《宗室贡举备考》记载有误。详见中国第一历史档案馆藏《宗人府左司为正蓝旗族长文举人宗室桂桢更名桂荣行各该处事》，光绪七年二月初七日，档案号：06-01-002-000492-0009。《同治丁卯科同年齿录》载，"桂桢，年二十八岁，正蓝旗奕斌佐领下四品宗室"。

[4]《同治丁卯科同年齿录》载，"溥颐，年十九岁，镶红旗纯惠佐领下四品宗室"。溥颐，以文举人身份候选笔帖式入仕，升任户部宗室员外郎。李慈铭《郇学斋日记·乙集之下》光绪十七年二月十六日邸抄载，"宗室溥颐，户部员外郎。宗室载皆，户部颜料库员外郎。俱以五品京堂补用"。光绪二十年二月，溥颐再次京察一等，仍以五品京堂补用。其后溥颐历任礼部侍郎、户部侍郎、兵部侍郎、刑部侍郎、盛京户部侍郎、左都御史、度支部尚书、农工商部尚书等职。宣统元年二月初八日，公元1909年2月27日，溥颐上折《奏为和兰将订新律拟收华侨入籍请饬速定国籍法以资抵制》，在一定程度上推动了中国近代第一部国籍法的诞生。由于当时荷兰国会议准华侨入籍办法，同意在东南亚荷属殖民地久居者"皆准收入殖地籍"。有鉴于此，作为对策，溥颐作为农工商部尚书呈请朝廷"速定国籍法以资抵制"，并请"修订法律大臣将国籍法一门迅速提前拟定，克期奏请钦定颁行，以利外交而维国势"。详见台北故宫博物院藏《军机处档折件》，《农工商部尚书溥颐奏为和兰将订新律拟收华侨入籍请饬速定国籍法以资抵制》，宣统元年二月初八日，档案号：175513。

[5]奎郁中式同治十三年（1874）甲戌科三甲第十六名进士。据《同治丁卯科同年齿录》载"奎郁，年三十六岁，正蓝旗奎晃佐领下四品宗室"。

# 同治七年戊辰科会试

"夫人幼儿学之，壮而欲行之"[1]　"半溪山水碧罗新"　得"罗"字

宝廷，庶吉士，授编修，官礼部右侍郎[2]。同治癸酉科浙江乡试副考官，光绪壬午科福建乡试正考官[3]。

恩景，主事，现官宗人府副理事官[4]。

**校注：**

［1］《孟子·梁惠王下》："夫人幼而学之，壮而欲行之，王曰：'姑舍女所学而从我'，则何如？今有璞玉于此，虽万镒，必使玉人雕琢之。"

［2］宝廷，翰林院庶吉士，散馆授编修。历任翰林院侍讲、侍读、国子监司业、内阁学士、礼部右侍郎等职。光绪元年（1875）五月，詹翰考列三等的侍读宗室宝廷曾以中允降补。宝廷与潘祖荫、张之洞、张佩纶、黄体芳、陈宝琛、刘恩溥、邓承修等号曰"清流"，喜激昂言事，弹击不避权贵。《张文襄公事略》第十五节《张文襄之敢言极谏》载，"京师均目为清流。同时并称者，有黄体芳、张佩纶、刘恩傅、陈宝箴、宗室宝廷、邓承修诸公，而张相实为之领袖"。宝廷著有《竹坡侍郎奏议二卷》（光绪二十七年刻本）、《偶斋诗草》等。《晚晴簃诗汇》卷164载，"宗室宝廷，字竹坡。郑献亲王济尔哈朗八世孙。同治戊辰进士，官至礼部侍郎，有《偶斋诗草》。诗话：竹坡为司业及讲官时，屡以言事负直声，性好吟咏，多豪宕语。其题焦山文文山墨迹云，文山歌正气千秋，仰忠烈闻其未相时，颇不拘小节，始知多情人乃能有热血，遗迹留名山墨渖永不灭，是诗不啻自为写照，其后卒。以典试福建差竣，过浙买船妓为妾，上疏自劾，吏议罢职，数经论荐，终未开复。竹坡本跅弛不羁，至是益颓然自放，论者惜之"。宝廷有二子，一名寿福，一名富寿。《清稗类钞·姓名类·兄弟之名字号如一》载，"宗室宝廷，字竹坡，光绪中官礼部侍郎。尝典试福建，以道经浙江，纳九姓渔船女为妾，罢吏议褫职。有二子，一名寿富，号伯福，别号一二；一名富寿，号仲福，别号二一"。

《晚晴簃诗汇》收录了宝廷8首诗文，包括《杂诗》《六月二日作》《九日偕镜寰公玉少甫稚甫大儿二儿饮八里庄酒家醉后登摩诃菴东南石楼题壁》《偶成》《岱顶题壁》《金沙道中》《瓜州夜泊》《石门舟中即景》，展现了宝廷洒脱、豪放，不拘小节的性格。兹录两首以观：（1）《杂诗》："无名何必求，有名何必避。有名与无名，皆我身外事。天地生我身，与众原无二。悠悠流俗中，何劳自矜异。今朝有酒钱，正可谋一醉。醉后欲题诗，迷离不成字。"（2）《九日偕镜寰公玉少甫稚甫大儿二儿饮八里庄酒家醉后登摩诃菴东南石楼题壁》："大海西风烽火收，佳辰与客上僧楼。残年屈指犹余几，行乐无时况觅愁。"

《清史稿》卷444有《宗室宝廷列传》，兹录如下："宗室宝廷，字竹坡，隶满洲镶蓝旗，郑献亲王济尔哈朗八世孙。同治七年进士，选庶吉士，授编修，累迁侍读。光绪改元，疏请选师保以崇圣德，严宦寺以杜干预，核实内务府以节糜费，训练神机营以备缓急，懿旨嘉纳。大考三等，降中允，寻授司业。是时朝廷方锐意求治，诏询吏治民生用人行政，宝廷力抉其弊，谔谔数百言，至切直。晋、豫饥，应诏陈言，请罪己，并责臣工。条上救荒四事，曰：察盐税，开粮捐，购洋米，增粜局。复以灾广赈剧，请行分贷法。畿辅旱，日色赤，市言讹骇，建议内严防范，外示镇定，以安人心。历迁侍讲学士，以六事进，曰：

明黜陟，专责任，详考询，严程限，去欺蒙，慎赦宥，称旨。五年，转侍读学士。初，德宗继统嗣文宗，懿旨谓将来生有皇子，即继穆宗为嗣。内阁侍读学士广安请颁铁券，被诃责。至是，穆宗奉安惠陵，主事吴可读坚请为其立后，以尸谏，下廷臣议。宝廷谓："恭绎懿旨之意，盖言穆宗未有储贰，即以皇上所生之子为嗣，非言生皇子即时承继也，言嗣而统赅焉矣。引伸之，盖言将来即以皇上传统之皇子继穆宗为嗣也。因皇上甫承大统，故浑涵其词，留待亲政日自下明诏，此皇太后不忍歧视之慈心，欲以孝弟仁让之休归之皇上也。广安不能喻，故生争于前；吴可读不能喻，故死争於后。窃痛可读殉死之忠，而又惜其遗折之言不尽意也。可读未喻懿旨言外之意，而其遗折未达之意，皇太后早鉴及之，故曰'前降旨时即是此意'也。而可读犹以忠佞不齐为虑，诚过虑也。宋太宗背杜太后，明景帝废太子见深，虽因佞臣妄进邪说，究由二君有自私之心。乃者两宫懿旨悬于上，孤臣遗疏存于下，传之九州，载之国史，皇上天生圣人，必能以皇太后之心为心。请将前后懿旨恭呈御览，明降谕旨，宣示中外，俾天下后世咸知我皇太后至慈，皇上至孝至弟至仁至让，且以见穆宗至圣至明，付托得人也。如是，则纲纪正，名分定，天理顺，人情安矣。因赴内阁集议，意微不合，谨以上闻。"又奏："廷臣谓穆宗继统之议，已赅於皇太后前降懿旨之中，将来神器所归，皇上自能斟酌尽善，固也。然懿旨意深词简，不及此引伸明晰，异日皇上生有皇子，将继穆宗为嗣乎，抑不即继乎？不即继似违懿旨，即继又嫌迹近建储。就令仅言继嗣，不标继统之名，而臣民亦隐以储贰视之，是不建之建也。而此皇子贤也，固宗社福；如其不贤，将来仍传继统乎，抑舍而别传乎？别传之皇子，仍继穆宗为嗣乎，抑不继乎？即使仍继穆宗，是亦不废立之废立也，岂太平盛事乎？至此时即欲皇上斟酌尽善，不亦难乎？廷议之意，或以皇上亲政，皇子应尚未生，不难豫酌一尽善之规。然国君十五而生子，皇子诞育如在彻帘之前，又何以处之乎？与其留此两难之局以待皇上，何如及今斟酌尽善乎？且懿旨非皇上可改，此时不引伸明晰，将来皇上虽斟酌尽善，何敢自为变通乎？此未妥者一也。廷议又谓继统与建储，文义似殊，而事体则一，似也。然列圣垂训，原言嗣统之常，今则事属创局，可读意在存穆宗之统，与无故擅请建储者有间，文义之殊，不待言矣。今廷议不分别词意，漫谓我朝家法未能深知，则日前懿旨'即是此意'之谓何，臣民不更滋疑乎？此未妥者又一也。"疏入，诏藏毓庆宫。其他，俄使来议约，朝鲜请通商，均有所献纳。七年，授内阁学士，出典福建乡试。既蒇事，还朝，以在途纳妾自劾罢，筑室西山，往居之。是冬，皇太后万寿祝嘏，赏三品秩。十六年，卒。子寿富，庶吉士。庚子，拳匪乱，殉难，自有传。"

[3]《清秘述闻续》卷7《乡会考官类七》同治十二年癸酉科乡试载，"浙江考官：侍讲宗室宝廷，字竹坡，镶蓝旗人，戊辰进士。"《清秘述闻续》卷8《乡会考官类八》光绪八年壬午科乡试载，"福建考官：礼部侍郎宗室宝廷字竹坡，镶蓝旗人，戊辰进士"。

[4]恩景中式进士后,分部学习,任宗人府银库额外主事。历任宗人府副理事官、理事官。同治七年(1868)京察二等,保送户部左粮厅满监。详见中国第一历史档案馆藏《宗人府经历司例应保送户部坐粮厅满监督之京察二等副理事官宗室恩景考语单》,光绪七年,档案号:06-01-002-000846-0106。曾任光绪二年(1876)丙子科顺天乡试外帘官,光绪三年(1877)丁丑科会试任誊录官,因誊写草率被罚俸。详见中国第一历史档案馆藏《宗人府左司为礼部奏准誊录官正白旗宗室恩景失察光绪三年丁丑科会试试卷誊录草率照例罚俸行户部该旗事》,光绪三年四月二十七日,档案号:06-01-002-000477-0102。官至翰林院侍读学士。

# 同治九年庚午科乡试

"曾子曰:'君子思不出其位。'"[1] "新秋雁带来" 得"秋"字

肃武亲王后裔盛昱,恒恩子,号伯希,镶白旗第三族,载字辈,光绪丁丑进士[2]。

湻度亲王后裔溥春[3],号泽如,镶白旗第二族。

广略贝勒后裔缉昌[4],舒璐子,号赞卿,镶红旗第四族,溥字辈。

礼烈亲王后裔阿查本,号仲泉,正红旗第二族,溥字辈,现官宗人府笔帖式[5]。

礼烈亲王后裔庆绅,更名庆镛[6],号书舫,镶红旗第五族,毓字辈。

## 校注:

[1]《论语·宪问》:"子曰:'不在其位,不谋其政。'曾子曰:'君子思不出其位。'"

[2]盛昱中式光绪三年(1877)丁丑科二甲第十名进士。《同治庚午科十八省乡试同年录》载,"盛昱,年二十一岁,镶白旗志元佐领下四品宗室"。

[3]溥春,曾任候补笔帖式、东陵承办事务衙门七品笔帖式,光绪二十八年(1902)选任刑部云南司员外郎,改宗室缺员外郎。晚清官制改革后,任法部员外郎,保送浙江道御史。《大清新法令》第二类《官制一·京官制》载,"云南司员外郎宗室溥春,改补宗室专缺员外郎"。详见中国第一历史档案馆藏《宗人府经历司为镶白旗候补笔帖式宗室溥春坐补东陵承办事务衙门七品笔帖式事》,光绪十二年九月,档案号:06-01-001-000372-0196;《刑部为知照新选本部云南司员外郎宗室溥春到任日期事致宗人府》,光绪二十八年九月初六日,档案号:06-01-001-000386-0102;《法部为本部编置司员外郎宗室溥春保送掌浙江道御史事致宗人府等》,宣统元年三月十六日,档案号:06-01-001-000394-0082。《同治

庚午科十八省乡试同年录》载，"溥春，年二十二岁，镶黄旗恒忠佐领下四品宗室"。

[4]缉昌，光绪八年（1882）补镶红旗学长，光绪二十一年（1895）年底任西陵承办事务衙门笔帖式，光绪二十九年（1903）闰五月选任兵部七品笔帖式。详见中国第一历史档案馆藏《兵部为知照新选兵部宗室笔帖式宗室缉昌到部日期事致宗人府》，光绪二十九年六月初七日，档案号：06-01-001-000387-0142;《宗人府经历司为西陵承办事务衙门笔帖式镶红旗宗室缉昌已经引见奉旨调补兵部笔帖式行各该处事》，光绪二十九年闰五月初八日，档案号：06-01-002-000855-0037。《同治庚午科十八省乡试同年录》载，"缉昌，年二十四岁，镶红旗近光佐领下四品宗室"。

[5]阿查本，历任宗人府七品笔帖式、经历、库行走章京、副理事官、理事官（杀虎口监督）、户部三库缎匹库郎中、都察院山东道监察御史，后缘事革职。详见中国第一历史档案馆藏《灵桂为奏请宗室嵩培补授宗人府理事官并宗室阿查本坐补七品笔帖式事》，光绪元年十二月初六日，档案号：06-02-005-000039-0008;《吏部为知照宗人府理事官宗室阿查本调补户部三库缎匹库郎中事致宗人府》，光绪二十四年十二月初五日，档案号：06-01-001-000382-0202;《吏部为查核裁缺户部缎匹库郎中宗室阿查本拟补户部郎中事致宗人府》，光绪二十八年六月十七日，档案号：06-01-001-000385-0085;《宗人府经历司为副理事官宗室常瑞奉旨补授江南道宗室御史并户部郎中宗室阿查本奉旨补授山东道宗室御史行各该处事》，光绪二十九年三月初五日，档案号：06-01-002-000855-0001。光绪三十年四月"宗室阿查本稽察镶黄旗汉军旗务"。《同治庚午科十八省乡试同年录》载，"阿查本，年二十一岁，正红旗阿昌佐领下四品宗室"。

[6]庆铺，光绪十五年（1889）授镶红旗第五族族长，光绪十七年（1891）补西陵承办事务衙门笔帖式。《同治庚午科十八省乡试同年录》载，"庆绅，年二十二岁，镶红旗景恩佐领下四品宗室"。

# 同治十年辛未科会试

"古之人修其天爵而人爵从之"[1]　"鸭绿平隄湖水明"　得"隄"字

多泰，主事，现官礼部员外郎[2]。

硕济，主事，官宗人府主事[3]。

**校注：**

［1］《孟子·告子》："有天爵者，有人爵者。仁义忠信，乐善不倦，此天爵也；公卿大夫，此人爵也。古之人修其天爵，而人爵从之。今之人修其天爵，以要人爵；既得人爵，而弃其天爵，则惑之甚者也，终亦必亡而已矣。"

［2］多泰，中式进士后，分部学习，任礼部额外主事、员外郎等职。详见中国第一历史档案馆藏《礼部为即补员外郎宗室多泰奉旨补授礼部宗室员外郎事致宗人府等》，光绪六年七月二十四日，档案号：06-01-001-000370-0033；《礼部为一等员外郎宗室多泰借题满洲郎中折奉旨事致宗人府等》，光绪十五年四月二十日，档案号：06-01-001-000374-0072。多泰于光绪十六年十二月初三日寅时病故。据《同治十年辛未科会试同年齿录》载"宗室多泰，字瀛洲，号镇东，行二。道光庚寅年九月初九日吉时生，镶白旗志元佐领下四品宗室。曾祖达呼布，原任护军参领。曾祖母戴绰尔氏。祖修林，原任宗人府主事。祖母佟佳氏。父恒副，四品宗室、母那拉氏。胞伯霖济，现任宗人府主事，军功赏戴花翎。嫡堂弟霖浚，候补宗人府笔帖式。嫡堂弟霖润，现任宗人府笔帖式。妻胡佳氏。子世璋、世瑸"。

［3］硕济，中式进士后分部学习，任宗人府银库候补主事，缘事革职，移居盛京居住。《同治十年辛未科会试同年齿录》载，"宗室硕济，字子施，号泽浦，行三。道光乙未年十一月十三日吉时生。正蓝旗奎晃佐领下四品宗室。始祖和硕豫通亲王。曾祖和硕豫良亲王。祖裕瑞，原封不入八分辅国公、散秩大臣。祖妣博尔济吉特氏。生祖妣章佳氏。父增祉，四品宗室。母赵佳氏。从堂兄麟书，现任盛京礼部侍郎。从堂弟麟肃，候补主事。式縠、本格，和硕豫亲王。胞弟绍縠。胞妹四。娶佟佳氏"。

# 同治十二年癸酉科乡试
### "性犹杞柳也"[1]二句　"烟开叠嶂明"　得"开"字

裕宪亲王后裔继仁，号克菴，镶白旗第二族，溥字辈，现官宗人府笔帖式[2]。

恭亲王后裔会章，延煦子，号东乔，正蓝旗第六族，溥字辈，光绪丙子进士[3]。

辅国悫厚公后裔恩桂，更名恩贵，号秀亭，正白旗第三族，奕字辈，光绪丙子进士[4]。

庄亲王后裔志龄，号子九，镶蓝旗第三族，溥字辈，官宗人府笔帖式。

肃武亲王后裔霖澍，号筱山，镶白旗头族，溥字辈。

循郡王后裔溥喆，载铿子，更名峣，号牧山，镶红旗头族，光绪丁丑进士[5]。

广略贝勒后裔续惠，号竹泉，镶红旗头族，溥字辈。

**校注：**

[1]《孟子·告子上》："告子曰：'性，犹杞柳也；义，犹桮棬也。以人性为仁义，犹以杞柳为桮棬。'"

[2]继仁，以捐输任宗人府笔帖式、宗人府委署主事，光绪二十三年（1897）二月初五日以京察一等引见。

[3]会章中式光绪二年（1876）丙子科二甲第九十九名进士。

[4]恩桂中式光绪三年（1877）丁丑科二甲第七十五名进士。

[5]溥喆中式光绪六年（1880）庚辰科二甲第七十九名进士。

# 同治十三年甲戌科会试

"故治国在齐其家"[1]　"雨中春树万人家"　得"春"字

良贵，庶吉士，授编修，官翰林院侍读学士[2]。

奎郁，主事，现官宗人府理事官[3]。

**校注：**

[1]《大学》："尧舜率天下以仁，而民从之；桀纣率天下以暴，而民从之。其所令反其所好，而民不从。是故君子有诸己而后求诸人，无诸己而后非诸人。所藏乎身不恕，而能喻诸人者，未之有也。故治国在齐其家。"

[2]良贵，翰林院庶吉士，散馆授编修。历任右赞善、日讲起居注官、右春坊右庶子、翰林院侍读学士等职。李慈铭《桃花圣解盦日记·壬集弟二集》光绪四年五月二十九日邸抄载，"编修宗室良贵升补右赞善"。

[3]奎郁，历任宗人府额外主事，宗人府副理事官、理事官（张家口监督），官至内阁侍读学士。李慈铭《郇学斋日记·癸集上》光绪十四年七月二十日补十五日邸抄载，"宗人府理事官宗室奎郁升内阁侍读学士"。详见中国第一历史档案馆藏《乌拉喜崇阿为奏请以宗室奎郁补授宗人府副理事官事》，光绪十一年十一月初六日，档案号：06-02-005-000053-0040；《管理户部三库事务衙门为保送官理事官宗室奎郁带领引见事致宗人府》，光绪十四年七月十一日，档案号：06-01-001-000373-0146。

# 光绪元年乙亥恩科乡试

"智者动仁者静"[1] "湖光摇碧山" 得"摇"字

饶余敏亲王后裔魁瀛，号梅樵，正蓝旗第八族，载字辈，官工部员外郎[2]。

饶余敏亲王后裔宝丰，号稣年，正蓝旗第八族，载字辈[3]。

礼烈亲王后裔赛堪，号六谦，正红旗第三族，毓字辈[4]。

和恭亲王后裔溥良，号玉岑，正蓝旗第二族，庚辰进士[5]。

诚贝勒后裔绵文，号达斋，镶白旗头族，癸未进士[6]。

肃武亲王后裔恩承，更名恩普，号霈田，镶白旗头族，溥字辈[7]。

恂勤郡王后裔溥雍，号绪堂，镶蓝旗第四族[8]。

## 校注：

[1]《论语》："子曰：'知者乐水，仁者乐山。知者动，仁者静；知者乐，仁者寿。'"

[2]《光绪乙亥恩科顺天乡试同年齿录》载，"魁瀛，年二十七岁，正蓝旗奕斌佐领下四品宗室"。

[3] 宝丰，光绪十五年（1889）己丑科三甲第六十七名进士。《光绪乙亥恩科顺天乡试同年齿录》载，"宝丰，年二十六岁，正蓝旗奕斌佐领下四品宗室"。翰林院庶吉士，散馆授编修，官至侍讲，光绪二十六年（1900）殉难，赏增太常寺卿衔，赐谥"文洁"。《清德宗实录》卷473光绪二十六年九月壬辰载，"又谕昆冈等奏词臣殉节恳恩赐恤一折。翰林院侍读宗室宝丰，品端学粹，清简持躬，特命在弘德殿行走，克勤厥职。兹于七月间，临难捐躯，从容赴义，洵属大节凛然，著加恩予谥，追赠太常寺卿衔，照三品卿例赐恤，伊子承良著赏给主事，俟及岁时分部行走，以彰忠尽，寻予谥'文洁'"。详见中国第一历史档案馆藏《大学士李鸿章奏为翰林院侍读宗室宝丰临难捐躯请旨予谥号事》，光绪二十六年十一月十二日，档案号：03-5566-063。宝丰身后难荫，由于其子承良早逝，以承继子厚良承荫。

《清史稿》卷468有《宝丰列传》，兹录如下："宗室宝丰，字稣年，隶正蓝旗。好读书，有清尚。光绪十五年进士，选庶吉士，授编修，历迁至侍讲。二十五年，立溥俊为'大阿哥'，命直弘德殿，并赏高赓恩四品京堂，同授大阿哥读。明年，两宫西幸，宝丰以随扈不果，愤甚，誓死职。自题绝命词曰：'忠孝节廉，本乎天性。见利思义，见危授命。呜呼宝丰，不失其正。'饮金死。赠太常寺卿。"

[4]《光绪乙亥恩科顺天乡试同年齿录》载，"赛堪，年二十六岁，正红旗阿昌佐领下四品宗室"。

[5]溥良中式光绪六年（1880）庚辰科二甲第三十七名进士。《光绪乙亥恩科顺天乡试同年齿录》载，"溥良，年二十二岁，正蓝旗奕斌佐领下四品宗室"。

[6]绵文中式光绪九年（1883）癸未科二甲第六十名进士。《光绪乙亥恩科顺天乡试同年齿录》载，"绵文，年二十九岁，镶白旗文初佐领下四品宗室"。

[7]恩普，曾任东陵承办事务衙门笔帖式、礼部笔帖式等职。《光绪乙亥恩科顺天乡试同年齿录》载，"恩承，年二十五岁，镶白旗志元佐领下四品宗室"。详见中国第一历史档案馆藏《礼部为知照新补礼部笔帖式宗室恩普到部日期事致宗人府》，光绪二十七年七月二十七日，档案号：06-01-001-000384-0104。

[8]溥雍，曾任笔帖式，早逝无嗣，以镶蓝旗宗室溥岗之子毓鍴过继。《光绪乙亥恩科顺天乡试同年齿录》载，"溥雍，年三十三岁，镶蓝旗奕贵佐领下四品宗室"。

# 光绪二年丙子恩科会试
## "修其孝悌忠信"[1]　"嘉谷垂重颖"　得"嘉"字

会章，庶吉士，授编修，官翰林院侍讲学士[2]。

恩贵，原名恩桂，丁丑科补殿试，主事，官宗人府主事[3]。

## 校注：

[1]《孟子·梁惠王上》："地方百里而可以王。王如施仁政于民，省刑罚，薄税敛，深耕易耨。壮者以暇日修其孝悌忠信，入以事其父兄，出以事其长上，可使制梃以挞秦楚之坚甲利兵矣。"

[2]会章，翰林院庶吉士，散馆授编修。历任翰林院侍讲、侍读，詹事府少詹事、詹事，内阁学士兼礼部侍郎衔，理藩院右侍郎等职，在其遗折中有"由光绪丙子科进士备员翰苑，仰蒙圣恩渐列卿贰"之句。详见中国第一历史档案馆藏《正蓝旗第六族族长宗室麟纹、盛恒为宗室会章于光绪十七年五月初三日补授翰林院侍读事》，光绪十七年，档案号：06-02-004-000053-0119。现存《会章遗折》载，"奴才由光绪丙子科进士备员翰苑，仰蒙圣恩，渐列卿贰"。详见台北故宫博物院藏《军机处档折件》，《宗室会章奏因病危殆遗折

谢恩》，光绪年间，档案号：147916。

　　[3]恩桂，盛京正白旗人，中式进士后以部属用，任宗人府额外主事。详见中国第一论历史档案馆藏《吏部为光绪三年丁丑科进士引见以部属用之宗室恩桂系盛京正白旗人业经签掣请查照事致宗人府》，光绪三年五月二十三日，档案号：06-02-007-000107-0039；《宗人府经历司为文进士宗室恩桂分在宗人府额外主事上学习行走进署日期知照各该处事》，光绪三年六月初七日，档案号：06-02-007-000107-0038。

## 光绪二年丙子科乡试
"期月而已可也，三年有成"[1]　"思贤如渴"　得"如"字

　　礼烈亲王后裔恩元，号一楼，正红旗第三族，溥字辈，现官宗人府笔帖式[2]。
　　庄亲王后裔吉煦，号子辉，镶蓝旗第六族，奕字辈[3]。
　　裕宪亲王后裔常珍，号聘臣，镶白旗第二族，载字辈[4]。
　　礼烈亲王后裔希拉布，号绍甫，正红旗第三族，溥字辈[5]。
　　诚毅勇壮贝勒后裔荣光，号晴川，正蓝旗第九族，载字辈[6]。
　　庄亲王后裔莱山，德诚子，号芝舫，镶蓝旗第五族，奕字辈[7]。

**校注：**

　　[1]《论语》："子曰：'苟有用我者，期月而已可也，三年有成。'"
　　[2]恩元，原名恩文，历任候补笔帖式、宗人府副理事官、宗人府主事、户部银库员外郎、宗人府理事官等职。光绪二十三年（1897）补授正红旗佐领。详见中国第一历史档案馆藏《正红旗三族族长宗室桂翰、正红旗第三族学长宗室瑞泉为查得宗室恩元实系更名恩文呈报宗人府事》，同治五年，档案号：06-02-007-002123-0069；《管理户部三库事务衙门为宗人府副理事官宗室恩元调补银库员外郎等事致宗人府》，光绪二十二年九月二十三日，档案号：06-01-001-000380-0148；《宗人府右司为户部银库员外郎宗室恩元补授正红旗佐领行各该处事》，光绪二十三年六月二十三日，档案号：06-01-002-000772-0085；《宗人府经历司为宗人府副理事官正红旗宗室恩元补放宗人府理事官等已经奉旨行各该处事》，光绪二十七年七月十五日，档案号：06-01-002-000852-0004。《光绪丙子科顺天乡试同年齿录》载，"恩元，年三十七岁，正红旗阿昌阿佐领下四品宗室"。
　　[3]吉煦，曾任右翼宗学副管，缘事革职。《钦定科场条例》载，"光绪三年咨覆准：

宗人府片查，宗学副管丙子科文举人宗室吉煦因案降三级调用，无缺可补，照例革任。今丁丑科会试，应否仍留举人一体会试等因。查《科场条例》内开：乾隆五十二年批准，江苏举人江涟由内阁中书缘事降二级调用，应以从八品国子监簿补用，应照举人在京候补、候选准其一体会试之例办理。又道光十五年覆准：浙江举人王学植由太常寺典簿降补从八品，现在投供候选，应准其会试等因在案。是降调京职人员，原有准其一体会试明文。至降调后因无缺可补革任人员，应否准其会试之处，本部无成案可稽。今宗室吉煦前在宗学副管任内，因案降三级调用，无缺可补，照例革任。应查明该员如果于降三级调用外尚存有品级，与革职人员不同，应准其一体会试"。《光绪丙子科顺天乡试同年齿录》，"吉煦，年三十六岁，镶蓝旗和义佐领下四品宗室"。

[4] 常珍，更名常瑞。详见中国第一历史档案馆藏《宗人府左司为镶白旗效力笔帖式文举人宗室常珍更名常瑞行各该处事》，光绪六年十二月二十四日，档案号：06-01-002-000490-0090。常瑞曾任宗人府笔帖式、委署主事、副理事官、都察院江南道监察御史，光绪二十九年补授镶白旗第二族佐领。详见中国第一历史档案馆藏《宗人府经历司为副理事官宗室常瑞奉旨补授江南道宗室御史并户部郎中宗室阿查本奉旨补授山东道宗室御史行各该处事》，光绪二十九年三月初五日，06-01-002-000855-0001；《宗人府左司为御史宗室常瑞奉旨补放镶白旗宗室佐领行各该处事》，光绪二十九年九月二十三日，档案号：06-01-002-000610-0010。《光绪丙子科顺天乡试同年齿录》载，"常珍，年三十二岁，镶白旗文初佐领下四品宗室"。

[5]《光绪丙子科顺天乡试同年齿录》载，"希拉布，年二十岁，正红旗阿昌阿佐领下四品宗室"。

[6] 荣光中式光绪十六年（1890）庚寅科二甲第一百零六名进士，曾任宗人府候补主事、宗人府经历司经历、副理事官等职。详见中国第一历史档案馆藏《宗人府经历司为奉旨候补主事宗室荣光坐补经历行吏部等处事》，光绪二十九年七月十七日，档案号：06-01-006-000074-0043；《宗人府经历司为正蓝旗经历宗室荣光已经引见奉旨补授宗人府副理事官行各该处事》，宣统元年八月二十二日，档案号：06-01-002-000936-0051。《光绪丙子科顺天乡试同年齿录》载，"荣光，年二十四岁，正蓝旗英海佐领下四品宗室"。

[7] 莱山，曾任候补笔帖式。《光绪丙子科顺天乡试同年齿录》载，"莱山，年二十七岁，镶蓝旗耆征佐领下四品宗室"。

# 光绪三年丁丑科会试
"子曰：'事君尽礼。'"[1] "凤池近日长先暖" 得"亭"字

盛昱，庶吉士，授编修，现官国子监祭酒[2]。

溥岷，庚辰科补殿试，主事，现官宗人府主事[3]。

## 校注：

[1]《论语》："子曰：'事君尽礼，人以为谄也。'"

[2]盛昱，翰林院编修，祖父为协办大学士敬征，父为左副都御史恒恩。历任日讲起居注官、詹事府右春坊右庶子、左春坊左庶子、翰林院侍讲、国子监祭酒等职。盛昱有文名、好经史，交友甚众，著有《意园文略》《阙特勤碑跋题记》《雪屐寻碑录》《郁华阁遗集》《八旗文经》《镇安县志》等。震钧著《天咫偶闻》卷2载，"当是时，宗室盛昱为国子监祭酒，好士。宅百余间，有池树、竹石之胜。凡四方春秋之士与京宦，多借居焉"。王先谦曾有《题易实甫藏张灵画岁寒三友图》，载该图为盛昱所赠。《民国闽侯县志·文苑下》卷72载，侯官士人陈舆同"居京师，与闽县王仁堪、郑孝胥，宗室盛昱、丹徒丁立钧交最密"。《晚晴簃诗汇》收录盛昱6首诗文，包括《题所得黄小松历下日记册子》《题廉孝廉小万柳堂图同凤孙作》《捉御史》《失题》《九日与杏侪登塔冈》《和凤孙韵兼呈云门同年并寄鉴堂督部》。《晚晴簃诗汇》卷172载，"宗室盛昱，字伯羲，肃武亲王豪格六世孙。光绪丁丑进士，改庶吉士，授编修，历官祭酒，有《郁华阁集》"。据笔者考证，盛昱所著《八旗文经》卷57—59《作者考》中存在不少谬误，故对这一部分的作者旗籍给予勘订，详见附录。

鉴于盛昱的文化成就，国子监奏请将其载入国史儒林传。《清德宗实录》卷461光绪二十六年三月乙丑载，"国子监奏：前在国子监南学肄业生翰林院编修魏时钜等呈称，已故祭酒宗室盛昱学为儒宗，教思弗替，请将事迹宣付史馆，列入儒林传，以彰师范。下礼部议"。《王文敏公遗集》卷3载，"窃维前祭酒臣宗室盛昱，品端学邃，识力过人，生平著述撰有《国朝满汉大臣沿革表》，卷帙繁重，尚未脱稿。选有《八旗文钞》，体例谨严，搜罗甚富。其在祭酒任内兴学育才，尤爲肄业者所推仰。伏查《新唐书·儒学传》内之尹知章、施士丐，《元史·儒学传》内之吴师道、周名荣、陈旅，皆以职膺胄教，训迪有方，遂预儒林之选。今盛昱事与前符，既足见国学师道之隆，尤足昭天潢儒修之美，可否将盛昱宣付史馆列入儒林传之处，出自逾格鸿慈？"

《清史稿》卷444有《宗室盛昱列传》兹录如下："宗室盛昱，字伯熙，隶满洲镶白旗，肃武亲王豪格七世孙。祖敬征，协办大学士。父恒恩，左副都御史。盛昱少慧，十岁时作诗用"特勤"字，据唐阙特勤碑证新唐书突厥"纯特勒"为"特勤"之误，繇是显名。光绪二年进士，既授编修，益厉学，讨测经史、舆地及本朝掌故，皆能详其沿革。累迁右庶子，充日讲起居注官。闽浙总督何璟、巡抚刘秉璋收降台匪黄金满，盛昱劾璟等长恶养奸，请下吏严议，发金满黑龙江、新疆安置。尚书彭玉麟数辞官不受职，劾其自便身图，启功臣骄蹇之渐。浙江按察使陈宝箴陛见未行，追论官河南听狱不慎，罢免；张佩纶劾其留京干进，宝箴疏辩，盛昱言其哓哓失大臣体，请再下吏议。朝鲜之乱也，提督吴长庆奉北洋大臣张树声檄，率师入朝，执大院君李罡应以归，时诧为奇勋。盛昱言：'出自诱劫，不足言功，徒令属国寒心，友邦腾笑。宜严予处分，俾中外知非朝廷本意。'为讲官未半载，数言事，士论推为謇谔。十年，迁祭酒。法越构衅，徐延旭、唐炯坐失地逮问，盛昱言：'逮问疆臣而不明降谕旨，二百年来无此政体。'并劾枢臣怠职。太后怒，罢恭亲王奕䜣等，而诏醇亲王奕譞入枢府。盛昱复言：'醇亲王分地綦崇，不宜婴以政务。'其夏，命廷臣会议和战大局，盛昱主速战，力陈七利，谓：'再失事机，噬脐无及。'盛昱为祭酒，与司业治麟究心教士之法，大治学舍，加膏火，定积分日程，惩游惰，奖朴学，士习为之一变。十四年，典试山东。明年，引疾归。盛昱家居有清誉，承学之士以得接言论风采为幸。二十五年，卒。"史评曰："唯盛昱言不妄发，洁身早退，庶超然无负清誉欤。"

叶昌炽《藏书纪事诗》卷7《宗室盛昱伯希》载"宗室伯希祭酒，名盛昱，希字同音或作熙，亦作羲，或署伯兮，别号□盦，国初肃亲王豪格之后。丁丑进士，选庶吉士，授职编修，官至国子监祭酒，直言敢谏，兴学崇贤，长成均时屡上封事，皆关天下安危、宗社大计，刘更生之亚也。邸有意园，池台乔木，蔚然深秀。集南学高材生，弦诵其中。深居简出，到门投谒者，辄见拒，然岁时文酒之会，未尝不至，座中亦非车公不乐也。犹忆甲午之前，同在海王村阅肆，不觉日曛，正阳门已下键。至米市胡同一酒楼索饮，同游者沈子培方伯，子封学使，黄再同、仲弢两前辈。佣保伍伯，袯衣杂坐，酒酣解衣槃礴，腰际围鹅黄带。旁坐者咸指目，既而皆稍稍引去。庚子之难，祭酒已于前一年冬捐馆，外兵至东城邸第，鲜得免者，独式其闾，禁止剽掠，邸中所藏彝鼎图书充牣，至今尚无恙"。

[3] 溥峼，补行覆试、补殿试。《钦定科场条例》卷二载，光绪三年三月二十五日在保和殿覆试，"嗣于覆试点名时，据右翼近支头族学长辅国将军载钊图报，宗室贡士溥峼现因患病不克赴中左门听候点名。当经臣部知照监试王大臣在案。兹于四月初四日，准宗人府文称，新中贡士宗室溥峼现因病痊，应行礼部查照办理等因。查同治元年奉上谕：宗室贡士昆冈，当因撤卷未完，无凭与原中之卷核对。著于满、汉贡士覆试时，随同补行覆试。钦此。钦遵在案。今宗室贡士溥峼前因患病不克覆试，现在病痊，自应补行覆试，以凭核

对中式原卷。所有宗室贡士溥峱可否援照同治元年成案，准其于满、汉贡士覆试时，随同补行覆试。奉旨：依议。钦此"。溥峱中式进士后分部学习，任额外笔帖式、宗人府额外主事、宗人府右司主事等职。详见中国第一历史档案馆藏《宗人府为额外主事宗室溥峱著在右司行走事》，光绪六年六月十六日，档案号：06-02-004-000253-0151。

# 光绪五年己卯科乡试
## "知者不失人亦不失言"[1] "霜高初染一林丹" 得"丹"字

恭亲王后裔寿耆，松森子，号子年，正蓝旗第六族，溥字辈，癸未进士[2]。

庄亲王后裔景厚，号敦甫，镶蓝旗第三族，载字辈，丙戌进士[3]。

庄亲王后裔讷钦，号康甫，镶蓝旗第六族，溥字辈，现官宗人府笔帖式[4]。

诚毅勇壮贝勒后裔宝常，阿里汉子，号仲德，正蓝旗第九族，载字辈[5]。

礼烈亲王后裔台布，号介臣，正红旗第三族，溥字辈，现官宗人府主事[6]。

**校注：**

[1]《论语·卫灵公》："可与言而不与之言，失人；不可与言而与之言，失言。知者不失人，亦不失言。"

[2]寿耆中式光绪九年（1883）癸未科一甲第二名进士及第，即榜眼，也是清朝宗室功名最高者。《光绪五年顺天文乡试录》载，"寿耆，年二十一岁，正蓝旗英敷佐领下四品宗室"。

[3]景厚中式光绪十二年（1886）丙戌科三甲第九十九名进士。《光绪五年顺天文乡试录》载，"景原（乡试录有误），年二十三岁，镶蓝旗钟霖佐领下四品宗室"。

[4]讷钦，历任宗人府笔帖式、宗人府经历、委署主事等职，光绪二十七年（1901）殉难。《光绪五年顺天文乡试录》载，"讷钦，年三十一岁，镶蓝旗和义佐领下四品宗室"。

[5]《光绪五年顺天文乡试录》载，"宝常，年二十二岁，正蓝旗英海佐领下四品宗室"。

[6]《光绪五年顺天文乡试录》载，"台布，年三十四岁，正红旗阿昌阿佐领下四品宗室"。台布历任宗人府额外主事、理事官、户部银库郎中、以内阁侍读、太仆寺卿兼十五善射、宁夏将军等职。光绪二十年（1894）二月，台布京察一等。《清德宗实录》卷335光绪二十年二月癸亥载，"宗室台布著以四五品京堂补用"，以内阁侍读补授太仆寺卿。详见中国第一历史档案馆藏《吏部为宗人府理事官宗室台布调补银库郎中等事致宗人府》，光绪

十九年二月初二日，档案号：06-01-001-000377-0022；《正红旗宗室佐领恩元、正红旗领催荣培为内阁侍读宗室台布奉旨补授太仆寺满正卿到任日期呈报宗人府事保结》，光绪朝，档案号：06-02-004-000142-0013。

## 光绪六年庚辰科会试
"作之君作之师"[1]　"诗成客见书墙和"　得"墙"字

溥良，庶吉士，授编修，现官司经局洗马[2]。

崇宽，庶吉士，改主事，现官宗人府主事[3]。

**校注：**

[1]《孟子·梁惠王下》："文王一怒而安天下之民。书曰：'天降下民，作之君，作之师，惟曰其助上帝宠之。'"

[2] 溥良，前吏部侍郎辅国将军载崇子，正蓝旗总族长，袭封三等奉国将军。《光绪六年庚辰科会试同年齿录》载，"溥良，字虞臣，号玉岑，行二。咸丰甲寅年十月二十二日吉时生。正蓝旗英敷佐领下应封宗室。曾祖多罗和恪郡王。曾祖妣嫡福晋钮钴禄氏。祖多罗贝勒奕亨。祖妣嫡福晋瓜尔佳氏。祖妣侧福晋王氏。父载崇，一等辅国将军，散秩大臣，前引大臣，分献大臣，乾清门侍卫，内大臣，内阁学士兼礼部侍郎衔，历任兵部右侍郎、刑部右侍郎、吏部右侍郎、稽察右翼觉罗学事务大臣、奏事班领、正白旗护军统领、历署正白旗汉军副都统、镶红旗汉军副都统、镶黄旗蒙古副都统、镶黄旗汉军副都统、正白旗蒙古副都统、右翼总兵、原任刑部右侍郎、銮仪卫銮仪使、御前侍卫、对引大臣、镶蓝旗护军统领、正黄旗汉军副都统、管理右翼幼官官学、右翼查城大臣、稽察七仓事务大臣、管理健锐营事务大臣、管理会同四译馆事务大臣、管理新旧营房事务大臣、稽察火药局事务大臣、专操大臣、咸丰辛酉科翻译乡试正考官、诰授光禄大夫。母氏富察，镶白旗满洲嘉庆戊午科举人、己未科进士、原任礼部尚书贵庆公女，诰赠夫人。继母氏萨尔图克，正白旗蒙古，原任杭州将军、世袭一等威勇公、赏加太子少保衔桂轮公女，诰封夫人。胞伯多罗贝勒衔固山贝子载容，宗人府左宗人，管宴大臣，内大臣，正黄旗蒙古都统，管理太庙裕祭事务大臣，稽察坛庙事务大臣，管理正红旗觉罗学事务大臣，稽察七仓事务大臣，管理新旧营房事务大臣，专操大臣。胞兄溥善，工部员外郎，一等奉国将军。胞弟溥兴，吏部主事，应封宗室。娶章氏，正白旗满洲道光乙未恩科举人、丙申恩科进士庆廉公女。

子毓隆、毓盛、毓本，俱幼读"。光绪六年溥良参加会试前，宗人府宗令奕䜣特请旨《奏为应封宗室溥良溥兴业已当差能否援案仍准入考请旨事》。《清德宗起居注》卷15光绪六年十月十八日载，"应封宗室溥良、溥兴均著准其一体考试，照例授职"。详见中国第一历史档案馆藏《宗人府宗令奕䜣奏为应封宗室溥良溥兴业已当差能否援案仍准入考请旨事》，光绪六年十月十八日，档案号：03-5153-038。《钦定大清会典事例》卷2《宗人府·考封》载，"光绪六年谕：宗人府奏应封宗室业已当差可否仍准入考一折。应封宗室溥良、溥兴均著准其一体考试，照例授职"。溥良中式进士后，馆选翰林院庶吉士，散馆授编修。其后历任右春坊右中允、内阁学士、户部侍郎、理藩院左侍郎、蒙古都统、左都御史、礼部尚书等职。光绪十七年（1891）曾任江苏学政。李慈铭《郇学斋日记·丙集之上》光绪十七年八月初一日邸抄载，"内阁学士宗室溥良庚辰为江苏学政"。详见中国第一历史档案馆藏《宗人府左司奏礼部尚书正蓝旗宗室溥良履历单》，光绪朝，档案号：06-02-004-000054-0195。台北史语所藏《内阁大库档案》，《会典馆附片奏为满总纂官宗室溥良于三月初十日奉旨补授内阁学士所遗满总纂官一缺查有满帮总纂官礼部员外郎延照学问优长办事勤慎堪以充补》，光绪十七年三月初十日，登录号：166481。

[3] 崇宽，翰林院庶吉士，散馆以部属用。历任工部候补主事、宗人府主事、副理事官、户部缎匹库员外郎、詹事府詹事、国子监祭酒等职，升任内阁学士兼礼部侍郎衔，官至盛京礼部侍郎，光绪二十七年（1901）病故。崇宽曾任光绪十七年（1891）内帘同考官。《光绪六年庚辰科会试同年齿录》载，"崇宽，字伯信，号厚菴，行四。道光壬寅年四月初八日吉时生，镶蓝旗满洲人，宗室。曾祖海清阿，四品宗室。妣朱氏。祖德安，四品宗室。妣富察氏。父富丰，四品宗室。母福察氏、步氏。"胞伯富节，四品宗室；富博，四品宗室；富琦，四品宗室。胞兄弟崇睦，四品宗室；崇谦，四品宗室；崇耀，四品宗室；崇恩，二等侍卫；崇锡，四品宗室。胞侄文俊、文兴、文彬，俱幼。妻珠尔格什氏。子文英，业儒；文萃，幼。女三，俱幼"。崇宽宦绩档案详见中国第一历史档案馆藏《工部为咨报光绪九年庶吉士散馆分部候补主事宗室崇宽到任日期事致宗人府》，光绪九年五月十八日，档案号：06-01-001-000371-0091；《詹事府为新授詹事府詹事宗室崇宽到任日期事致宗人府》，光绪二十三年二月初七日，档案号：06-01-001-000381-0025；《国子监为报明新任满洲祭酒宗室崇宽到任日期等项事致宗人府》，光绪二十一年十二月初九日，06-01-001-000379-0168。台北故宫博物院藏《宫中档光绪朝奏折》，《宗室崇宽奏报奴才接任盛京礼部侍郎日期》，光绪二十六年二月二十九日，档案号：408012011。

# 光绪八年壬午科乡试

"上好礼，则民莫敢不敬"[1] "苍崖半入云涛堆" 得"山"字

豫通亲王后裔海泉，更名海明[2]，号晴川，正蓝旗第三族，溥字辈[3]。

英亲王后裔吉绅，号书菴，镶红旗第六族，溥字辈，丙戌进士[4]。

辅国悫厚公后裔恩煦，号古田，正白旗第三族，载字辈[5]。

豫通亲王后裔经武勒，号友三，正蓝旗第三族，奕字辈，现官宗人府笔帖式[6]。

礼烈亲王后裔灵峰，号幼田，镶红旗第五族，恒字辈[7]。

庄亲王后裔师善，号心竹，镶蓝旗第五族，载字辈[8]。

## 校注：

[1]《论语·子路》："子曰：'小人哉，樊须也！上好礼，则民莫敢不敬；上好义，则民莫敢不服；上好信，则民莫敢不用情。夫如是，则四方之民襁负其子而至矣，焉用稼？'"

[2]《光绪壬午科顺天乡试同年齿录》载，"海泉，年二十七岁，正蓝旗德隆佐领下四品宗室"。中国第一历史档案馆藏《正蓝旗第三族族长吉赓为呈报族内文举人宗室海泉更名海明事》，光绪十二年七月十九日，档案号：06-01-002-000513-0025。

[3]海明，曾任宗人府银库额外主事，光绪二十七年（1901）殉难，加赠太仆寺卿衔。详见中国第一历史档案馆藏《宗人府经历司为文进士宗室海明分在宗人府额外主事上学习行走进署日期知照各该处事》，光绪二十一年闰五月初九日，档案号：06-02-007-000114-0014；《吏部为主事宗室海明因殉难照例加赠太仆寺卿衔请转饬该故员家属遵办事致宗人府》，光绪二十七年十二月十二日，档案号：06-01-002-000599-0160。

[4]吉绅中式光绪十二年（1886）丙戌科三甲第三名进士。《光绪壬午科顺天乡试同年齿录》载，"吉绅，年三十一岁，镶红旗恩全佐领下四品宗室"。

[5]恩煦，光绪二十六年（1900）殉难。《清德宗实录》卷475光绪二十六年十一月甲申载，"举人宗室恩煦、伊子宗学副官继勋、四品宗室楙勋伊侄启勋、世勋均著照四品官例赐恤"。《光绪壬午科顺天乡试同年齿录》载，"恩煦，年四十一岁，正白旗恩惠佐领下四品宗室"。

[6]经武勒，曾任笔帖式、宗人府主事、副理事等职。《光绪壬午科顺天乡试同年齿录》载"经武勒，年二十六岁，正蓝旗德隆佐领下四品宗室，候补笔帖式"。戈靖在光绪五年

上奏《条陈变通调剂宗支疏》，提到虽然宗室举人有选宗人府笔帖式之例，但更多的宗室举人则报效无由。故而，戈靖奏请以宗室举人效仿旗民举人三科后拣选知县或举人大挑之例，三科后酌选为内阁中书等低级别京官。疏载"宗室举人宜请酌补中书小京官，也查旗民文举人会试三科后有拣发知县及大挑之例，宗室举人非会试中式，每多废弃，虽有选宗人府笔帖式一途而得选匪易，同系举人宗室，则报效无由，实为可惜，请将宗室举人三科后酌选中书小京官，以遂其向上之志"（参见葛士浚辑《皇朝经世文续编》卷40《户政·八旗生计》）。

［7］《光绪壬午科顺天乡试同年齿录》载，"灵峰，年二十四岁，镶红旗景恩佐领下四品宗室"。

［8］师善，曾任外务部主事。《光绪壬午科顺天乡试同年齿录》载，"师善，年三十二岁，镶蓝旗佑善佐领下四品宗室"。

## 光绪九年癸未科会试
"东里子产润色之"[1] "新树叶成阴" 得"阴"字

绵文，庶吉士，授编修[2]。
寿耆，殿试一甲第二名，授编修，现官翰林院侍讲[3]。

**校注：**

［1］《论语·宪问》："子曰：'为命，裨谌草创之，世叔讨论之，行人子羽修饰之，东里子产润色之。'"

［2］绵文，翰林院庶吉士，散馆授编修。绵文现存殿试卷卷头载："（光绪九年）应殿试举人臣宗室绵文，年三十七岁，镶白旗文初佐领下人。由四品宗室应光绪元年乡试中式，由举人应光绪九年会试中式，今应殿试。谨将三代脚色开具于后。曾祖允祁。祖弘善。父永良。中式第二甲第六十名进士。读卷大臣李、奎、锡、周、嵩、贵、张、张标识依次为：圈、尖、圈、圈、尖、圈、尖、尖。"绵文，历任翰林院侍读学士、詹事府少詹事、礼部右侍郎等职。绵文曾于光绪二十三年（1897）任安徽学政。详见中国第一历史档案馆藏《左翼近支头族正学长载蔼为左翼近支头族镶白旗宗室绵文补授詹事府少詹事等日期出具图片事》，光绪二十二年五月，档案号：06-01-001-000459-0185。李慈铭《郇学斋日记·乙集之下》光绪十七年五月初二日邸抄载，"司经局洗马宗室绵文为侍讲学士"。详见中国第一

历史档案馆藏《吏部为宗室绵文补放安徽学政事致宗人府》，光绪二十五年四月十五日，档案号：06-01-001-000383-0045。

[3]寿耆，松森子，曾任宗人府笔帖式，随父赴盛京侍郎任职。光绪九年（1883）癸未科榜眼。《清史稿》卷108《选举三》载，"八旗与汉人一体考试，康、乾以来，无用鼎甲者。同治四年，蒙古崇绮以一甲一名及第，光绪九年，宗室寿耆以一甲二名及第，汉军鼎甲尤多"。吴庆坻《蕉廊脞录》卷2《梁鼎芬诙谐》载，"是科殿试读卷大臣复命，拆弥封，第二名宗室寿耆。慈圣谕诸臣曰：'宗室曾得鼎甲否？'副都张佩纶对：'蒙古崇绮得状元，汉军杨霁得探花，今宗室得榜眼，可谓熙朝盛事。'谕曰：'既如此，即定寿耆第二可也。'时副都眷倚方隆，奏对尤敏"。寿耆历任翰林院编修、翰林院侍读、詹事府少詹事、詹事、内阁学士兼礼部侍郎衔、理藩院左侍郎兼正白旗蒙古副都统、左都御史、理藩部尚书参预政务大臣等职。曾任安徽学政，光绪三十二年（1906）底又曾奉旨考试进士馆毕业学员。

# 光绪十一年乙酉科乡试
"序事所以辨贤也"[1]　"印沙鸥迹自成行"　得"沙"字

辅国悫厚公后裔瑞贤，号子良，正白旗第二族，溥字辈，现官宗人府笔帖式[2]。

恂勤郡王后裔载昌[3]，号鹤亭，镶蓝旗第四族。

庄亲王后裔普懃，号星斋，镶蓝旗第四族，毓字辈。

庄亲王后裔玉源[4]，号松泉，镶蓝旗第二族，奕字辈。

豫通亲王后裔阿林[5]，号岱亭，正蓝旗第四族，载字辈。

镇国悫厚公后裔祥瑸[6]，号筱舫，正黄旗第二族，载字辈。

礼烈亲王后裔灵耀，号子辉，镶红旗第五族，恒字辈。

## 校注：

[1]《中庸》："序爵，所以辨贵贱也。序事，所以辨贤也。"

[2]瑞贤，正白旗第二族族长，中式光绪十五年（1889）己丑科二甲第六十四名进士。历任宗人府候补主事、宗人府经历司主事、副理事官、山东道监察御史、掌安徽道监察御史等职，曾上奏朝廷纠察奉天案宗积弊情况，有言"悬案未清，积冤莫诉者不知凡""请旨饬下东三省总督锡良亲提各卷，逐细认真查办，以靖盗风而保良善"。详见台北故宫博物院

藏《军机处档折件》，《掌安徽道监察御史宗室瑞贤奏为奉省政治窳败官场矫饬据实纠参》，宣统元年七月二十六日，档案号：180166。职官档案详见中国第一历史档案馆藏《宗人府经历司为京察二等副理事官正白旗宗室瑞贤保送户部缎匹库员外郎咨送考语履历事》，光绪二十七年九月二十日，档案号：06-01-002-000852-0018;《宗人府经历司为在副理事官上行走候缺之宗室瑞贤已经带领引见奉旨补授山东道监察御史行各该处事》，光绪三十一年六月二十一日，档案号：06-01-002-000857-0008。

[3]载昌，中式光绪十六年（1890）庚寅科二甲第二十六名进士。历任右赞善、太常寺少卿、国子监祭酒、内阁学士兼礼部侍郎衔等职。曾任湖南学政和山东学政。《大清搢绅全书·光绪三十年秋》内阁载，"内阁学士兼礼部侍郎衔，山东学政"。

[4]玉源，曾任右翼宗学副管、右翼宗学总管等职。详见中国第一历史档案馆藏《宗人府右司为宗室玉源补授右翼宗学总管已经奉旨行各该处事》，光绪二十二年十月初七日，档案号：06-01-002-000765-0085。

[5]阿林，正蓝旗学长、正蓝旗第四族族长。详见中国第一历史档案馆藏《署正蓝旗第四族族长阿林为本族内族长一缺将应行拣选之宗室阿林等并将该宗室衔名年岁查明呈报宗人府事》，光绪二十一年十月，档案号：06-02-006-000079-0058。

[6]祥瑸，以文举任宗人府候补笔帖式、笔帖式，官至宗人府委署主事。详见中国第一历史档案馆藏《宗人府经历司文举班候补笔帖式宗室祥瑸坐补宗人府笔帖式传查事故单》，光绪十七年，档案号：06-01-002-000847-0020。

## 光绪十二年丙戌科会试
"行不由径非公事，未尝至于偃之室也"[1] "松色入门远" 得"松"字

景厚，庶吉士[2]。
吉绅，主事，现官刑部主事[3]。

**校注：**

[1]《论语·雍也》："子游为武城宰，子曰：'如得人焉尔乎？'曰：'有澹台灭明者，行不由径，非公事，未尝至于偃之室也。'"

[2]景厚，翰林院庶吉士，历任翰林院侍读、詹事府右庶子、盛京礼部侍郎、兵部左侍郎等职。详见中国第一历史档案馆藏《吏部为翰林院侍读宗室景厚补授詹事府右庶

子员缺事致宗人府》，光绪二十三年三月初九日，档案号：06-01-001-000381-0043；《兵部为新任兵部满左侍郎宗室景厚到任日期事致宗人府》，光绪三十一年八月初四日，档案号：06-01-001-000389-0110。台北故宫博物院藏《军机处档折件》，《宗室景厚奏以奉旨领盛京礼部恭报到任日接印日期并谢恩》，光绪二十九年三月二十一日，档案号：155341。李慈铭《郇学斋日记·丙集之下》光绪十七年九月二十四日邸抄载，"中允宗室景厚升侍讲"。

[3]吉绅，中式进士后以额外主事分部学习，历任刑部额外主事、户部广西司员外郎等职。详见中国第一历史档案馆藏《刑部为进士分部满洲额外主事宗室吉绅学习行走期满留本部遇主事缺出请旨补用事》，光绪十五年五月十七日，档案号：06-01-001-000374-0087；《宗人府经历司为刑部主事宗室吉绅并宗人府经历宗室瑞吉已经引见奉旨补授户部员外郎行各该处事》，光绪二十九年七月二十二日，档案号：06-01-002-000855-0071。

# 跋　文

宗室自嘉庆四年恩准考试，迄今将九十年矣[1]。正科[2]、恩榜[3]，乡会已八十科，《题名录》[4]向无刻本，恐日久无可稽考，无以见宗室人才之盛，即无以见朝廷教育之隆。家存钞本为先伯手录。道光丙午[5]，余逐队观光乡会榜后，按科增钞通籍后，即有付梓之志，以宦游未果。光绪丁亥[6]夏，闭门养疴，乃集门人绵达斋，太史荣晴川，孝廉宝琛、宝丰两侄分任编辑。余复详加厘定，正其讹误，补其缺略，体例务归画一。四阅月而成书，名之曰《宗室贡举备考》，于宗室旗分[7]、族分、支派[8]、辈分[9]、别号皆考证详明。官秩仅载初终，省繁也；文衡备书乡会，纪盛也。其间登撰席[10]、跻通显[11]、列鼎甲[12]，皆于卷首揭出。宗潢之贤才辈出，蒸蒸日上，所以沐雅化而被恩荣者，何其优且渥也。考核掌故者，于此书见文治昌明，寓裁成于惇叙之中，湛恩汪濊，超越古今。宗室中，后来俊彦，于此书知科目之荣，励学植品，勉为有用之材，以文章报国，则此书为必不可少之书矣。镂板既成，藏于家，以便春秋榜发，察明续刊。书成，聊志颠末如此。光绪十三年[13]岁次丁亥六月既望。睦莽瑞联跋于清荫堂[14]。

## 校注：

[1]嘉庆四年（1799）谕旨言及：宗室向有会试之例，后经停止。敬惟皇考圣意，原因宗室当娴习骑射，以存满洲旧俗。天潢支派繁衍，自当仍准应试，广其登进之路，兼可

使读书变化气质，不至无所执业，别生事端。且应试之前，例应阅射马部箭，方准入场。于骑射原不致偏废。旧制宗室俱不由乡举，径赴会试，未免过优。嗣后，宗室应考者，自辛酉科为始，与监生一体乡试，应定中额，著礼部覆议奏闻。自嘉庆四年（1799）年恢复宗室科举至瑞联编纂《宗室贡举备考》的光绪十三年（1887），已历88年。

［2］清代科举承继明朝制度，每三年一试，是为正科。顺治元年（1644）定以子、午、卯、酉年乡试，辰、戌、丑、未年会试。

［3］恩榜，指恩科。清朝若逢皇帝生日、登基、皇太后生日等喜庆节日，会在规定的正科之外，加增一科考试，称为恩科。

［4］题名录是明清科举时代刻有同榜中式者姓名、年龄、籍贯的名册。

［5］道光丙午，指道光二十六年（1846）。

［6］光绪丁亥，指光绪十三年（1887）。

［7］指宗室的八旗隶属。《宗室贡举备考》共辑录清代宗室举人、进士249人，其中镶蓝旗76人、正蓝旗73人、镶红旗36人、镶白旗27人、正红旗16人、正白旗10人、正黄旗7人、信息缺者4人。

［8］《宗室贡举备考》辑录249位宗室举人、进士，隶属29个支派。

［9］《宗室贡举备考》辑录时间跨度为141年，涵盖爱新觉罗的弘、永、绵、奕、载、溥、毓、恒八辈人。

［10］《宗室贡举备考》辑录宗室任大学士者2人，分别为体仁阁大学士载龄，武英殿大学士灵桂；协办大学士1人，为福锟。

［11］《宗室贡举备考》辑录官一品者11人，官二品者19人。

［12］《宗室贡举备考》辑录鼎甲1人，为光绪九年（1883）癸未科榜眼寿者。

［13］光绪十三年，公元1887年。

［14］清荫堂，瑞联斋室名。

# 《宗室贡举备考》补证1

　　瑞联著《宗室贡举备考》所记止于光绪十二年（1886）会试，笔者补记其后宗室进士小传。需要说明的是，这一部分宗室进士中，部分人先于光绪十二年中举，故笔者已将他们的生平、宦绩补入举人部分内，不载于此。

　　［1］希廉，正红旗第三族，中式光绪十五年（1889）己丑科三甲第九名进士，翰林院庶吉士，散馆授检讨，曾任国子监祭酒。

　　［2］文榘，镶蓝旗，更名文均，中式光绪十六年（1890）庚寅科二甲第九十七名进士，曾任户部三库档房主事。《光绪十四年戊子科顺天乡试同年录》载，"文榘，年二十二岁，镶蓝旗佑善佐领下四品宗室"。详见中国第一历史档案馆藏《宗人府经历司为镶蓝旗宗室文榘保送户部三库档房主事事》，光绪二十七年九月二十日，档案号：06-02-007-000120-0012；《镶蓝旗第五族族长宗室豫锜等为镶蓝旗第五族宗人府主事宗室文榘更名文钧出具图片事》，光绪三十一年三月，档案号：06-01-001-000444-0177。

　　［3］宝熙，正蓝旗第四族赓瑞佐领下四品宗室，中式光绪十四年（1888）戊子科举人，光绪十八年（1892）壬辰科二甲第七名进士，翰林院庶吉士，散馆授编修。历任侍讲、侍读、国子监祭酒、内阁学士兼礼部侍郎衔、度支部右侍郎、崇文门副监督、学部左侍郎、头品顶戴典礼院副掌院学士、实录馆副总裁、修订律法大臣等职。光绪二十八年（1902）曾出任湖北乡试正考官，光绪二十九年（1903）任山西学政。《光绪十四年戊子科顺天乡试同年录》载，"宝熙，年二十一岁，正蓝旗赓瑞佐领下四品宗室"。现存光绪十八年（1892）壬辰科二甲第七名宗室宝熙殿试卷。据殿试卷载，宝熙年二十五岁，正蓝旗赓瑞佐领下四品宗室。光绪十四年（1888）乡试中式，由举人应光绪十八年（1892）会试中式。曾祖海兰泰，祖受庆，父奎荣，本生父奎郁。现存《宝熙致亚蘧书札》一通。信札开篇载"亚蘧仁兄同年大人阁下启者，朱经田同年由保阳寄来团拜费五十金，前由弟手转交梅访兄"。一方面展现出宗室宝熙的文化素养，信札用词已与汉族士人无异，另一方面映射出宝熙的科举同年关系网络。开篇所提及的"亚蘧"是光绪十八年（1892）壬辰科二甲第八十六名进士顾瑗，庶吉士，翰林院编修。而朱经田是光绪十八年（1892）二甲第四十一名进士朱家宝，翰林院编修，官至安徽巡抚。

　　［4］溥岳，镶红旗头族，中式光绪十八年（1892）壬辰科三甲第五十五名进士，曾

任工部主事。详见中国第一历史档案馆藏《右翼近支头族学长溥顾、载作为将族内新中贡士宗室溥岳三代履历造具清册呈报宗人府事》，光绪十八年四月，档案号：06-02-004-000313-0016；《工部为新补本部员外郎宗室英绵主事宗室溥岳到任日期事致宗人府》，光绪二十二年十二月二十日，档案号：06-01-001-000380-0240。

［5］长绍，正蓝旗第五族，光绪十七年（1891）举人。据《光绪十七年辛卯科顺天乡试同年齿录》载，"长绍，年二十三岁，正蓝旗广裕佐领下四品宗室"。联捷中式光绪十八年（1892）壬辰科三甲第六十一名进士，曾任工部屯田司主事，补授翰林院满撰文事。宣统元年（1909）长绍京察一等，记名道府。宣统二年（1910）外放升补安徽颍州府知府。详见中国第一历史档案馆藏《工部为奉旨准宗室长绍补授工部屯田司主事事致宗人府等》，光绪二十八年十一月十二日，档案号：06-01-001-000385-0126；《吏部为奉旨工部主事宗室长绍补授翰林院满撰文事致宗人府》，光绪三十二年五月初三日，档案号：06-01-001-000391-0041；《正蓝旗第五族族长宗室文魁为正蓝旗宗室长绍补放安徽颍州府知府及宗室德祜补放陕西凤翔府知府事》，宣统二年九月，档案号：06-01-001-000399-0087。

［6］松铎，更名松溥，镶白旗第二族，中式光绪二十年（1894）甲午科二甲第一百零八名进士，历任宗人府额外主事，副理事官、理事官。《光绪十九年癸巳恩科顺天乡试同年齿录》载，"松铎，年二十一岁，镶白旗文初佐领下四品宗室"。民国初年，松溥授镶白旗公中佐领。详见中国第一历史档案馆藏《吏部为准镶白旗新中文进士宗人府额外主事宗室松铎更名松溥事致宗人府》，光绪二十一年二月初七日，06-01-001-000619-0083；《宗人府左司为拣选开缺理事官宗室松溥补授镶白旗公中佐领已经奉旨行该旗事》，宣统五年正月初十日，档案号：06-01-002-000909-0001。

［7］毓隆，正蓝旗第二族，中式光绪十五年（1889）己丑科乡试，光绪二十年（1894）甲午科二甲第一百零九名进士，翰林院庶吉士。《光绪十五年己丑恩科顺天乡试同年全录》载，"宗室毓隆，年十八岁，正蓝旗英杰佐领下四品宗室"。历任侍读学士、内阁学士兼礼部侍郎衔、总理学务、典礼院学士等职。光绪二十八年（1902）曾任四川乡试主考官，光绪三十年（1904）任安徽学政。详见中国第一历史档案馆藏《宗人府左司翰林院学士正蓝旗宗室毓隆履历单》，光绪朝，档案号：06-02-004-000054-0192。

［8］锡嘏，正蓝旗第八族，中式光绪十七年（1891）乡试（第三名）。《光绪二十一年乙未科会试同年齿录》载，"宗室锡嘏，字伯纯，号子常，行一。同治甲子年六月初二日吉时生。正蓝旗第八族英杰佐领下四品宗室。曾祖铁麟，字仁山，嘉庆戊辰科举人，己卯科进士，翰林院检讨，原任荆州将军，谥'文恪'，诰授光禄大夫。姚氏正黄旗蒙古卓特氏，诰封一品夫人。祖强安，字自斋，四品宗室，诰封中宪大夫。姚氏正蓝旗满洲萨克达氏，诰封恭人。父宝琛，字献廷，咸丰己未恩科举人，现官工部郎中。母氏镶白旗满洲那拉氏、

正白旗满洲乌札氏。胞弟锡祐。妻镶黄旗满洲利舍里氏。女一"。光绪二十一年（1895）乙未科二甲第七十一名进士，翰林院庶吉士，散馆授编修。历任功臣馆纂修官、国史馆协修官、日讲起居注官、翰林院侍讲、署理山西布政使、山西提学使、陆军部郎中、陆军部右参议等职。光绪二十九年（1903）京察一等，"著以四五品京候补"。光绪三十二年（1906）京察一等，"著以四五品京堂用"。详见中国第一历史档案馆藏《正蓝旗第八族族长宝钧为呈报本族宗室锡暇系光绪十七年第三名文举人事》，光绪二十年，档案号：06-01-001-000720-0317。

[9]宝铭，正蓝旗第四族，礼部尚书奎润子，中式光绪二十一年（1895）乙未科三甲第四十五名进士。吏部员外郎、吏部郎中、内阁侍读学士、吏部右丞［晚清官制改革后新设。光绪三十二年（1906）定吏部尚书，左、右侍郎，左、右丞、参各一人，秩正三品］。光绪二十九年（1903）京察一等，"著以四五品京堂候补"。详见中国第一历史档案馆藏《吏部为员外郎宗室宝铭补授吏部文选司满洲郎中等事致宗人府》，光绪二十九年五月二十四日，档案号：06-01-001-000387-0118。《光绪二十一年乙未科会试同年齿录》载，"宗室宝铭，字新吾，号鼎臣，行一。同治丁卯年五月二十五日吉时生。正蓝旗赓瑞佐领下四品宗室，三品荫生，赏戴花翎，恩赏员外郎。曾祖海兰泰，诰赠光禄大夫、建威将军。曾祖妣富察氏，原任云南顺宁府知府福桑阿公女，诰封一品夫人。祖受庆，号次农，嘉庆丙子科举人，道光壬午科进士，翰林院编修，历升左右春坊庶子，翰林院侍读、侍读学士。乙酉科顺天乡试同考官，詹事府詹事、通政使司通政使，原任都察院左副都御史。诰赠光禄大夫、建威将军。祖妣佟佳氏，原任内阁中书舒通阿公女，诰封一品夫人。考奎润，号星斋，咸丰己未恩科举人，同治癸亥恩科进士，翰林院编修，历升侍读学士，詹事府詹事，都察院左副都御史，经筵讲官，礼部左侍郎，吏部左侍郎，正白旗满洲副都统，署户部左侍郎兼管三库事务，八旗值年大臣，专操大臣，补授都察院左都御史，镶黄旗汉军都统，礼部尚书管理太常寺事务，会典馆副总裁，镶白旗满洲都统，内大臣，军政阅兵大臣，大婚纳采正使、奉迎副使，御赐如意珍玩，赐紫禁城内骑马，历充光绪乙亥科浙江乡试正考官，乙酉科顺天乡试副考官，考试汉御史、汉荫生阅卷大臣，庚辰科会试知贡举，壬午科、制科孝廉方正阅卷大臣，癸未科殿试读卷大臣，优贡、拔贡朝考阅卷大臣，丙子、丙戌会试覆试、庶常散馆阅卷大臣，宗室应封阅卷大臣，八旗乡试监射大臣，武会试监射大臣，武殿试读卷大臣，诰授光禄大夫、建威将军，赐祭、赐葬，国史列传。妣博史克氏，原任理藩院员外郎玉春公女，诰封一品夫人。妣瓜尔佳氏，原任直隶永平府知府延福公女，诰封一品夫人……娶辉发纳喇氏。道光己酉科举人，咸丰壬子恩科进士。历任山东沂州府知府，兖沂曹济兵备道，山东按察使、布政使署理山东巡抚，原任漕运总督，追赠太子少保文彬公女。同治癸酉科举人，原任四川盐茶道延煜，光绪己卯科举人，吏部文选司郎中延熙，

乙酉科举人、壬辰科翰林、湖北大冶县知县延燮，己卯科举人礼部主客司员外郎延照胞妹。子志慈，幼。女一"。

[10]海明，正蓝旗第三族，中式光绪二十一年（1895）乙未科三甲第一百九十名进士，宗人府额外主事，主事，光绪二十七年（1901）殉难，加增太仆寺卿衔。详见中国第一历史档案馆藏《宗人府左司为吏部奏准主事宗室海明等因殉难奉朱批照例加赠太仆寺卿衔抄单行各该旗事》，光绪二十七年十二月十七日，档案号：06-01-002-000599-0157。

[11]文斌，正蓝旗第三族，中式光绪二十年（1894）甲午科乡试，光绪二十四年（1898）戊戌科二甲第八十四名进士，历任翰林院庶吉士，散馆授编修。光绪二十七年（1901）承袭奉恩将军，兼任翰林院六品撰文、翰林院侍讲。详见中国第一历史档案馆藏《吏部为奉旨宗室文斌补授翰林院侍讲事致宗人府》，光绪三十二年五月十一日，档案号：06-01-001-000391-0044；《正蓝旗第三族族长宗室保忠等为正蓝旗第三族奉恩将军宗室文斌现兼翰林院侍讲出具图片事》，宣统三年三月，档案号：06-01-001-000400-0053。《光绪甲午科十八省正副榜同年全录》载，"文斌，年二十三岁，正蓝旗德隆佐领下四品宗室"。

[12]寿富，镶蓝旗第五族，礼部侍郎宝廷子，中式光绪二十四年（1898）戊戌科二甲第八十八名进士，翰林院庶吉士，殉难，国史馆编入忠义传内。《光绪十四年戊子科顺天乡试同年录》载，"寿富，年二十四岁，镶蓝旗佑善佐领下四品宗室"。详见中国第一历史档案馆藏《国史馆为纂辑殉难庶吉士宗室寿富等忠义传请查明履历事致宗人府》，宣统元年闰二月，档案号：06-01-001-000727-0011。

台北故宫博物院藏《忠义宗室寿富传》（档案号：701000193），兹录如下："宗室寿富，镶蓝旗人。父宝廷，官礼部侍郎，以学行闻于时，自有传。寿富幼承家训，通七经，从编修张佩纶、大学士张之洞学治经，不分汉宋，尝论中国要政，以破除满汉畛域为始。著劝告八旗子弟书，刊布京外。又立知耻学会于京师，谓中国为列国弱，欲望振兴，必先知耻。从之讲习者日众。光绪二十四年称进士，改翰林院庶吉士。六月以大臣荐召见。寻充大学堂分教习。东游日本考察学制，既归，杜门不出。二十六年拳匪事起，联军日迫，寿富尽然悲忧。一日忽太息曰：'毋庸问矣。时局至危，身为高庙子孙，一死尚能自主。'京师外城将陷，有叩以急策者。寿富曰：'先护皇帝出险，再作他计。'或劝其避兵，则悄然不答。七月二十三日，京师陷，喧传坚白徽者逋死。寿富大恸。既知乘舆已出，趣其弟寿蕃调药，而自作书与编修华学澜曰：'大事已去，万无生理。先人奏疏年谱及生平著作，并以奉渎，乞量力保全。'附绝命诗三章，有'惟有孤魂凝不散，九原夜夜祝中兴'之句。遂与寿蕃同仰药。从妹隽如夺而先饮之。妹淑如，年仅八岁，亦饮之。婢隆儿，感主人义，尽其余沥。寿富惧药不即死，为敌曳辱，趣引缳，绝而坠。寿富更结四缳，遂俱死。十二月，留京办事大臣大学士昆冈以闻，奉上谕'庶吉士四品宗室寿富著照翰林院侍读学士例赐恤。右翼宗学副管四品宗室寿蕃著照四品官例赐恤'。寻，均赐恤如例。寿富赠光禄寺卿衔。子橘涂荫七品笔帖式。妹隽如、婢隆儿均奉旨旌表。寿富所著有《读经札记》《菊客文集》《东游笔记》《畿辅农务表》《天元演草》咸未梓行。弟寿蕃。寿蕃，官右翼宗学副管。当外城将陷时，或劝寿富，令其弟携妇幼出居墓庐。寿富曰：'皮之不存，毛将安傅。'寿蕃亦慷慨抗言曰：'图全果太无谓。'及寿富既殉节，寿蕃舁置别榻，始自结巨缳于门，从容而死。赠太仆寺卿衔，荫一子以七品笔帖式用。"高凤岐等也纂有《纪宗室伯弗太史寿富殉节始末》。

　　林纾作《赠光禄寺卿翰林院庶吉士宗室寿富公行状》，兹录如下："曾祖兴隆，未仕。祖常禄，前翰林院侍读学士。父宝廷，前礼部侍郎。公讳寿富，字伯弗，号菊客。镶蓝旗第五族宗室。父侍郎公，以直言敢谏闻于德宗景皇帝朝，疏草流布海内。罢官后，自托诗酒，近畿名山石刻皆满，均传诵人口。公夙有父风，靖默莫见喜愠。然每及忠孝事，则凛然动色。盖成童时已然，见者识为伟器。侍郎清贫，至不能具脩膳遣公就傅于外，则自授以七经。稍长，乃受业于丰润张公佩纶及南皮张文襄公之门。治经不局汉宋，惟是之程。论天下大势，以力泯满汉畛域为先。立知耻会，勉励八旗子弟敦学，议者颇有异同，公慨然无所恤。戊子，中宗室举人；戊戌，成进士。廷试二甲，入翰林。同榜三百余人，匪不参候，争欲一面风采。同年江南某君，夙以才望自许，在长沙徐公座间，见公位已上而愠。既闻名，则款怀自贬，深相纳契。时大臣争列疏荐公，景皇帝召见养心殿，公奏对诚切，皇帝为公动容。寻充大学堂分教习，派赴日本考校章程。既归，党禁事起，公杜门京师，莳菊检书自娱，因自号菊客。越庚子，义和团讧畿辅，首挑外兵，津沽敌军咆勃经月，礮台次第沦陷，兵氛垂及阙下。景皇帝奉孝钦显皇后西幸，敌兵犯阙，而公亦以身殉难矣。方拳匪之初发难也，公戚然悲忧，一日，慨然曰：'毋庸问矣！此局至阽危，顾身为高庙子孙，一死尚足自断。'时外城垂陷，有叩以急策者，公曰：'先护皇帝出险，再行作计'。或请避兵，不答。又请以弟寿薰挈妇幼出居墓庐，公曰：'皮之不存，毛将安傅？'又曰：'大宗如此，遑言小宗。'寿薰者，公同母弟。生平以节概自命，所见乃与公同。语人曰：'图全果太无为。'七月二十三日，外兵陷国门，入城中，喧传竖白徽者得逭死。公知皇帝已出，即趣寿薰合药。立沘笔作书与华太史曰：'大事已去，侍国破家亡，万无生理，老前辈如能奔赴行在所，敢乞力为表明：侍已死于此地，虽讲西学，未尝降敌。家人有不欲死者，尚乞照拂。苟死亦听。外有先大夫奏疏、年谱及生平著作，并以奉渎，亦乞量力保全，敢百拜以请。'其下系绝命词三首，有云：'今日海枯看白石，二年重谤不伤心。'书后，兄弟遂同进药，未殊。女弟隽如夺药，先饮其八岁之妹淑如，后始自引决。侍婢隆儿感主人义，亦尽其余沥。忽言外兵穷索，已逼东院，公惧不即死，为敌曳辱，引缳，缳绝而坠。寿薰神宇坚定，为更结四缳，公及二妹与婢咸殊，寿薰一一舁置别榻，更结巨缳于门，从容而逝。时为七月二十三日巳刻。公年三十有六，寿薰三十有二；隽如与寿薰同庚，亦三十二，淑如八岁，隆儿二十一也。小屋同时列尸五，敌骑充斥，不可得槽。邻人傅兰泰假百金购柳棺五具，瘗之后圃。公子橘涂裁九岁，寿薰二子仅扶床立。娣姒均崔氏，学士汉军联元女也。学士重儒术，恶新学，颇病公所为。及内召，与公论国势，则倾襟推抱以合之。都下事急，召对诸臣，学士痛哭，力陈公使必不可戕。某王叱去之。夜中，遣骑收联公，未及结袜，迟明斩于东市。公闻耗大悲，自咎以言论陷联公于厄，于是死志已决。联公家属时适避公私第，知公兄弟忠概不可挽，则力持两夫人不听殉，存鞠三孤，识者咸疑其有天幸焉。公生平崇尚气节，重新学，文章则持重不苟作，所遗稿曰《读经札记》，曰《菊客文集》，曰《廷试策》，曰《东游笔记》，曰《畿辅农务表》，曰《知耻学会章程》，曰《天元演草》。公殉节时，纾方客杭州，闻耗为位哭之孤山林社中。方大令家澍、高太守凤岐各驰金赙其家。乱定，纾来京师，则行哭造公之门，东屋扃钥，即公兄弟死节处，沉暗如墨。纾再拜奠之门次。进谒崔夫人，知寿薰家叛奴方谋吞噬遗产，纾告之京兆陈公，为杖叛奴，产卒得完。寻昆相国以宗老请旌宗室之死事者，朝廷赠公光禄寺卿。今年宗人府以文书谕橘涂，命具公兄弟死事年月，宣付史馆。纾为侍郎门下士，与公挚交，谨就闻见所及为状，伏乞编入忠义之传，以光泉壤，以慰忠魂，无任衔佩之至。闽县林纾谨状。"

［13］舒荣，镶红旗第六族，中式光绪十九年（1893）癸巳科乡试。《光绪十九年癸巳恩科顺天乡试同年齿录》载，"舒荣，年二十三岁，镶红旗润德佐领下四品宗室"。光绪二十四年（1898）戊戌科二甲第一百二十一名进士，曾任宗人府额外主事，补主事。

# 《宗室贡举备考》补证 2

《宗室贡举备考》所记乡试止于光绪十一年（1885），又有部分文举人未载。而且在光绪十一年之后，陆续有宗室中式举人。笔者据中国第一历史档案馆所藏档案，另考证出部分宗室举人信息，兹补如下：

［1］宗室文举人明瑛。详见中国第一历史档案馆藏《宗人府经历司为将宗室文举人明瑛补放笔帖式带领引见已经奉旨行各该处事》，道光元年八月二十七日，档案号：06-02-007-000044-0027。

［2］宗室文举人耀昶。道光五年（1825）乙酉科中式第三名举人。《道光乙酉科乡榜齿录》载，"宗室耀昶，字小年，号霁堂，行一。辛酉正月廿五日生。正蓝旗吉尔杭阿佐领下四品宗室，中式第三名。曾祖平太，妣钮钴禄。祖玉梁，妣完颜。父宽敏，母乌雅"。

［3］宗室举人奕崟。详见中国第一历史档案馆藏《宗人府经历司为将宗室文举人奕崟补放笔帖式带领引见事》，道光十年四月初十日，档案号：06-02-006-000010-0019。

［4］宗室文举人奕班。详见中国第一历史档案馆藏《右翼近支第四族学长奕松等为查明应试文会试宗室文举人奕班年貌三代佐领事》，咸丰九年正月二十日，档案号：06-01-001-000504-0154。

［5］镶蓝旗第二族宗室文举人载疆。详见中国第一历史档案馆藏《右翼近支二族学长载康等为查明应试咸丰九年己未科文会试文举人宗室载疆福锟年貌三代旗佐事》，咸丰九年正月，档案号：06-01-001-000504-0166。

［6］英溥，光绪十五年（1889）己丑恩科举人。《光绪十五年己丑恩科顺天乡试同年全录》载，"宗室英溥，年二十九岁，正蓝旗赓瑞佐领下四品宗室"。

［7］镶蓝旗第三族宗室文举人载能。

［8］承霖，光绪十五年（1889）己丑恩科举人。《光绪十五年己丑恩科顺天乡试同年全录》载，"宗室承霖，年二十六岁，正蓝旗德隆佐领下四品宗室"。光绪二十年（1894）甲午科三甲第七十五名进士。

［9］溥岳，光绪十五年（1889）己丑恩科举人。《光绪十五年己丑恩科顺天乡试同年全录》载，"宗室溥岳，年二十七岁，镶红旗联曜佐领下四品宗室"。光绪十八年（1892）壬辰科三甲第五十五名进士。

[10] 镶红旗第一族宗室举人绪惠。绪惠以举人身份至少在光绪十六年（1890）、十八年（1892）、二十年（1894）、二十一年（1895）、二十四年（1898）连续五次参加了会试。详见中国第一历史档案馆藏《镶红旗第一族族长宗室绪惠为宗室文举人绪惠系亲身入考并无冒名顶替等情出具图片识认事》，光绪十六年闰二月初二日，档案号：06-01-001-000508-0242；《镶红旗第一族宗室族长绪惠为宗室举人绪惠实系亲身赴考并无冒名顶替情弊出具图片赴贡院识认事》，光绪十八年三月十七日，档案号：06-01-001-000509-0071；《镶红旗第一族族长宗室绪惠为本族宗室举人绪惠实系亲身赴考并无冒名顶替等情出具图片事》，光绪二十年二月十九日，档案号：06-01-001-000510-0012；《镶红旗第一族族长绪惠等为宗室举人绪惠系亲身入场并无冒名顶替等情出具图片事》，光绪二十一年三月十七日，档案号：06-01-001-000511-0066；《镶红旗第一族宗室族长绪惠为宗室举人绪惠实系亲身赴考并无冒名顶替等情出具图片事》，光绪二十四年三月十七日，档案号：06-01-001-000515-0035。

[11] 宗室文举人志瀛。光绪十七年（1891）辛卯科乡试中式举人。《光绪十七年辛卯科顺天乡试同年齿录》载，"志瀛，年二十岁，正黄旗倭什洪额佐领下宗人府候补笔帖式"。详见中国第一历史档案馆藏《宗人府左司为光绪十七年辛卯科乡试中式宗室文举人志瀛应得牌匾银两行各该处事》，光绪十七年十二月十七日，档案号：06-02-007-000948-0055。

[12] 宗室文举人维清。光绪十七年（1891）辛卯科乡试中式举人。《光绪十七年辛卯科顺天乡试同年齿录》载，"维清，年二十岁，镶黄旗铁山佐领下宗人府效力笔帖式"。详见中国第一历史档案馆藏《宗人府左司为光绪十七年辛卯科乡试中式宗室文举人维清应得牌匾银两行各该处事》，光绪十七年十二月初九日，档案号：06-02-007-000948-0009。

[13] 正白旗宗室文举人海观。光绪十七年（1891）辛卯科乡试中式举人。《光绪十七年辛卯科顺天乡试同年齿录》载，"宗室海观，字晴澜，行二，咸丰癸亥年三月初十日吉时生，正白旗承全佐领下候选宗人府笔帖式。曾祖博额布，吐鲁番办事大臣，历署伊犁将军。妣氏瓜勒佳氏。祖布拉善，三等侍卫。妣氏吴牙氏。父耆寿，现任二等侍卫什长。母氏范。胞弟海朴。妻赫舍里氏。子琇瀛、裕瀛"。详见中国第一历史档案馆藏《宗人府左司为光绪十七年辛卯科乡试中式正白旗宗室文举人海观应得旗匾银两行各该处事》，光绪十七年十一月二十三日，档案号：06-01-002-000532-0128。

[14] 宗室文举人续昌。光绪十九年（1893）癸巳科乡试中式举人。详见中国第一历史档案馆藏《宗人府左司为光绪十九年癸巳科乡试中式宗室文举人续昌应得旗匾银两行各该处事》，光绪十九年十一月二十三日，档案号：06-01-002-000543-0142。

[15] 镶红旗第四族宗室举人续昌。光绪十九年（1893）举人。《光绪十九年癸巳恩科顺天乡试同年齿录》载，"续昌，年二十四岁，镶红旗英茂佐领下四品宗室"。根据档案，

续昌至少在光绪二十年、二十一年、二十四年三次参加会试。详见中国第一历史档案馆藏《镶红旗四族族长雅尔哈等为宗室文举人续昌应光绪二十年甲午恩科会试看箭实系其亲赴听候看箭事》，光绪二十年二月，档案号：06-02-004-000120-0017；《镶红旗第四族族长雅尔哈为宗室文举人续昌会试系亲身看箭出具图片事》，光绪二十一年，档案号：06-01-001-000511-0184；《镶红旗第四族族长雅尔哈为应光绪二十四年戊戌科会试宗室文举人续昌实系亲身赴兵部听候看箭出具识认图片事》，光绪二十四年二月，档案号：06-01-001-000515-0026。

　　[16]载觽，正蓝旗第二族，光绪十五年（1889）己丑恩科举人。《光绪十五年己丑恩科顺天乡试同年全录》载，"宗室载觽，年五十一岁正蓝旗英杰佐领下四品宗室"。详见中国第一历史档案馆藏《左翼近支二族学长绵爔为呈报左翼近支二族正蓝旗宗室文举人载觽兼十五善射事》，光绪十八年九月，档案号：06-01-001-000376-0080。

　　[17]正黄旗第二族宗室文举人志瀛。详见中国第一历史档案馆藏《正黄旗第二族族长宗室明铨、正黄旗第二族学长宗室明聚为应行会试宗室文举人祥瑸志瀛并无枪替等情识认属实呈报宗人府查照事》，光绪二十年二月，档案号：06-02-004-000130-0008。

　　[18]正白旗宗室文举人希廉。《光绪甲午科十八省正副榜同年全录》载，"希廉，年二十六岁，正白旗恩常佐领下四品宗室"。

　　[19]镶白旗第二族宗室文举人连升。《光绪甲午科十八省正副榜同年全录》载，"连升，年二十八岁，镶白旗崇兴佐领下四品宗室"。详见中国第一历史档案馆藏《镶白旗第二族族长宗室英淮为光绪二十一年乙未科会试文举人宗室连升亲身入考并无冒替等情出具图片事》，光绪二十一年三月，档案号：06-01-001-000511-0086。

　　[20]镶蓝旗第七族宗室文举人锡锐。《光绪丁酉科十八省正副榜同年全录》载，"锡锐，年二十三岁，镶蓝旗赛崇阿佐领下四品宗室"。详见中国第一历史档案馆藏《镶蓝旗第七族族长宗室成庄等为宗室文举人锡锐应入光绪二十四年戊戌科文会试出具切实图片事》，光绪二十四年二月，档案号：06-01-001-000515-0025。

　　[21]镶黄旗第一族宗室举人崇秀。光绪十七年辛卯科乡试中式举人。据《光绪十七年辛卯科顺天乡试同年齿录》载，"崇秀，年三十三岁，镶黄旗铁山佐领下四品宗室"。详见中国第一历史档案馆藏《镶黄旗第一族族长宗室桂格为镶黄旗第一族宗室文举人崇秀面貌出具图片事》，光绪二十四年三月，档案号：06-01-001-000721-0135。

　　[22]正蓝旗第一族宗室文举人璧庆，光绪十五年（1889）己丑恩科举人。据《光绪十五年己丑恩科顺天乡试同年全录》载，"宗室璧庆，年三十岁，正蓝旗文治佐领下四品宗室"。详见中国第一历史档案馆藏《正蓝旗第一族族长宗室裕舒为正蓝旗第一族应试光绪二十四年戊戌科文会试宗室文举人璧庆年貌三代出具图片事》，光绪二十四年正月，档案

号：06-01-001-000701-0044。

[23]正蓝旗第五族宗室举人胜全。光绪十四年（1888）中式文举人。《光绪十四年戊子科顺天乡试同年录》载，"胜全，年三十三岁，正蓝旗广裕佐领下四品宗室"。详见中国第一历史档案藏《正蓝旗广裕佐领下第五族族长宗室奉安为呈报宗室举人胜全松涛考试马步箭实系亲身赴考并无冒替等情事》，光绪十五年二月，档案号：06-01-001-000508-0112。

[24]正蓝旗第五族宗室举人松涛。光绪十四年（1888）中式文举人。《光绪十四年戊子科顺天乡试同年录》载，"松涛，年二十八岁，正蓝旗广裕佐领下四品宗室"。详见中国第一历史档案藏《正蓝旗广裕佐领下第五族族长宗室奉安为呈报宗室举人胜全松涛考试马步箭实系亲身赴考并无冒替等情事》，光绪十五年二月，档案号：06-01-001-000508-0112。

[25]正蓝旗第五族宗室举人崇善。光绪十四年（1888）中式文举人。《光绪十四年戊子科顺天乡试同年录》载，"崇善，年三十二岁，正蓝旗玉溥佐领下四品宗室"。详见中国第一历史档案藏《正蓝旗满洲都统为光绪十四年新中文举人宗室松涛胜全崇善等请领牌匾银两事》，光绪十四年十一月十二日，档案号：06-02-007-001075-0018。

[26]正红旗头族宗室举人庆愈，光绪十五年（1889）己丑恩科举人。《光绪十五年己丑恩科顺天乡试同年全录》载，"宗室庆愈，年二十三岁，正红旗札隆阿佐领下四品宗室"。详见中国第一历史档案藏《正红旗札隆阿佐领下头族族长凤平为呈报宗室举人庆愈应试光绪二十四年戊戌科会试预备钦派考试马步箭识认是实等事》，光绪二十四年二月二十七日，档案号：06-01-001-000515-0021。

[27]宗室文举人嵩海。《光绪丁酉科十八省正副榜同年全录》载，"嵩海，年二十岁，镶白旗恩荣佐领下四品宗室"。详见中国第一历史档案馆藏《礼部为请补行注明保送宗室文举人嵩海等长于何项科学事致宗人府》，光绪三十三年正月十一日，档案号：06-01-001-000518-0003；《礼部为片查宗室文举人嵩海等员长于何项科学等事致宗人府》，光绪三十三年四月二十四日，档案号：06-01-001-000393-0043；《礼部为前次保送宗室文举人嵩海等应准候考并请续送愿考之宗室文举人事致宗人府》，光绪三十三年二月十七日，档案号：06-01-001-000518-0004。

[28]正黄旗第一族宗室文举人德瀚。光绪十四年（1888）中式举人。《光绪十四年戊子科顺天乡试同年录》载，"德瀚，年二十三岁，正黄旗惠山佐领下四品宗室"。详见中国第一历史档案馆藏《署正黄旗第一族族长宗室钰培等为呈报光绪十四年戊子科文举人宗室德瀚年貌并无冒名顶替事》，光绪十六年二月，档案号：06-01-001-000508-0238。

[29]镶蓝旗第五族宗室文举人荣文。详见中国第一历史档案馆藏《镶蓝旗第五族族长宗室豫锜等为查明文举人宗室荣文官阶升迁事》，光绪三十二年，档案号：06-01-001-000758-0168。

［30］正蓝旗宗室文举人孚恒。《光绪二十年甲午科顺天乡试同年齿录》载，"宗室孚恒，字友兰，号久甫，行七。同治戊辰年四月二十一日吉时生，正蓝旗第六族英杰佐领下四品宗室。始祖和硕恭亲王。曾祖讳晋隆，初封辅国将军，袭封奉恩辅国公，理藩院尚书，领侍卫内大臣。曾祖妣卓佳氏。生曾祖妣曹佳氏。祖讳豫彩，应封宗室大考赏戴花翎，由荫生宗人府笔帖式考封辅国将军。祖妣那拉氏。本生祖讳豫本，嘉庆己卯科举人，道光丙戌科进士，原任宗人府理事官。本生祖妣瓜尔佳氏、张佳氏。父讳灵杰，三品荫生，赏戴花翎，原任山东按察使，钦加二品顶戴。妣氏伊尔根觉罗。生母葛佳氏。庶母马氏。胞叔祖豫芳，四品宗室。胞叔灵桂，道光乙未科举人、戊戌科传胪，原武英殿大学士，予谥"文恭"。胞兄孚馨，荫生，原任户部员外郎。孚曾，四品宗室。孚章、孚景、孚会，恩赏员外郎，现任工部员外郎，赏戴花翎，出嗣胞叔。胞侄宝瑛，荫生，宗人府笔帖式。宝琪、宝瑶，幼读。妻瓜尔佳氏，子宝瑚。女三"。《光绪甲午科十八省正副榜同年全录》载，"孚恒，年二十七岁，正蓝旗英杰佐领下四品宗室"。

［31］正蓝旗第八族宗室文举人世延。《光绪二十年甲午科顺天乡试齿录》载，"宗室世延，号继梅，行一。同治癸酉年六月初五日吉时生，正蓝旗第八族英杰佐领下四品宗室。始祖饶余敏亲王。曾祖讳崇积，袭封辅国公。妣氏乌雅。祖诲承韬，四品宗室。妣氏辙佳、苏完瓜尔佳氏。父讳魁瀛，光绪乙亥恩科举人，原任工部员外郎，赏戴花翎。母氏完颜。胞叔祖承绥，四品宗室；承鼎，四品宗室；承华，四品宗室。胞伯福克精阿，四品宗室。本生胞兄托普，宗人府候补笔帖式。托津，业儒。本生胞侄熙钧，幼读。妻裕瑚鲁氏"。详见中国第一历史档案馆藏《正蓝旗第八族族长宝焜等为光绪二十四年会试宗室世延实系亲身赴教场伺候考试并无冒名顶替等情出具识认图片事》，光绪二十四年，档案号：06-01-001-000515-0220。

［32］正蓝旗第一族宗室文举人龢颐。光绪十九年（1893）中式举人。《光绪十九年癸巳恩科顺天乡试同年齿录》载，"龢颐，年二十六岁，正蓝旗玉溥佐领下四品宗室"。详见中国第一历史档案馆藏《正蓝旗第二族族长宗室和祥等为文举人宗室龢颐亲身赴场考试并无冒名顶替出具图片事》，光绪二十四年，档案号：06-01-001-000515-0180。

［33］正黄旗头族宗室文举人俊文。

［34］正蓝旗第二族宗室文举人崇森。详见中国第一历史档案馆藏《正蓝旗第二族族长宗室和祥等为文会试之宗室崇森系亲身赴考并无顶替出具图片事》，光绪二十一年，档案号：06-01-001-000511-0182。

［35］镶白旗宗室文举人世珣。《光绪丁酉科十八省正副榜同年全录》载，"世珣，年三十一岁，镶白旗恩荣佐领下四品宗室"。

［36］镶蓝旗宗室文举人柏森。《光绪丁酉科十八省正副榜同年全录》载，"柏森，年

二十四岁，镶蓝旗庆博佐领下四品宗室"。

　　［37］镶蓝旗宗室文举人荣文。《光绪丁酉科十八省正副榜同年全录》载，"荣文，年二十岁，镶蓝旗庆博佐领下四品宗室"。

　　［38］镶白旗宗室文举人敖泰。

　　［39］宗室文举人绵英。

　　［40］正红旗宗室文举人曾宁。

　　［41］正白旗宗室文举人荣喜。

　　［42］正蓝旗宗室文举人萨克汤阿。

　　［43］正蓝旗第一族内宗室举人书保。

　　［44］镶红旗宗室文举人崇兴。

# 《宗室贡举备考》补证 3

　　瑞联著《宗室贡举备考》未载宗室翻译进士、举人。笔者已考翻译进士 10 名，详见表 4、表 5。在此补证部分宗室翻译举人如下。

　　[1] 宗室翻译举人遐亮。嘉庆九年（1804）甲子科中式翻译举人。详见中国第一历史档案馆藏《宗人府右司为嘉庆九年甲子科翻译乡试中式举人宗室遐亮等名次行各该处事》，嘉庆九年九月初五日，档案号：06-01-002-000080-0065。嘉庆十一年补放宗人府主事。详见台北史语所藏《内阁大库档案》，《宗人府经历司照得乙丑科翻译进士宗室遐亮补放本府主事带领引见已经奉旨系清字相应抄录粘单知会稽察房查照》，嘉庆十一年二月，登录号：203690。

　　[2] 镶红旗第三族宗室翻译举人明迈。

　　[3] 宗室翻译举人存华。嘉庆七年（1802）中式顺天府翻译举人。详见台北史语所藏《内阁大库档案》，《顺天府府尹阎泰和题报中式宗室举人存华等八名满洲蒙古汉军举人讷尔经厄等二十名蒙古举人常明等四名例应于揭晓次日早随主考等官入朝谢恩》，嘉庆七年八月十六日，登录号：065549。

　　[4] 宗室翻译举人奕廷。嘉庆十三年（1808）中式顺天府翻译举人。详见台北史语所藏《内阁大库档案》，《吏部尚书兼管顺天府府尹事务邹炳泰题报嘉庆十三年宗室人员八旗蒙古人等翻译考试于九月二十八日揭晓所有中式宗室举人奕廷等应于揭晓次日黎明随主考等官入朝谢恩》，嘉庆十三年九月二十八日，登录号：115417。中国第一历史档案藏《为赴部关支嘉庆戊辰恩科顺天翻译乡试中式宗室举人奕廷等应给旗匾银两事》，嘉庆十三年十二月初十日，档案号：05-13-002-000542-0084。

　　[5] 正红旗第四族宗室翻译举人春禄。详见中国第一历史档案馆藏《正红旗第四族族长荣璋为宗室举人春禄应入光绪二十四年戊戌科翻译会试出具图片事》，光绪二十四年，档案号：06-01-001-000515-0174。

　　[6] 正蓝旗第二族宗室翻译举人倭克金布。

　　[7] 宗室翻译举人纯祥。详见中国第一历史档案馆藏《宗人府经历司为将宗室翻译举人纯祥补放笔帖式带领引见事》，道光十五年闰六月十九日，档案号：06-02-006-000014-0043。

［8］宗室翻译举人都本图。详见中国第一历史档案馆藏《宗人府经历司为将宗室翻译举人都本图坐补宗人府笔帖式带领引见事》，道光二十六年二月二十七日，档案号：06-02-006-000016-0027。

［9］宗室翻译举人连瑞。详见中国第一历史档案馆藏《宗人府经历司为将宗室翻译举人连瑞坐补宗人府笔帖式带领引见已经奉旨行各该处事》，道光二十二年八月十九日，档案号：06-02-007-000077-0039。

［10］宗室翻译举人观英。详见中国第一历史档案馆藏《宗人府经历司为将宗室翻译举人观英坐补宗人府笔帖式带领引见已经奉旨行各该处事》，道光十九年九月二十二日，档案号：06-02-007-000073-0038。

［11］宗室翻译举人荣捷。详见中国第一历史档案馆藏《宗人府经历司为将宗室翻译举人荣捷坐补宗人府笔帖式带领引见已经奉旨行各该处事》，道光十七年八月初七日，档案号：06-02-007-000067-0032。

［12］镶白旗宗室翻译举人文布。详见中国第一历史档案馆藏《宗人府经历司为将宗室翻译举人文布坐补宗人府笔帖式带领引见事》，道光十八年正月二十六日，档案号：06-02-006-000013-0016。

［13］镶蓝旗第五族宗室翻译举人国欢。

［14］镶蓝旗宗室翻译举人方龄。

［15］镶蓝旗宗室翻译举人德双。

［16］镶蓝旗宗室翻译举人咸敏。

［17］镶白旗宗室翻译举人奕岳。

［18］正蓝旗宗室翻译举人连秀。详见中国第一历史档案馆藏《宗人府右司为嘉庆二十一年丙子科翻译乡试中式举人宗室连秀等名次行各该处事》，嘉庆二十一年十月十三日，档案号：06-01-002-000090-0018。

［19］正红旗宗室翻译举人苏力。

［20］镶白旗宗室翻译举人文元。

［21］镶白旗宗室翻译举人文丕。

［22］正蓝旗第四族宗室文举人定恒。麟书孙，钦赐举人。详见中国第一历史档案馆藏《正蓝旗满洲都统贝子溥伦、署正蓝旗满洲副都统岳梁等为鸿胪寺正卿宗室英绵应得四品荫生情愿荫与次子恩赐举人宗室定恒请查照事致宗人府》，光绪三十一年，档案号：06-02-004-000224-0095。

［23］正蓝旗宗室翻译举人廉秀。

［24］正红旗宗室翻译举人文秀。

〔25〕镶蓝旗第四族宗室翻译举人咸明。

〔26〕正蓝旗宗室翻译举人淳祥。详见台北史语所藏《内阁大库档案》,《内阁抄出奉旨宗人府笔帖式翻译举人宗室淳祥著准其开缺一体会试钦此》,道光十七年十月初九日,登录号：292182-045。

〔27〕镶白旗头族宗室翻译举人全凝（更名全魁）。

〔28〕正白旗头族宗室翻译举人清恒。详见中国第一历史档案馆藏《笔帖式英华遗缺轮应翻译举人宗室清恒到班单》,无朝年,档案号：06-02-004-000254-0175。

〔29〕宗室翻译举人明凯,补放笔帖式。详见中国第一历史档案馆藏《宗人府经历司为将翻译举人宗室明凯补放笔帖式带领引见事》,道光十年八月初二日,档案号：06-02-006-000015-0023。

〔30〕正蓝旗宗室翻译举人淳贵。

# 附录1　清朝宗室文进士辑录

| 姓名 | 旗籍 | 科份 | 甲次 |
|---|---|---|---|
| 达麟图 | 正蓝旗 | 乾隆十年乙丑科 | 3-90 |
| 平泰 | 正蓝旗 | 乾隆十三年戊辰科 | 2-57 |
| 良成 | 正蓝旗 | 乾隆十三年戊辰科 | 3-57 |
| 果齐斯欢 | 镶蓝旗 | 嘉庆七年壬戌科 | 3-52 |
| 德朋阿 | 正蓝旗 | 嘉庆七年壬戌科 | 3-112 |
| 慧端 | 镶蓝旗 | 嘉庆七年壬戌科 | 3-126 |
| 崇弼 | 镶蓝旗 | 嘉庆十年乙丑科 | 2-93 |
| 德退 | 镶白旗 | 嘉庆十年乙丑科 | 3-133 |
| 敏勒 | 正蓝旗 | 嘉庆十三年戊辰科 | 3-59 |
| 德刚阿 | 正蓝旗 | 嘉庆十三年戊辰科 | 3-87 |
| 功袭 | 正蓝旗 | 嘉庆十三年戊辰科 | 3-118 |
| 瑞林 | 正蓝旗 | 嘉庆十四年己巳科 | 2-69 |
| 崇硕 | 镶蓝旗 | 嘉庆十四年己巳科 | 3-36 |
| 惟勤 | 镶蓝旗 | 嘉庆十四年己巳科 | 3-84 |
| 景麟 | 镶红旗 | 嘉庆十四年己巳科 | 3-84 |
| 奕泽 | 正红旗 | 嘉庆十六年辛未科 | 2-45 |
| 达英 | 镶白旗 | 嘉庆十六年辛未科 | 3-120 |
| 海濂 | 镶红旗 | 嘉庆十六年辛未科 | 3-138 |
| 素博通额 | 镶蓝旗 | 嘉庆十九年甲戌科 | 2-18 |
| 德喜保 | 镶蓝旗 | 嘉庆十九年甲戌科 | 2-58 |

| 姓名 | 旗籍 | 科份 | 甲次 |
|---|---|---|---|
| 绩兰 | 正蓝旗 | 嘉庆十九年甲戌科 | 3-65 |
| 保瑞 | 正蓝旗 | 嘉庆二十二年丁丑科 | 2-95 |
| 功普 | 正蓝旗 | 嘉庆二十二年丁丑科 | 3-35 |
| 桂彬 | 镶蓝旗 | 嘉庆二十二年丁丑科 | 3-81 |
| 讷勒亨额 | 正蓝旗 | 嘉庆二十四年己卯科 | 3-31 |
| 铁麟 | 正蓝旗 | 嘉庆二十四年己卯科 | 3-43 |
| 希哲 | 镶蓝旗 | 嘉庆二十四年己卯科 | 3-64 |
| 鄂尔端 | 正蓝旗 | 嘉庆二十四年己卯科 | 3-69 |
| 瑞麟保 | 正蓝旗 | 嘉庆二十五年庚辰科 | 2-79 |
| 成朗 | 镶蓝旗 | 嘉庆二十五年庚辰科 | 2-81 |
| 桂森 | 镶蓝旗 | 嘉庆二十五年庚辰科 | 3-93 |
| 庆全 | 正蓝旗 | 嘉庆二十五年庚辰科 | 3-129 |
| 佛尔国保 | 正蓝旗 | 道光二年壬午科 | 2-42 |
| 恩桂 | 镶蓝旗 | 道光二年壬午科 | 2-66 |
| 保极 | 正蓝旗 | 道光二年壬午科 | 3-40 |
| 受庆 | 正蓝旗 | 道光二年壬午科 | 3-50 |
| 奕蒿 | 镶蓝旗 | 道光三年癸未科 | 3-28 |
| 华德 | 镶红旗 | 道光三年癸未科 | 3-33 |
| 海朴 | 镶蓝旗 | 道光三年癸未科 | 3-53 |
| 文溥 | 镶白旗 | 道光三年癸未科 | 3-126 |
| 德诚 | 镶蓝旗 | 道光六年丙戌科 | 2-79 |
| 毓本 | 正蓝旗 | 道光六年丙戌科 | 2-110 |
| 奕书 | 镶蓝旗 | 道光六年丙戌科 | 3-114 |
| 伊克唐阿 | 正红旗 | 道光六年丙戌科 | 3-130 |
| 恩来 | 镶红旗 | 道光九年己丑科 | 2-88 |

续表

| 姓名 | 旗籍 | 科份 | 甲次 |
|------|------|------|------|
| 奎光 | 镶红旗 | 道光九年己丑科 | 3-46 |
| 瑞兴 | 镶红旗 | 道光九年己丑科 | 3-102 |
| 庆安 | 正蓝旗 | 道光十二年壬辰科 | 2-21 |
| 善焘 | 镶白旗 | 道光十二年壬辰科 | 2-66 |
| 常禄 | 正蓝旗 | 道光十二年壬辰科 | 3-21 |
| 惠霖 | 正蓝旗 | 道光十二年壬辰科 | 3-29 |
| 崇文 | 镶蓝旗 | 道光十三年癸巳科 | 2-5 |
| 保清 | 正蓝旗 | 道光十三年癸巳科 | 2-55 |
| 英瑞 | 正蓝旗 | 道光十三年癸巳科 | 3-54 |
| 英淳 | 镶蓝旗 | 道光十五年乙未科 | 2-45 |
| 英继 | 镶蓝旗 | 道光十五年乙未科 | 2-117 |
| 英绶 | 正蓝旗 | 道光十五年乙未科 | 3-43 |
| 和淳 | 镶蓝旗 | 道光十六年丙申科 | 2-52 |
| 荣菜 | 正蓝旗 | 道光十六年丙申科 | 3-47 |
| 灵桂 | 正蓝旗 | 道光十八年戊戌科 | 2-1 |
| 联英 | 正蓝旗 | 道光十八年戊戌科 | 3-64 |
| 和润 | 镶蓝旗 | 道光二十年庚子科 | 2-48 |
| 载龄 | 镶蓝旗 | 道光二十一年辛丑科 | 3-09 |
| 秀平 | 镶红旗 | 道光二十一年辛丑科 | 3-22 |
| 锡龄 | 镶蓝旗 | 道光二十一年辛丑科 | 3-44 |
| 煜纶 | 正红旗 | 道光二十四年甲辰科 | 3-26 |
| 英绩 | 正白旗 | 道光二十四年甲辰科 | 3-41 |
| 定纶 | 镶蓝旗 | 道光二十五年乙巳科 | 2-95 |
| 崇光 | 镶蓝旗 | 道光二十五年乙巳科 | 3-110 |
| 载铿 | 镶红旗 | 道光二十七年丁未科 | 2-91 |

| 姓名 | 旗籍 | 科份 | 甲次 |
|------|------|------|------|
| 兴苍 | 正蓝旗 | 道光二十七年丁未科 | 3-62 |
| 载肃 | 镶红旗 | 道光三十年庚戌科 | 3-18 |
| 谦惠 | 正红旗 | 道光三十年庚戌科 | 3-22 |
| 绵宜 | 镶白旗 | 咸丰二年壬子科 | 2-55 |
| 阿里汉 | 正蓝旗 | 咸丰二年壬子科 | 3-42 |
| 麟书 | 正蓝旗 | 咸丰三年癸丑科 | 2-69 |
| 瑞联 | 正蓝旗 | 咸丰三年癸丑科 | 3-26 |
| 延煦 | 正蓝旗 | 咸丰六年丙辰科 | 2-9 |
| 豁穆欢 | 正蓝旗 | 咸丰六年丙辰科 | 2-78 |
| 常珩 | 镶白旗 | 咸丰九年己未科 | 2-51 |
| 福锟 | 镶蓝旗 | 咸丰九年己未科 | 2-73 |
| 阿克丹 | 正白旗 | 咸丰十年庚申科 | 2-13 |
| 宝森 | 镶蓝旗 | 咸丰十年庚申科 | 2-78 |
| 昆冈 | 正蓝旗 | 同治元年壬戌科 | 2-28 |
| 桂昂 | 正蓝旗 | 同治元年壬戌科 | 3-57 |
| 奎润 | 正蓝旗 | 同治二年癸亥科 | 2-39 |
| 承福 | 镶蓝旗 | 同治二年癸亥科 | 2-66 |
| 松森 | 正蓝旗 | 同治四年乙丑科 | 2-4 |
| 岳琪 | 镶蓝旗 | 同治四年乙丑科 | 3-152 |
| 宝廷 | 镶蓝旗 | 同治七年戊辰科 | 2-06 |
| 恩景 | 正白旗 | 同治七年戊辰科 | 3-67 |
| 硕济 | 正蓝旗 | 同治十年辛未科 | 3-2 |
| 多泰 | 镶白旗 | 同治十年辛未科 | 3-132 |
| 良贵 | 镶红旗 | 同治十三年甲戌科 | 2-80 |
| 奎郁 | 正蓝旗 | 同治十三年甲戌科 | 3-16 |

续表

| 姓名 | 旗籍 | 科份 | 甲次 |
|------|------|------|------|
| 会章 | 正蓝旗 | 光绪二年丙子科 | 2–99 |
| 盛昱 | 镶白旗 | 光绪三年丁丑科 | 2–10 |
| 恩桂 | 盛京正白旗 | 光绪三年丁丑科 | 2–75 |
| 崇宽 | 镶蓝旗 | 光绪六年庚辰科 | 2–25 |
| 溥良 | 正蓝旗 | 光绪六年庚辰科 | 2–37 |
| 溥蜕 | 镶红旗 | 光绪六年庚辰科 | 2–79 |
| 寿耆 | 正蓝旗 | 光绪九年癸未科 | 1–2 |
| 绵文 | 镶白旗 | 光绪九年癸未科 | 2–60 |
| 吉绅 | 镶红旗 | 光绪十二年丙戌科 | 3–3 |
| 景厚 | 镶蓝旗 | 光绪十二年丙戌科 | 3–99 |
| 瑞贤 | 正白旗 | 光绪十五年己丑科 | 2–64 |
| 希廉 | 正红旗 | 光绪十五年己丑科 | 3–9 |
| 宝丰 | 正蓝旗 | 光绪十五年己丑科 | 3–67 |
| 载昌 | 镶蓝旗 | 光绪十六年庚寅科 | 2–26 |
| 文榘 | 镶蓝旗 | 光绪十六年庚寅科 | 2–97 |
| 荣光 | 正蓝旗 | 光绪十六年庚寅科 | 2–106 |
| 宝熙 | 正蓝旗 | 光绪十八年壬辰科 | 2–7 |
| 溥岳 | 镶红旗 | 光绪十八年壬辰科 | 3–55 |
| 长绍 | 正蓝旗 | 光绪十八年壬辰科 | 3–61 |
| 松铎 | 镶白旗 | 光绪二十年甲午科 | 2–108 |
| 毓隆 | 正蓝旗 | 光绪二十年甲午科 | 2–109 |
| 承霖 | 正蓝旗 | 光绪二十年甲午科 | 3–75 |
| 锡嘏 | 正蓝旗 | 光绪二十一年乙未科 | 2–71 |
| 宝铭 | 正蓝旗 | 光绪二十一年乙未科 | 3–45 |
| 海明 | 正蓝旗 | 光绪二十一年乙未科 | 3–190 |

续表

| 姓名 | 旗籍 | 科份 | 甲次 |
|------|------|------|------|
| 文斌 | 正蓝旗 | 光绪二十四年戊戌科 | 2-84 |
| 寿富 | 镶蓝旗 | 光绪二十四年戊戌科 | 2-88 |
| 舒荣 | 镶红旗 | 光绪二十四年戊戌科 | 2-121 |

# 附录2 《宗室贡举备考》所载宗室中式年份

| | |
|---|---|
| 乾隆十年乙丑科会试 | 公元1745年 |
| 乾隆十三年戊辰科会试 | 公元1748年 |
| 嘉庆六年辛酉科乡试 | 公元1801年 |
| 嘉庆七年壬戌科会试 | 公元1802年 |
| 嘉庆九年甲子科乡试 | 公元1804年 |
| 嘉庆十年乙丑科会试 | 公元1805年 |
| 嘉庆十二年丁卯科乡试 | 公元1807年 |
| 嘉庆十三年戊辰科会试 | 公元1808年 |
| 嘉庆十三年戊辰恩科乡试 | 公元1808年 |
| 嘉庆十四年己巳恩科会试 | 公元1809年 |
| 嘉庆十五年庚午科乡试 | 公元1810年 |
| 嘉庆十六年辛未科会试 | 公元1811年 |
| 嘉庆十八年癸酉科乡试 | 公元1813年 |
| 嘉庆十九年甲戌科会试 | 公元1814年 |
| 嘉庆二十一年丙子科乡试 | 公元1816年 |
| 嘉庆二十二年丁丑科会试 | 公元1817年 |
| 嘉庆二十三年戊寅恩科乡试 | 公元1818年 |
| 嘉庆二十四年己卯恩科会试 | 公元1819年 |
| 嘉庆二十四年己卯科乡试 | 公元1819年 |
| 嘉庆二十五年庚辰科会试 | 公元1820年 |
| 道光元年辛巳恩科乡试 | 公元1821年 |
| 道光二年壬午恩科会试 | 公元1822年 |
| 道光二年壬午科乡试 | 公元1822年 |
| 道光三年癸未科会试 | 公元1823年 |
| 道光五年乙酉科乡试 | 公元1825年 |
| 道光六年丙戌科会试 | 公元1826年 |

| | |
|---|---|
| 道光八年戊子科乡试 | 公元 1828 年 |
| 道光九年己丑科会试 | 公元 1829 年 |
| 道光十一年辛卯恩科乡试 | 公元 1831 年 |
| 道光十二年壬辰恩科会试 | 公元 1832 年 |
| 道光十二年壬辰科乡试 | 公元 1832 年 |
| 道光十三年癸巳科会试 | 公元 1833 年 |
| 道光十四年甲午科乡试 | 公元 1834 年 |
| 道光十五年乙未科会试 | 公元 1835 年 |
| 道光十五年乙未恩科乡试 | 公元 1835 年 |
| 道光十六年丙申恩科会试 | 公元 1836 年 |
| 道光十七年丁酉科乡试 | 公元 1837 年 |
| 道光十八年戊戌科会试 | 公元 1838 年 |
| 道光十九年己亥恩科乡试 | 公元 1839 年 |
| 道光二十年庚子恩科会试 | 公元 1840 年 |
| 道光二十年庚子科乡试 | 公元 1840 年 |
| 道光二十一年辛丑科会试 | 公元 1841 年 |
| 道光二十三年癸卯科乡试 | 公元 1843 年 |
| 道光二十四年甲辰科会试 | 公元 1844 年 |
| 道光二十四年甲辰恩科乡试 | 公元 1844 年 |
| 道光二十五年乙巳恩科会试 | 公元 1845 年 |
| 道光二十六年丙午科乡试 | 公元 1846 年 |
| 道光二十七年丁未科会试 | 公元 1847 年 |
| 道光二十九年己酉科乡试 | 公元 1849 年 |
| 道光三十年庚戌科会试 | 公元 1850 年 |
| 咸丰元年辛亥恩科乡试 | 公元 1851 年 |
| 咸丰二年壬子恩科会试 | 公元 1852 年 |
| 咸丰二年壬子科乡试 | 公元 1852 年 |
| 咸丰三年癸丑科会试 | 公元 1853 年 |
| 咸丰五年乙卯科乡试 | 公元 1855 年 |
| 咸丰六年丙辰科会试 | 公元 1856 年 |
| 咸丰八年戊午科乡试 | 公元 1858 年 |
| 咸丰九年己未科会试 | 公元 1859 年 |

| | |
|---|---|
| 咸丰九年己未恩科乡试 | 公元 1859 年 |
| 咸丰十年庚申恩科会试 | 公元 1860 年 |
| 咸丰十一年辛酉科乡试 | 公元 1861 年 |
| 同治元年壬戌科会试 | 公元 1862 年 |
| 同治元年壬戌恩科乡试 | 公元 1862 年 |
| 同治二年癸亥恩科会试 | 公元 1863 年 |
| 同治三年甲子科乡试 | 公元 1864 年 |
| 同治四年乙丑科会试 | 公元 1865 年 |
| 同治六年丁卯科乡试 | 公元 1867 年 |
| 同治七年戊辰科会试 | 公元 1868 年 |
| 同治九年庚午科乡试 | 公元 1870 年 |
| 同治十年辛未科会试 | 公元 1871 年 |
| 同治十二年癸酉科乡试 | 公元 1873 年 |
| 同治十三年甲戌科会试 | 公元 1874 年 |
| 光绪元年乙亥恩科乡试 | 公元 1875 年 |
| 光绪二年丙子恩科会试 | 公元 1876 年 |
| 光绪二年丙子科乡试 | 公元 1876 年 |
| 光绪三年丁丑科会试 | 公元 1877 年 |
| 光绪五年己卯科乡试 | 公元 1879 年 |
| 光绪六年庚辰科会试 | 公元 1880 年 |
| 光绪八年壬午科乡试 | 公元 1882 年 |
| 光绪九年癸未科会试 | 公元 1883 年 |
| 光绪十一年乙酉科乡试 | 公元 1885 年 |
| 光绪十二年丙戌科会试 | 公元 1886 年 |

# 附录3　从清代档案看英王阿济格后裔的荣辱起伏

## 一、阿济格后裔被黜革宗籍

阿济格是清太祖努尔哈赤的第十二子，生于明万历三十三年（1605）七月十五日，其母为大妃阿巴亥，与多尔衮和多铎为一母同胞之兄弟。阿济格年少时初封台吉，随着在太祖、太宗两朝的成长与战功，逐步晋封为贝勒、郡王。由于阿济格、多尔衮和多铎受到努尔哈赤的喜爱，三人均为掌旗贝勒，而阿济格又与多尔衮同旗，这大大提升了兄弟三人在众贝勒中的地位与实力。在皇太极突然去逝和福临继位前的皇位空白期，阿济格与多铎支持多尔衮争夺帝位，为其日后遭到清算埋下伏笔。顺治元年（1644），阿济格因功受封为和硕英亲王，但也由于诓报军情、勒索马匹、向地方嘱托公事等，声名狼藉，多次受到批评和惩处。顺治六年（1649）六月，阿济格竟然要代替济尔哈朗而称"叔王"。他启奏摄政王多尔衮，声称："郑亲王乃叔父子，不当称叔王。予乃太祖之子、皇帝之叔，当以予为叔王。"摄政王于是廷数其妄思越分，并私除职官等罪，令勿预部务、接汉官。[①] 多尔衮的这一惩处实际上是对阿济格的警告与抑制，不希望他僭越染指最高权力，当然也是对其个人能力的一种否定。

多尔衮暴毙于塞外喀喇河屯后，不再受到其弟抑制的阿济格还意图效仿多尔衮，争夺朝政控制权，成为下一任摄政王。《清皇室四谱》载，"（阿济格在）多尔衮死时密谋作乱"。[②] 阿济格先是在诸王吊唁多尔衮时不出席，私自召唤他的第五子郡王劳亲密谈，后又发生了顺治帝福临"迎丧，王又不去佩刀"等事，结果原摄政王多尔衮近侍额克亲、吴拜、苏拜等人将其效法多尔衮摄政的意图告发于郑亲王济尔哈朗。随着次年初多尔衮被清算，原本对阿济格"削爵幽禁"的处罚被认为"初议阿济格罪尚轻"，最终被赐自尽，籍其家，"诸子皆黜为庶人子孙"。与阿济格一同被赐死的还有其子郡王劳亲。

阿济格被赐自尽后，他的子孙地位急转直下，处于被黜革的庶人地位，生活无着。在康熙初年，为了缓解清初权力争夺的张力，康熙帝为阿济格次子傅勒赫恢复了宗籍，追封他为镇国公，其本支子孙以镇国公降袭爵位，这在一定程度上恢复了英亲王阿济格一脉的

---

① 《钦定宗室王公功绩表传》卷3，钦定四库全书本，第34页。

② 唐邦治辑：《清皇室四谱》，台北：文海出版社，1966年，第122页。

*184*

传承。至康熙五十二年（1713），康熙帝又将阿济格第三子伯尔逊、第八子佟塞、第十子鄂拜、第十一子班进泰各支赐给红带子，附入玉牒，部分地恢复了阿济格后代的身份，不过各支系后裔依旧处于无宗籍和被轻视的状态，尚无法获得宗室的待遇。

## 二、乾隆帝全面恢复阿济格后裔的宗室身份

乾隆四十三年（1778）正月，乾隆帝为睿亲王多尔衮平反，同时给予睿亲王、礼亲王、郑亲王、豫亲王、肃亲王、克勤郡王配享太庙的资格。配享的六王为太祖努尔哈赤子、侄、孙辈，在清军入关前后战功卓著，比之前配享太庙的礼敦和额尔衮等人战功更加显赫，而他们久未配享太庙的原因即牵涉清初政治，故而久悬未定。顺治帝亲政后，将摄政王多尔衮定性为专擅跋扈、有不臣之心之人，康熙、雍正两朝未敢变更，而经过了120余年，乾隆帝则认为多尔衮乃清代的周公，如若入关之初真有反心，手握兵权的多尔衮何事不可为？有鉴于此，乾隆帝担心若自己再不做修正，后世子孙将无人敢为多尔衮翻案，故毅然决然地于乾隆四十三年为多尔衮平反。乾隆帝说道："睿亲王多尔衮当开国时，首先统众入关，抚定疆宇，寻即奉迎世祖定鼎燕京。厥功最著，顾以摄政年久，颇多自专，诸王大臣未免畏忌，致殁后为苏克萨哈等构陷诬，以逆谋削爵。夫睿亲王果萌异志，方兵权掌握何事不可为？乃不于彼时因利乘便，直至身后以借用明黄龙衮指为觊觎之证，有是情理乎？予因恭阅实录谂知王之立心行事，忠荩出于至诚，为史册所罕见，皇祖时亦有睿王即我朝周公之旨。"因此，乾隆四十三年正月辛未日，乾隆帝下谕："睿亲王、礼亲王、郑亲王、豫亲王、肃亲王、克勤郡王俱著补置牌位，配享太庙，用以妥功宗而昭渥典。"（《清高宗实录》卷1048）与之同时，本着"因念宗藩远派既为蒆寔酬庸，而近属本支岂宜异"的原则，乾隆帝还谕旨将允禩和允禟原名收入玉牒，其子孙也一并叙入。[①]

正是在乾隆帝本着"此事重大，朕若不言后世子孙亦无敢言"的信念团结宗室、集中缓解由清初诸王和父辈政争导致的紧张关系的大背景下，虽然阿济格自身的罪名没有被撤销，但是乾隆帝还是加恩惠及了阿济格的后人，让他们复入宗籍，系黄带子。乾隆帝于乾隆四十三年（1778）正月十四日明发上谕曰："今思傅乐赫一支既已作为宗室袭爵，其有后之伯尔逊等各支，及无后之和度等同系英亲王之子孙，似毋庸复为区别。因推广皇祖恩意，著交宗人府一体查明，复还黄带子，列入宗谱，钦此！"[②]

① 中国第一历史档案馆编：《乾隆朝上谕档》第8册，北京：中国档案出版社，1991年，第883页。
② 中国第一历史档案馆编：《乾隆朝上谕档》第8册，北京：中国档案出版社，1991年，第885页。

乾隆四十三年正月十四日上谕

　　阿济格的子孙恢复宗籍后，朝廷满汉大臣十分重视，阿桂等人联名上奏称"今英亲王各支之子孙蒙复入宗室，所有复入宗室人员既据该旗造册送部"。乾隆五十四年（1789）二月二十四日，朝廷大臣阿桂、程景伊、瑚世泰、董诰、和珅、王杰六人联名上奏乾隆帝，列出阿济格在乾隆朝后代的现状，不仅纳入宗人府管理，而且为宦绩调补、升转提供依据。阿桂称："臣部查册内有现任知州并现系部属及候补司库等官，例应一体出交于宗人府分别改补，除应开之缺，臣部业经开缺办理外，谨将各员现在品级按照宗人府额设官阶对品补。"①根据吏部的奏报，乾隆帝认为在京外任职的阿济格后人"仍与满洲人员一体升转，毋庸出缺改补"，而现在尚未出仕、候补、议叙等人"亦仍以满洲员缺照旧铨用"。至于那些尚未经出仕的阿济格子孙后代，则"照宗人府旧例"，而官学生俱即改归宗学。军机处将旨意传达到地方后，地方奏报乾隆帝查访所得的阿济格后人现状，并根据以上原则安排、调补如下②：

　　　　现任广东化州知州诚速一员。查知州改补部属例用主事。今应以宗人府主事改补。
　　　　现任步军统领衙门员外郎庆禄一员。
　　　　现任工部员外郎苏成额一员。查员外郎与副理事官系属对品，应以宗人府副理事

---

　　①　台北故宫博物院藏：《军机处档折件》，《奏将英亲王各支之子孙复入宗室人员照现在品级接照宗人府额设官阶对品补用开列清单恭呈（附清单二件）》，乾隆五十四年二月二十四日，档案号：039871。
　　②　台北故宫博物院藏：《军机处档折件》，《奏将英亲王各支之子孙复入宗室人员照现在品级接照宗人府额设官阶对品补用开列清单恭呈（附清单二件）》，乾隆五十四年二月二十四日，档案号：039871。

官改用。

候补司库克昌一员。查司库系正七品小京官，亦系笔帖式升缺，宗人府并无额设。小京官员缺若遽改补主事，又未免过优，应请将该员暂补宗人府笔帖式，随同司员办事。如果勤勉，准其列名在笔帖式之前，以主事升用。

方略馆译汉官文生员克成一员。

方略馆译汉官官学生明伦一员。查克成现充译汉官，将来议叙时应以笔帖式补用。今复入宗室仍令其俱暂在宗学生上行走矣。议叙后再以宗人府笔帖式补用。

国子监官学教习文生员护军恒玉一员。查官学教习向例三年期满议叙以笔帖式用，应将该员入于宗人府额外笔帖式上行走。如能勤勉，准其以宗人府笔帖式补用。

咸安宫官学生常欣。

国子监官学生明圆。

国子监官学生奎武。

国子监官学生奎文。

国子监官学生奎光。查常欣等五名现充各学官学生应令其改补宗学官学生。

对于乾隆帝允准阿济格后人复入宗籍，并给予宦绩调补、安排的谕旨，一些京外为官的阿济格后人欣喜异常，纷纷上奏乾隆帝以谢"天恩"。乾隆四十三年（1778）闰六月十七日，时任广东化州知州的诚速让广东巡抚李质颖代为上奏谢恩，上奏《化州知州诚速蒙恩复还黄带子列入宗谱叩谢天恩》，折内有"依日月而复侧宗支，更蒙巽命重申，附天潢而仍留职官，改恩施于奕世子孙，永沐庥光"[①]的谢恩语句。诚速后来官至光禄寺少卿。时科布多参赞大臣明善上《奏武英亲王后裔奉旨恢复宗室属籍而谢恩折》向乾隆帝谢恩，[②]其后于乾隆四十九年（1784）在西安副都统任上战死疆场。此外，阿济格不少后代在乾隆时期均有官职，除去承袭爵位的九成、谦德、顺德、扎坤泰、永武等人，还有敦敏官至右翼宗学总管，素成额经翻译科仕至郎中。

### 三、乾隆朝以后阿济格后裔宦绩的文武并举

在乾隆朝以后，阿济格后裔除承袭爵位者，还有不少出任武职将军者，如明善之孙成凯为绥远城将军，曾孙祥厚在咸丰年间任江宁将军，与其先祖明善一样战死疆场。可以说，

① 台北故宫博物院藏《军机处档折件》，《化州知州诚速蒙恩复还黄带子列入宗谱叩谢天恩》，乾隆四十三年闰六月十七日，档案号：020421。

② 中国第一历史档案馆藏：《军机处录副奏折》，《明善奏武英亲王后裔奉旨恢复宗室属籍而谢恩折》，乾隆四十三年三月初四日，档案号：03-0188-2737-016。

乾隆四十三年（1778）正月恢复阿济格后人地位之后，作为远支宗室的一支，阿济格的子孙逐渐改变了之前因罪被排挤和被边缘化的境遇，开始步入清朝官僚系统。不过，阿济格的后人并非偏重武职，而是有着文武并举的特点。

自道光二年（1822）始，英亲王阿济格的后代中出现了数位科举及第者。最早中式者是道光二年的重兴（绵字辈），他中式顺天乡试，由宗学总管官至理藩院郎中。[①] 其次是阿济格的六世孙华德，他在道光三年（1823）中式三甲第三十三名进士，馆选翰林院，散馆后授宗人府主事。[②] 第三位是广振（载字辈）中式道光十五年（1835）顺天府乡试。[③] 第四位是奎福（奕字辈），道光二十年（1840）中式顺天府乡试，官宗人府笔帖式。[④] 第五位是阿济格七世孙秀平，中式道光二十一年（1841）第三甲第二十二名进士，任工部候补主事，道光二十八年（1848）七月承袭奉恩将军。[⑤] 第六位是良贵（载字辈），中式同治十三年（1873）二甲第八十名进士，馆选翰林院庶吉士，散馆授编修，官翰林院侍读学士。[⑥] 还有中式光绪十二年（1886）三甲第三名的吉绅（溥字辈），官刑部主事。[⑦]

以上这七位阿济格后裔在家族恢复宗籍后，不仅有机会升补宗人府职官，而且可以通过科举应试维系本支的威望和生计，相较于乾隆四十三年（1778）以前，境遇已大有改观，同其他宗室通过科举制度维系自己的生活类似（如庄亲王、礼亲王、恭亲王后裔中多有凭借科举入仕的宗室进士）。

## 结　语

英亲王阿济格作为清太祖努尔哈赤的第十二子和摄政王多尔衮的同母胞兄，在皇太极和顺治朝前期屡立战功，爵位从台吉、贝勒、郡王加升至亲王。不过，由于他的屡次犯错和鲁莽性格，多尔衮屡次给予处罚和抑制，在一定程度上可以看作对这位胞兄的反向"保护"。但随着多尔衮的突然去世，这位摄政王的坚定支持者野心勃勃地希望复制其弟的权势，意图密谋夺取摄政王位，终因被举发而事败被囚，直至赐死，他的子孙后代也被黜革宗籍。虽然在康熙年间部分阿济格后人的境遇已有所缓解，但直至乾隆四十三年（1778），阿济格后裔的宗籍身份才最终得到全面性恢复，重归宗人府管理，系黄带子。可以说，以乾隆四十三年为分水岭，阿济格后裔的地位从边缘再次走向中心，从罪人之后再次跃升为

---

① 瑞联：《宗室贡举备考》，台北：文海出版社，1966年，第113页。

② 何晓芳主编：《满学研究2》，北京：民族出版社，2019年，第30页。

③ 瑞联：《宗室贡举备考》，台北：文海出版社，1966年，第166页。

④ 瑞联：《宗室贡举备考》，台北：文海出版社，1966年，第181页。

⑤ 《清宣宗实录》卷457，北京：中华书局，1986年，第769页。

⑥ 瑞联：《宗室贡举备考》，台北：文海出版社，1966年，第273页。

⑦ 瑞联：《宗室贡举备考》，台北：文海出版社，1966年，第304页。

天潢贵胄。在这一转折下，阿济格的后裔有了更大的出仕和升转的空间，地位得以恢复。道咸以后，一方面，阿济格的后人升补武将，延续先祖开创的事业；另一方面，则通过科举入仕，不仅开启了自身的宦绩，而且维系和延续着阿济格本支家族的声望。通过清代档案中关于阿济格后人的记载，我们可以更加真实地了解这支天潢贵胄的荣辱沉浮。

# 附录4　宗室盛昱著《八旗文经·作者考》旗籍勘误与增补

宗室盛昱，光绪三年（1877）丁丑科二甲第十名进士，馆选翰林院庶吉士。祖父为协办大学士敬征，父为左副都御史恒恩。历任日讲起居注官、詹事府右春坊右庶子、左春坊左庶子、翰林院侍讲、国子监祭酒等职。《清史稿》卷444评价其曰："唯盛昱言不妄发，洁身早退，庶超然无负清誉欤。"王懿荣评价盛昱"品端学邃，识力过人"，在他担任国子监祭酒时曾奏言朝廷，请将盛昱编入国史儒林传内。盛昱著作有《意园文略》《阙特勤碑跋题记》《雪屐寻碑录》《郁华阁遗集》《八旗文经》《镇安县志》等。

## 一

《八旗文经》是盛昱编纂的清代旗人文学集大成之作，涵盖旗人作者197位，文学作品650篇，是研究清代旗人文学不可或缺的史料。学界已经开始重视对《八旗文经》的研究与利用。例如，于景祥和胡佩杰就认为《八旗文经》在清代文学研究方面具有不可替代的特殊价值[1]。韩丽霞则提出《八旗文经》不仅彰显了八旗文运的盛衰，而且其负载的文学价值、所确立的优秀传统作为文学"集体无意识"被后代满族作家所传承[2]。

目前存世的《八旗文经》主要版本是光绪二十七年刻本（共60卷）。其中前56卷为文学作品辑录，第57—59卷为《作者考》，第60卷为《叙录》。虽然盛昱编辑《八旗文经》获得了翰林院编修杨钟羲的襄助，但其中谬误依然不少。例如，卷57载"乾隆四十二年复（多尔衮）封号，赐今谥，配享太庙"。实际上，到乾隆四十三年正月辛未日乾隆帝才降谕旨复睿亲王爵位。[3] 又如，慎靖郡王允禧应为康熙第二十一子，而非原文所载的"第二十二子"；成哲亲王应作"永瑆"非"允瑆"；阿桂曾四次图绘紫光阁，而非卷58所载的三次。[4]以上这些例子反映出《八旗文经》流传于世的光绪刊本存在诸多错误，影响了今人对八旗文学作者的准确认知。因此，本文集中勘订和考辩《八旗文经·作者考》中关于辑录作者旗籍的错误与遗漏23处，以期提升《八旗文经》的准确性。

---

① 于景祥，胡佩杰：《八旗文经四题》，内蒙古民族大学学报（社会科学版）2018年第5期。

② 韩丽霞：《试论〈八旗文经〉的文学价值》，《兰台世界》2012年第12期。

③ 《清高宗实录》卷1048，乾隆四十三年正月辛未日。

④ 聂崇正：《紫光阁功臣中的阿桂像》，《中国历史文物》2008年第6期。

二

《八旗文经·作者考》旗籍信息，笔者勘订如下。

1. 朱延庆，应为汉军镶蓝旗人，非原文所载"汉军镶黄旗"。钱仪吉编纂的《碑传集》卷61《朱延庆传》中记载："延庆，汉军镶蓝旗人，在文馆办事。"①福格撰《听雨丛谈》卷3"江西巡抚"栏中载："朱延庆，汉军镶蓝人。"②《钦定八旗通志》载："朱延庆，汉军镶蓝旗人，顺治五年五月任江西巡抚。"③

2. 甘文焜，应为汉军正蓝旗，非原文所载"汉军正黄旗"。《清史列传》卷6载："甘文焜，其先江西丰城人，后迁沈阳。父应魁，从世祖章皇帝入关，隶正蓝旗汉军。"④《清史稿》卷252载"甘文焜，字炳如，汉军正蓝旗人，其先自丰城徙沈阳"。⑤又，《钦定八旗通志》卷339："甘文焜，汉军正蓝旗人，康熙七年十二月任云贵总督，十二年十二月殉节。"⑥

3. 卞三元，应为汉军镶红旗，原文仅载"隶汉军旗"。《清史列传》卷7载："卞三元，汉军镶红旗人，先世居盖平县。"⑦《听雨丛谈》卷3载"云南贵州总督，卞三元，汉军镶红人。"⑧又，《钦定八旗通志》卷340载："卞三元，汉军镶红旗人顺治十六年正月任贵州巡抚，十八年九月升云贵总督。"⑨

4. 董秉忠，旗籍存疑。原文载"隶汉军正白旗"。但是笔者搜检史料，仅见有记载董秉忠为"辽东东宁卫人"（《钦定盛京通志》卷41）、"奉天人"（《畿辅通志》⑩卷60）、"辽东人"（《畿辅通志·畿辅通志原修姓氏·职官守道》），而在董秉忠所书写的《畿辅通志·畿辅通志原序》中落款为"三韩董秉忠"，不见准确旗属。

5. 黄桂，应为汉军正黄旗，原文仅载"隶汉军旗"。傅泽洪《行水金鉴》载："黄桂，正黄旗人。"⑪《江南通志》卷109载，"黄桂，正黄旗人，官生，康熙十年任（太平府知府）"⑫，"十八年任（驿盐兼巡江宁道）"⑬。

6. 佟世思，应为汉军正蓝旗，非原文所载"汉军镶蓝旗"。《皇朝文献通考》卷233载：

① 钱仪吉：《碑传集》卷61，北京：中华书局，2008年，第1733页。

② 福格：《听雨丛谈》卷3，北京：中华书局，1984年，第66页。

③ 《钦定八旗通志》卷340《八旗大臣题名二·各省巡抚》，钦定四库全书版。

④ 王钟瀚点校：《清史列传》卷6，北京：中华书局，1987年，第378页。

⑤ 赵尔巽等纂：《清史稿》卷252，北京：中华书局，1977年，第9721页。

⑥ 《钦定八旗通志》卷339《八旗大臣题名一·各省总督》，钦定四库全书版。

⑦ 王钟瀚点校：《清史列传》卷7，北京：中华书局，第499页。

⑧ 福格：《听雨丛谈》卷3，第59页。

⑨ 《钦定八旗通志》卷340，八旗大臣题名二·各省巡抚，钦定四库全书版。

⑩ 《畿辅通志》卷60《职官》，钦定四库全书版。

⑪ 傅泽洪：《行水金鉴》卷135，钦定四库全书版，第7页。

⑫ 《江南通志》卷109《职官志·文职十二》，钦定四库全书版，第32页。

⑬ 《江南通志》卷106《职官志·文职八》，钦定四库全书版，第8页。

"世思，字俨若，正蓝旗汉军人。"①《钦定八旗通志》卷120载："佟世思，正蓝旗汉军，以荫生官思恩县知县。"②《四库全书总目提要》载："《与梅堂遗集》十二卷、《耳书》一卷、《鲊话》一卷（江苏巡抚采进本），国朝佟世思撰。世思字俨若，正蓝旗汉军，以荫生官思恩县知县。"③

7. 卓尔堪，旗属存疑，原文仅载"隶汉军旗"。但是，笔者认为卓尔堪旗属存有疑问。例如，《小腆纪传》记载其为"江都人"，编有《遗民诗》十六卷。根据这一记载，不仅作者旗属不清，甚至可能说明卓尔堪非汉军旗人。邓之诚在《清诗纪事初编》里明确指出："近人编《八旗文经》，遂（将卓尔堪）归之汉军，可滋笑噱。"④李广柏曾撰《清初诗人卓尔堪》一文支持邓之诚的观点，认为卓尔堪非汉军旗人。⑤笔者搜检史料，也没有发现有明确记载邓氏旗属的文献，故对邓尔堪旗籍身份存疑。

8. 丁皂保，应为汉军正黄旗包衣，原文缺载内务府身份。《皇朝通志》卷8载："丁皂保正黄旗包衣人，世居辽阳地方，任内务府总管食一品俸，谥'温愨。'"⑥《钦定八旗通志》卷7有记述，原正白旗包衣佐领管领下第一参领第三管领曾经"以丁皂保管理。丁皂保改正黄旗，以尼雅哈管理"⑦。

9. 石芳，应为满洲正红旗，原文仅载"隶满洲旗"。石芳祖上为叶赫那拉布扬古，归附清朝后隶属满洲正红旗，曾任本旗世袭佐领。《钦定八旗通志》卷9"正红旗满洲佐领下·第五参领第十二佐领"下载"察尔器故以其子举人石芳管理"⑧。石芳的叔父赫尔腾、弟富柱与石芳同旗属，曾先后担任正红旗满洲佐领。⑨《八旗文经》卷47所载，石芳为"叔父资政公"所写的《资政大夫佐领兼护军参领丞理护军统领事赫公神道碑文》，可佐证之。

10. 唐岱，应为满洲正蓝旗人，原文仅载"隶满洲旗"。《钦定八旗满洲氏族通谱》卷11"他塔喇氏"载，"巴达巴颜，正蓝旗人，岱图库哈理同族，世居扎库木地方……唐岱袭职"⑩。《读画辑略》载，"唐岱，满洲正蓝旗人，旧系红兰主人宗室蕴端属下"⑪。《清史稿》仅载"唐岱，字毓东，满洲人。康熙中，以荫官参领"⑫。

① 《皇朝文献通考》卷233《经籍考23》，钦定四库全书版。

② 《钦定八旗通志》卷120《艺文志》，钦定四库全书版，第54页。

③ 《四库全书总目提要》卷184，集部三十七，《别集类存目十一》。

④ 邓之诚：《清诗纪事初编》（上册）卷4《甲编中（江南）》，北京：中华书局，1965年，第497页。

⑤ 李广柏：《清初诗人卓尔堪》，《文学遗产》1985年第1期。

⑥ 《皇朝通志》卷8《氏族略》，钦定四库全书版。

⑦ 《钦定八旗通志》卷7《旗分志七·正白旗包衣佐领管领》，钦定四库全书版，第25页。

⑧ 《钦定八旗通志》卷9《旗分志九·八旗佐领九》，钦定四库全书版，第17页。

⑨ 《钦定八旗满洲氏族通谱》卷22，钦定四库全书版，第3页。

⑩ 《钦定八旗满洲氏族通谱》卷11《他塔喇氏》，钦定四库全书本，第11页。

⑪ 唐岱著，周远斌注释：《绘事发微》，济南：山东画报出版社，2012年，第163页。

⑫ 赵尔巽等纂：《清史稿》卷504，第13911页。

11. 陈景元，应为汉军镶红旗，非原文载"汉军正红旗"。《清史稿·文苑二》载，"陈景元，字石闾，汉军镶红旗人"①。《钦定八旗通志》卷120载，"陈景元，镶红旗汉军"②。《四库全书总目提要》卷185载，"《石闾诗》一卷，国朝陈景元撰。景元号石闾，镶红旗汉军"③。

12. 鲍鉁，应为汉军正红旗，原文仅载"隶汉军旗"。鲍鉁，内秘书院大学士鲍承先后裔。《清史稿》载，"（崇德）四年，汉军八旗制定，承先隶正红旗"④。《清诗纪事·康熙朝卷》载，"鲍鉁，字西冈，又字冠亭，号辛浦，号待翁，又号梦崦居士，汉军正红旗人"⑤。

13. 傅泽洪，应为汉军镶红旗，原文仅载"隶汉军旗"。《江南通志》卷106记载，"傅泽洪，镶红旗人，康熙五十六年任（分巡淮扬海道）"⑥。《皇朝文献通考》载，"傅泽洪，字稺君，镶红旗汉军人，官至分巡淮扬道按察副使"⑦。《钦定八旗通志》卷120载，"傅泽洪，镶红旗汉军，官至分巡淮扬道按察司副使"⑧。

14. 黄廷桂，应为汉军镶红旗人，非原文载"汉军镶黄旗"。《清史列传》卷16载，"黄廷桂，汉军镶红旗人"⑨。《清史稿》载，"黄廷桂，字丹崖，汉军镶红旗人"⑩。钱仪吉从《四川通志》中辑录的《武英殿大学士总督四川军务文襄黄公传》载，"黄廷桂，字丹崖，汉军镶红旗人，世袭云骑尉"⑪，可佐证之。

15. 鄂宝，应为满洲镶黄旗人，原文无旗属。《清史稿》卷332载，"鄂宝，鄂谟讬氏，满洲镶黄旗人"⑫。《钦定八旗通志》卷340详细刊载了鄂宝的履历："鄂宝，满洲镶黄旗人。乾隆二十年十月任广西巡抚，二十五年二月降，三十一年十二月任湖北巡抚，三十二年五月调贵州巡抚，十一月仍调湖北巡抚，三十三年二月调福建巡抚，三月调广西巡抚，六月解，九月任山西巡抚，三十六年十月解。"⑬

16. 全德，应为满洲镶黄旗人，原文仅载"隶满洲旗"。《续纂淮关统志·续纂题名》较为详细地记载了全德的旗属和履历，文载："全德满洲镶黄旗人，主事衔带内务府副护军参

---

① 赵尔巽等纂:《清史稿》卷485，第13378页。

② 《钦定八旗通志》卷120《艺文志》，钦定四库全书版，第54页。

③ 《四库全书总目提要》卷185，集部三十八，《别集类存目十二》。

④ 赵尔巽等纂:《清史稿》卷232，第9368页。

⑤ 钱仲联主编:《清诗纪事·康熙朝卷》，南京：江苏古籍出版社，1987年，第3803页。

⑥ 《江南通志》卷106《职官志·文职八》，钦定四库全书版，第18页。

⑦ 《皇朝文献通考》卷223《经籍考十三》，钦定四库全书版。

⑧ 《钦定八旗通志》卷120《艺文志》，钦定四库全书本，第26页。

⑨ 王钟翰点校:《清史列传》卷16，第1171页。

⑩ 赵尔巽等纂:《清史稿》卷323，第10803页。

⑪ 钱仪吉:《碑传集》卷70，第2030页。

⑫ 赵尔巽等纂:《清史稿》卷332，第10964页。

⑬ 《钦定八旗通志》卷340《八旗大臣题名二·各省巡抚》，钦定四库全书版。

领顶翎。四十七年三月二十一日到任，四十九年闰三月二十四日卸事。历任盐政、关差、织造，共三十余年，官至造办处总管。"①

17. 李尧文，应为镶红旗汉军，原文仅载"隶汉军旗"。《钦定八旗通志》卷106《八旗科第题名·历科举人》栏下载"乾隆四十二年丁酉科举人，汉军李尧文，金珪佐领下人"②，而金珪管理的是镶红旗汉军第五参领第五佐领③，因此，李尧文旗属应为镶红旗汉军。

18. 西凌阿，应为满洲正白旗人，原文仅载"满洲人"。《道咸宦海见闻录》载，"西凌阿，字纯斋，郭贝尔氏，满洲正白旗人，官至察哈尔都统"④。《清史稿》载西凌阿的兄长"都兴阿，字直夫，郭尔贝氏，满洲正白旗人……弟西凌阿督师湖北"⑤，又有"西凌阿，都兴阿弟。由拜唐阿授侍卫……累擢察哈尔都统"⑥的记录。

19. 庆格，应为满洲正白旗，原文仅载"旗人"。庆格为哲臣泰佐龄下人，隶属正白旗满洲第五防领第六佐领。⑦

20. 富呢扬阿，应为满洲镶红旗，非原文载"满洲镶黄旗"。《道咸宦海见闻录》载，"富呢扬阿，字海帆，满洲镶红旗人，官至陕甘总督"⑧。《漳州府志》卷12亦载，"富呢扬阿，镶红旗满洲举人，道光元年任（海防汀漳道）"⑨。此外，富呢扬阿的祖父是富明安，其旗籍可佐证富呢扬阿旗属。《枢垣纪略·卷十六·题名二·满州军机章京》载，"富明安字（缺），满洲镶红旗人。乾隆十（缺）年（缺）月由户部主事入直，官至湖广总督，谥'恭恪'"⑩。《清史稿》卷324载"富明安，富察氏，满洲镶红旗人"⑪，均可佐证富呢扬阿旗属。

21. 瑞常，应为蒙古镶红旗，非原文所载"蒙古镶黄旗"。《清朝进士题名录》辑录有道光十二年二甲第七名"瑞常，镶红旗蒙古人"⑫。《清史稿》卷389载，"瑞常，字芝生，石尔德特氏，蒙古镶红旗人，杭州驻防"⑬。《旧典备征》卷4载，"叠掌文衡"载"蒙古镶红旗瑞

① 《续纂淮关统志》卷8《续纂题名》，光绪七年刻本，第1页。
② 《钦定八旗通志》卷106《选举志五·八旗科第题名三·历科举人二》，钦定四库全书版，第31页。
③ 《钦定八旗通志》卷27《旗分志二十七》，钦定四库全书版，第20页。
④ 张集馨：《道咸宦海见闻录》，咸丰五年（1855），北京：中华书局，1981年版，第164页。
⑤ 赵尔巽等纂：《清史稿》卷417，第12093页。
⑥ 赵尔巽等纂：《清史稿》卷417，第12097页。
⑦ 台北故宫博物院图书文献处藏：《清代宫中档奏折及军机处档折件》，第404004612号；台北故宫博物院图书文献处藏：《清代宫中档奏折及军机处档折件》，第404011381号。
⑧ 张集馨：《道咸宦海见闻录》，咸丰七年，北京，中华书局，1981年，第212页。
⑨ 沈定均修，吴联熏增纂：《漳州府志》卷12《秩官四·国朝历官》，光绪朝刻本，第4页。
⑩ 梁章钜：《枢垣纪略》卷16，北京：中华书局，1984年，第170页。
⑪ 赵尔巽等纂：《清史稿》卷324，第10831页。
⑫ 江庆柏：《清朝进士题名录》中册，北京：中华书局，2007年，第864页。
⑬ 赵尔巽等纂：《清史稿》卷389，第11723页。

常，道光壬辰进士，八典乡试"①。

22. 宝鋆，应为满洲镶白旗人，非原文所载"满洲正白旗"。《清史稿》卷386载，"宝鋆，字佩蘅，索绰络氏，满洲镶白旗人，世居吉林，道光十八年进士"②。《清史列传》卷52亦载，"宝鋆，索绰络氏，满洲镶白旗人"③。又见道光十八年进士题名录二甲第四十二名进士，载"宝鋆，镶白旗满洲人"④。

23. 边宝泉，应为镶红旗汉军，非原文所载"隶正红旗汉军"。《清史稿》448载，"边宝泉，字润民，汉军镶红旗人。同治二年进士，授编修"⑤。又见《清朝进士题名录》，同治二年二甲第七名进士边宝泉，"镶红旗汉军人"⑥。《清史列传》载，"边宝泉，镶红旗汉军人。同治二年进士，改翰林院庶吉士"⑦。

---

① 朱彭寿:《旧典备征》卷4，北京：中华书局，1982年，第109页。
② 赵尔巽等纂:《清史稿》卷386，第11696页。
③ 王钟瀚点校:《清史列传》卷52，第4124页。
④ 江庆柏:《清朝进士题名录》中册，第909页。
⑤ 赵尔巽等纂:《清史稿》卷448，第12521页。
⑥ 江庆柏:《清朝进士题名录》中册，第1041页。
⑦ 王钟瀚点校:《清史列传》卷62，第4927页。

# 主要参考文献

## 一、各类出版文献

1.《大清会典》（乾隆朝），南京：凤凰出版社，2018年.

2.《皇朝通志》，钦定四库全书本。

3.《清实录》，北京：中华书局，1985—1986年。

4.《钦定八旗通志》，钦定四库全书本。

5.《钦定八旗满洲氏族通谱》，钦定四库全书本。

6.《钦定大清会典事例》（光绪朝），北京：中华书局，1991年。

7.《钦定宗室王公功绩表传》，钦定四库全书本。

8.（清）福格:《听雨丛谈》，北京：中华书局，1984年。

9.（清）奎润:《钦定科场条例》，长沙：岳麓书社，2020年。

10.（清）梁章钜:《枢垣纪略》，北京：中华书局，1984年。

11.（清）钱仪吉:《碑传集》，北京：中华书局，2008年。

12.（清）瑞联:《宗室贡举备考》，台北：文海出版社，1969年。

13.（清）徐珂:《清稗类钞》，北京：中华书局，1984年。

14.（清）张集馨:《道咸宦海见闻录》，北京：中华书局，1981年。

15.（清）昭梿:《啸亭杂录》，北京：中华书局，1980年。

16.（清）赵尔巽等纂:《清史稿》，北京：中华书局，1977年。

17.（清）朱彭寿:《旧典备征》，北京：中华书局，1982年。

18.唐邦治辑:《清皇室四谱》，台北：文海出版社，1966年。

19.王钟瀚点校:《清史列传》，北京：中华书局，1987年。

20.中国第一历史档案馆编:《乾隆朝上谕档》，北京：中国档案出版社，1991年。

21.中国第一历史档案馆编:《嘉庆道光两朝上谕档》，桂林：广西师范大学出版社，2000年。

22.中国第一历史档案馆编:《中国第一历史档案馆馆藏档案全宗概述》，北京：国家图书馆出版社，2023年。

## 二、今人研究

1.［美］本杰明·艾尔曼:《晚期帝制中国的科举文化史》,北京:社会科学文献出版社,2022年。

2.［日］宫崎市定:《科举史》,郑州:大象出版社,2020年。

3.江庆柏:《清朝进士题名录》,北京:中华书局,2007年。

4.李立民:《清代宗学、科举与宗室知识精英的社会认同——兼论新清史"满洲认同"的转向问题》,《北京社会科学》2020年第9期。

5.李世愉、胡平:《中国科举制度通史·清代卷》,上海:上海人民出版社,2015年。

6.李世愉:《清代科举制度考辩》,沈阳:沈阳出版社,2005年。

7.马子木:《论清朝翻译科举的形成与发展(1723—1850)》,《清史研究》2014年第3期。

8.商衍鎏:《清代科举考试述录及有关著作》,天津:百花文艺出版社,2004年。

9.王凯旋:《试论清代八旗科举的宗室教育与考试》,《辽宁师范大学学报》(社会科学版)2011年第6期。

10.王日根:《中国科举通史·清代卷》,北京:人民出版社,2020年。

11.王学深:《清代宗室进士》,《紫禁城》2011年第12期。

12.王学深:《清代殿试阅卷标识符号释义》,《历史档案》2017年第2期。

13.王学深:《清代近支宗室赐名考论》,《北京社会科学》2021年第6期。

14.王学深:《清代科举制度史论稿》,北京:中国政法大学出版社,2024年。

15.吴吉远:《清代宗室科举制度刍议》,《史学月刊》1995年第5期。

16.张杰:《清代科举家族》,北京:社会科学文献出版社,2003年。

17.邹长清:《清代宗室乡会试覆试制度研究》,《广西师范大学学报》(哲学社会科学版)2015年第2期。

《宗室贡举备考》书影

宗室貢舉

備攷

宗室世系

顯祖宣皇帝

宗室世系

第二子多羅誠毅勇壯貝勒 諱 穆爾哈齊

第三子和碩莊親王 諱 舒爾哈齊

二世和碩鄭獻親王 諱 濟爾哈朗

太祖高皇帝

第一子廣略貝勒 諱 褚英

第二子和碩禮烈親王 諱 代善

---

第三子鎮國勤敏公 諱 阿拜

第六子輔國愨厚公 諱 塔拜

第七子和碩饒餘敏親王 諱 阿巴泰

第九子鎮國恪僖公 諱 巴布泰

第十二子原封和碩英親王 諱 阿濟格

第十三子輔國介直公 諱 賴慕布

第十四子和碩睿忠親王 諱 多爾袞

第十五子和碩豫通親王 諱 多鐸

太宗文皇帝
第一子和碩肅武親王諱豪格
世祖章皇帝
第六子鎮國慤厚公諱高塞
第二子和碩裕憲親王諱福全
第五子和碩恭親王諱常顈
聖祖仁皇帝
第一子原封多羅直郡王諱允禔

第二子和碩理密親王諱允礽
第三子多羅誠隱郡王諱允祉
第五子和碩恆溫親王諱允祺
第七子和碩淳度親王諱允祐
第九子原封固山貝子諱允禟
第十子原封多羅敦郡王諱允䄉
第十四子多羅恂勤郡王諱允禵
第十五子多羅愉恪郡王諱允禑

第二十三子郡王銜多羅誠貝勒 諱 允祁

第二十四子和碩諴恪親王 諱 允秘

世宗憲皇帝

第五子和碩和恭親王 諱 弘晝

高宗純皇帝

第三子多羅循郡王 諱 永璋

宗室王貝勒後裔並無科目者不載俟中式有

人再行補入

康熙朝与乾隆朝谕旨

康熙三十六年

諭宗室子弟有能力學屬文應令一體應試編號取中

於三十八年己卯科鄉試一次旋即停止

乾隆九年宗人府議准請

欽命大臣合試左右翼學生凡本年考取一二等及往年考取一等並在家肄業願觀光者咸准與考

拔取佳卷進呈

御覽恭候

欽定名次由府引

見以會試中式註冊竢禮部會試之年習繙譯者與八旗繙譯貢士同引

見

賜進士以府屬額外主事用習漢文者與天下貢士同

殿試

賜進士甲第有差十七年奉

旨停止

《宗室贡举备考》嘉庆四年谕旨

嘉慶四年奉

上諭宗室向有會試之例後經停止敬惟

皇考聖意原因宗室當嫻習騎射以存滿洲舊俗恐其

專攻文藝沾染漢人習氣轉致弓馬生疎然自當仍

考試以後騎射亦未能精熟天潢支派繁衍自當停止

准考試廣其登進之路兼可使讀書變化氣質不致

無所執業別生事端且應試之前例應關射馬步箭

方准入場於騎射原不致偏廢舊制宗室均不出鄉

輒徑赴會試未免過優嗣後宗室應考者自辛酉科

為始與生監一體鄉試應定中額著禮部嚴議奏聞

候朕酌定欽此

《宗室贡举备考》跋文

宗室自嘉庆四年

恩准考试迄今将九十年矣正科

恩榜乡会已八十科题名录向无

刻本恐日久无可稽攷无以见宗

室人才之盛即无以见

朝廷教育之隆家存钞本为　先

伯手录道光丙午余逐队观先乡

会榜后按科增钞通籍后即有付

梓之志以宦游未果先绪丁亥夏

闭门养疴乃集门人绵达斋太史

荣晴川孝廉宝琛宝丰两姪分任

编辑余复详加釐定正其讹误补

其闕略體例務歸畫一四閏月而
成書名之曰宗室貢舉備攷於宗
室旗分族分支派輩分別號皆考
證詳明官秩僅載初終省繁也文
衡備書鄉會紀盛也其闈登揆席
躋通顯列鼎甲皆於卷首揭出宗

潢之賢才輩出蒸蒸日上所以沐
雅化而被
恩榮者何其優且渥也考覈掌故
者於此書見
文治昌明寓
裁成於

悼敘之中

湛恩汪濊超越古今宗室中後來

俊彥於此書知科目之榮勵學植

品勉為有用之材以文章報

國則此書為必不可少之書矣鏤

板既成藏於家以便春秋榜發察

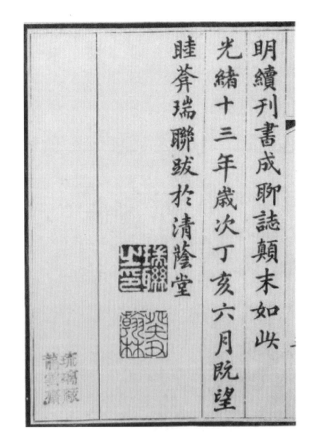

明續刊書成聊誌顛末如此

光緒十三年歲次丁亥六月既望

睦莘瑞聯跋於清蔭堂

《宗室贡举备考》载瑞联功名与家世

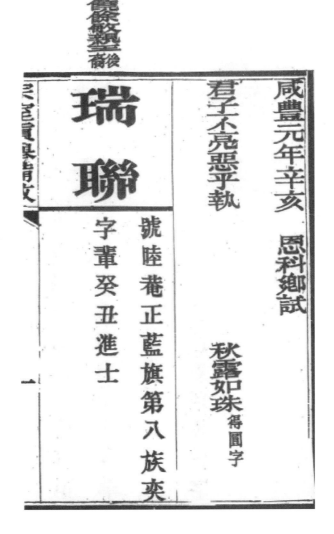

## 嘉庆二十四年乙卯科宗室德诚家世与科名

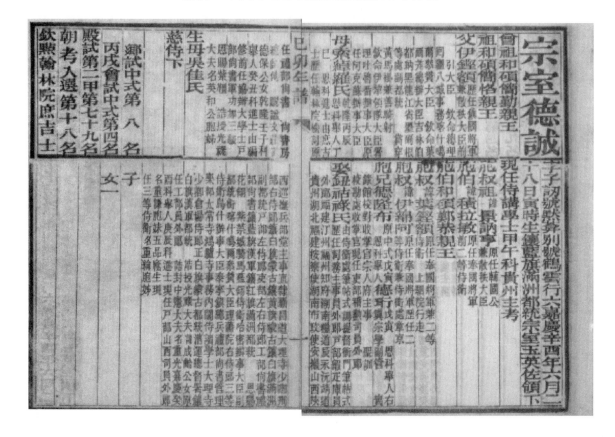

道光二十年庚子恩科直省同年谱

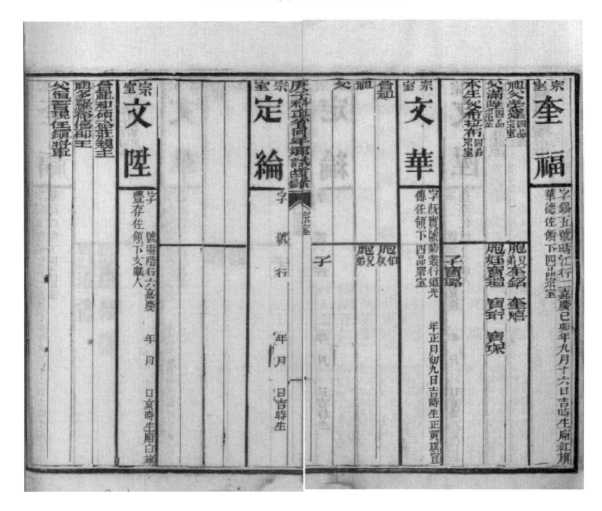

## 道光二十四年甲辰恩科直省同年录

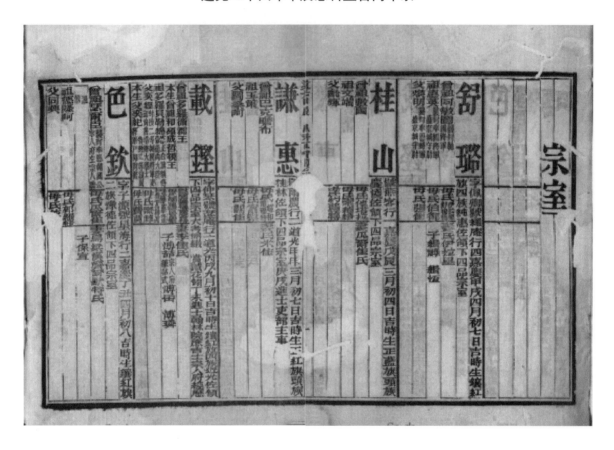

宗室绵文殿试卷

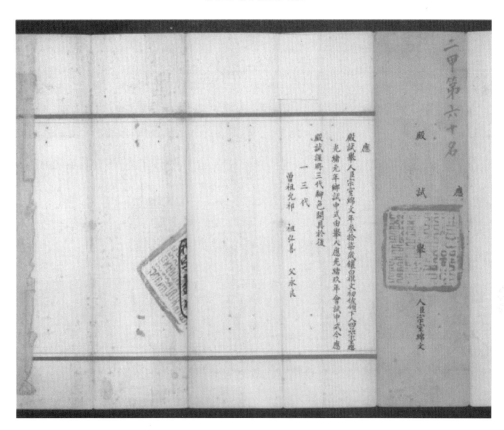

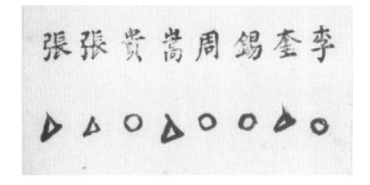

臣對臣聞建中者錫福之原念興者敬修之要宣防者安

瀾之慶釐工者照績之方嫰稽往籍彥書有精一之傳商

書垂念典之訓禹貢秦平成之績周官嚴德正中也以勤

帝王經緯萬端甄陶六合以勒乾行則龍飛獲利也以棊需要

則嘉吏必懲也用是銘盤銘帶百度員馬學詩學禮六籍

披幕既陂既道九宅安馬如堂登諸仁壽者悟情此道也以欽惟

皇帝陛下撫圖贊化握鏡調元合九有以同風奉三無而出治

六幕陶鑄二儀合斯世而威登諸仁壽者悟此道也以欽惟

聖懷沖挹猶切吾詢樂衆聽之無遺思通言之疑寮進臣等於

廷而策以聖學經衛河防吏治諸大政臣學熟識隨露

寬體要未諳遠素所詡當言路廣開之會幸值對揚伊

始之時散不敬遠素所詡者以效料獻之一得乎伏讀

制策有曰治法肇於唐虞所開而因求首聖微言

往哲緒論此誠正位凝命之大原也臣惟二帝三王之治

本於道二帝三王之道本於心原其心法之昭垂要不外

一中授受故兄曰執中舜曰執中湯曰建中之一言

實千聖所肇易而觀致中和之義則又以見聖

功王道理本同原治統心傳道無二致也朱子謂大學自

格致誠正以至修齊治平始終不外乎敬中庸自中和位

育極之聖神功化樞紐不外乎誠是二書者不誠祖禹

治法之全而一以貫之歟後世有言治者唐太宗之帝範

之帝學真德秀之心經政經以及張蘊古孝德裕所著大

實升宸藏諸藏其言皆源必切著明足費法戒真德秀作大學

衍義四十三卷綱摹四條彙在正本清源揭為學之要故

略治平而不言明邸濬以正朝廷成功化等目補之於是

明體達用之學極為詳備夫道徹於往聖垂成矩於來

茲學必切於身心斯為有稗此道也所由懇之

夫說經之旨此實致紫源於漢微言具自漢而經學昌明因詳考

士之衡春秋乃象韓起觀書論其文全書受易於

人立其極考說經立博士之官而前代諸

孔門而師附魯橋姓名不無互異田何傳易於於木而又

辭蒙彖義理自有同源至如子夏景詩學之傳而學仲與

毛公其承於四傳者可溯也左氏習春秋之訓而嘗中至

張蒼其承於八傳者可溯后倉說禮戴氏實親得其口

授究其所出豈必率克之道留后倉說禮戴氏實親得其口

心傳推其所終豈止康成之夏釋人自為說家自為言固

已炳如日星柳亦浩如江海矣漢立博士之官而前代諸

家不復更存其說家極師儒之盛而當時碩彥實能咨置

其長程張關周易之精學業者既洞悉其本末朱子釋詩

禮之義入室者亦貫徹其始終炅黃貢六輪鼓吹牟經已

完陸防之新傳集至詳馬經學大備矣

皇上紹列聖之薪傳最難治與古之治河為異固講明夫緒

制策又以四瀆之水河最難治與古之治河為異固講明夫緒

澤洞為災非獨黃河為害故為以海為水之歸而治河以

通水道所謂導河積石至於龍門者也河至漢元光中注

鉅野通於淮泗武帝槳塞宣防導之北行逮水平中至景修

渠修隄偶合為功自漢至唐尚不為害逮及石晉開運年
閒河始汛溢淹没汴濮單鄆五州境自北而東宋元豐後
日趨於南中牟以下奪泗徐州以下奪泗清口以下奪淮
而復注海萬迹遠不可徧歐陽修治河三策至今稱之夫
治河之法惟就下之性不可拂而道窒往窒淺之宜不
可違而填其啟閉曰疏曰防其大要也昔郃濟潘季馴
即以通漕河道深通重空潘船北運南濩歲以為常歲
利濟吳第扼清黃之要率有某如高家一堰管清允必慎
加保護石隄雖功費浩繁亦經久之策也昔郃濟李馴
雖各有成法第非明乎地勢因時制宜殆未易言法古也
夫漕糧為天庾正供治河轉運任事者不當深悉方略乎
聖世慶豪安瀾功成作楫桃花無惡鑒于不渡河流圓鷹清矣
制策文以周官六計以廉為本察此誠激濁揚清
之要也臣惟臯陶謨曰知人則哲如重華猶兢兢於重
先舉戒囊勝此三載考績所由黜陟也尚書大傳曰積善
至於明五福以類升故陟之積不善至於幽六極以類降
故黜之必三載者天道三年一周也大戴禮曰官有九用
用有九徵荀悅曰有事考行則考言用勤則考行靜
則考守其即敕納明試之意乎夏嚴貪墨之罰商制殉無
之刑皆以尚廉也周禮六計弊吏善能敬正法辨皆統以
廉鄭氏注六事以廉為本漢考武傅曰與廉業霸傅曰寨
廉四子講德論曰以勵員廉悪本周官遺意夫漢以六條
察二千石若韓延壽斷獄為天下最尹翁歸治溫為三輔
最者代不乏人唐考課叢以四善區以二十七最宋則分
以三等蓋吏之貪廉治亂所係也宋真德秀疏言有位於
朝者以鎮道及門為恥朝廷寄下愧閭里民盈誠知所務矣
橫刻同州詩曰上盖朝廷受任於外者以芑近入都為羞元
要在識治體培國脈庶幾勞民勸相被潤澤而大豐美耳

---

咸朝軫念民依勤求吏治凡中外諸臣孰敢不兢兢自濯磨也哉
若此者勤宵旰以裕登咸闢圖書以綜謨典隄防以慎
利導明黜陟以簡賢良古今莫之與京吳臣尤伏願
皇上天行不息日進無疆本勵精圖治之思臻累洽重熙之盛
冰淵儆念而宥密无懷單心冊府右文而探討尤勤五夜
芻蕘同登而典禮尤崇四瀆堂廉合奠而玫核尤重九能
於以綏景祜逖蕃釐延亙古之上儀煥丕天之大烈則我
國家億萬年有道之長基此矣臣末學新進固識忌譚干冒
宸嚴不勝戰慄隕越之至臣謹對

考卷官

禮部員外郎臣……

禮部郎中臣……

宗室宝熙殿试卷

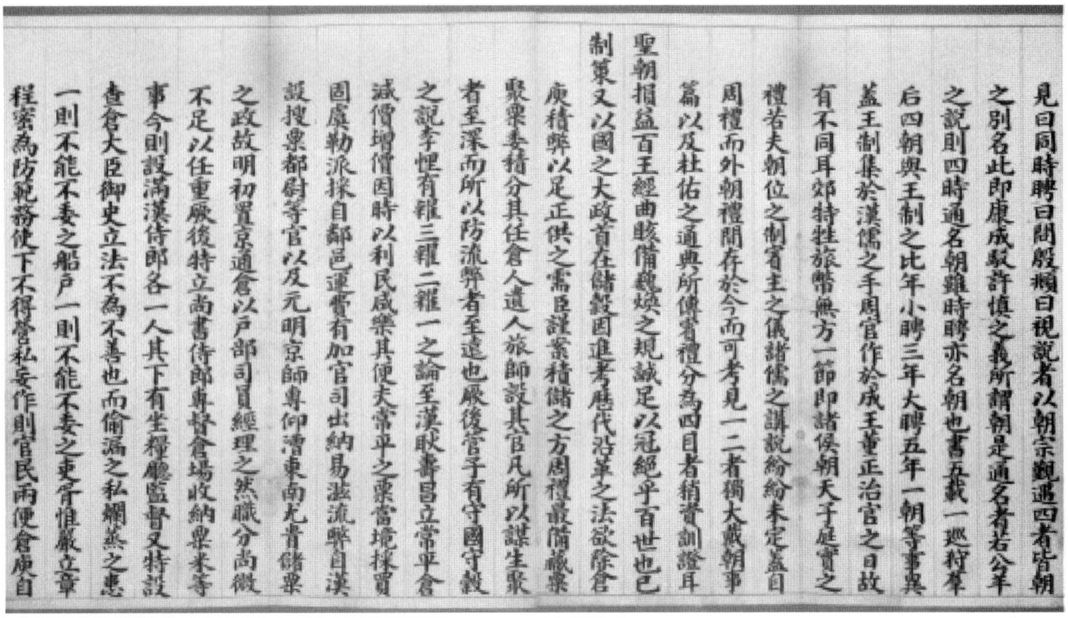

見曰同時聘曰問殷頫曰視說者以朝宗覲遇四者皆朝
之別名此即康成駁許慎之義所謂朝是通名者若公羊
之說則四時通名朝雖時聘亦名朝也書五載一巡狩羣
后四朝與王制之比年小聘三年大聘五年一朝等事異
蓋王制集於漢儒之手周官作於成王董正治官之日故
有不同耳郊特牲旅幣無方一節即諸侯朝天子庭實之
禮若夫朝位之制賓主之儀諸儒之謂說紛紛未定蓋自
周禮而外朝禮間存於今而可考見一二者獨大戴朝事
篇以及杜佑之通典所傳賓禮分為四目者猶資訓證耳
聖朝損益百王經曲賅備巍煥之規誠足以冠絕乎百世也已
制策又以國之大政首在儲穀因進考歷代沿革之法欲除倉
庾積弊以足正供之需臣謹案積儲之方周禮最備藏粟
聚粟委積分其任倉人遺人旅師設其官凡所以謀生聚
者至深而所以防流弊者至遠也厥後管子有守國守穀
之說李悝有糴三糶二糶一之論至漢耿壽昌立常平倉
減價增價因時以利民咸樂其便夫常平之粟當境採買
固廩勒派採自鄰邑運費有加官司出納易滋流弊自漢
設搜粟都尉等官以及元明京師專仰漕東南尤首儲粟
之政故明初置京通倉以戶部司員經理之然職分尚微
不足以任重厥後特立尚書侍郎專督倉場收納粟米等
事今則設滿漢侍郎各一人其下有坐糧廳監督又特設
查倉大臣御史立法不為不善也而偷漏之私爛蒸之患
一則不能不委之船戶一則不能不委之吏胥惟嚴立章
程密為防範務使下不得營私妄作則官民兩便倉廩自

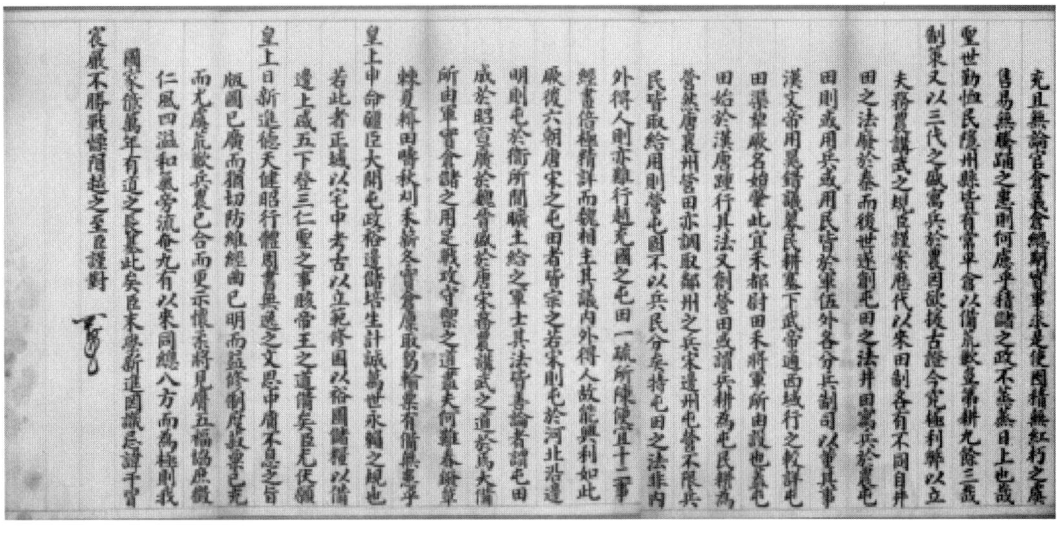

充且無論官倉義倉總期實事求是使國稍無紅朽之虞
閭閻無騰踊之患則何慮乎積儲之政不益蒸蒸日上也哉
聖世勤恤民隱州縣皆有常平倉以備荒歉並籌耕九餘三哉
制策又以三代之盛寓兵於農因欲援古證今究極利弊以立
夫務農講武之規臣謹案歷代以來田制各有不同自井
田之法廢於秦而後世遂創屯田之法井田寓兵於農屯
田則或用兵或用民皆於軍伍外各分兵制司以董其事
漢文帝用晁錯議募民耕塞下武帝通西域行之較詳屯
田渠犁厥名始肇此宜禾都尉田禾將軍所由設也蓋屯
田始於漢唐踵行其法又創營田或謂兵耕為屯民耕為
營然唐襄州營田亦調取鄰州之兵宋遣州屯營不限兵
民皆取給用則營屯固不以兵民分矣特屯田之法非內
外得人則亦難行趙充國之屯田一疏所陳便宜十二事
經畫倍極精詳而魏相主其議內外得人故能興利如此
厥後六朝唐宋之屯田者皆宗之若宋則屯於河北沿邊
明則屯於衛所間曠土給之軍士其法皆善論者謂屯田
成於昭宣廣於魏晉盛於唐宋嘗講武之道於焉大備
所由軍實倉儲之用足戰攻守禦之道益夫何難奉簡章
特是耕田嗜秋刈禾備冬實倉廩取易輸累有備無患乎
皇上中命疆臣大開屯政裕邊儲培生計誠萬世永賴之規也
若此者正域以宅中考古以立範修圖以裕國儲糧以備
邊上感五下登三仁聖之事駿帝王之道備矣臣尤伏願
皇上日新進德天健昭行體周書無逸之文思中庸不息之旨
版圖已廣而猶切防維經畫已明而益修制度敦崇已充
而尤慮荒歉兵農已合而更示懷柔將見膺五福協庶徵
仁風四溢和氣旁流奄九有以來同總八方而為極則我
國家億萬年有道之長實基此矣臣末學新進罔識忌諱干冒
宸嚴不勝戰慄隕越之至臣謹對

部分乡试录封面

部分会试录封面

# 清朝进士题名碑宗室部分选录

乾隆十年进士宗室达麟图

乾隆十三年钦赐翻译进士宗室玉奇

## 道光十二年壬辰恩科进士题名碑

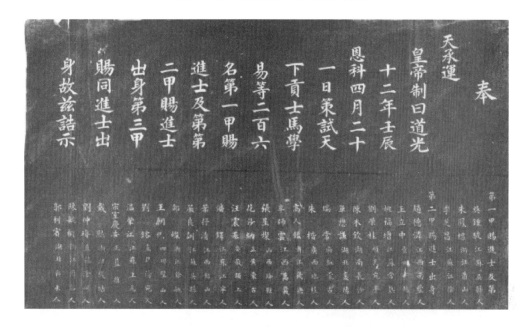

## 道光十三年癸巳科进士题名碑

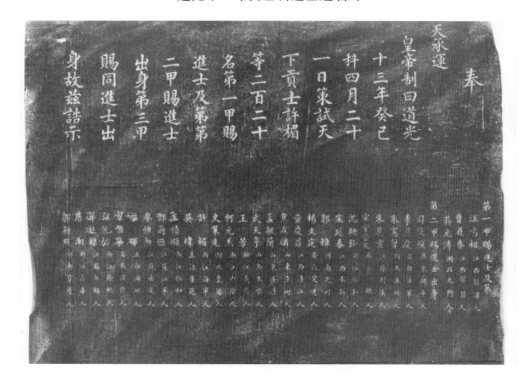

道光十五年乙未科进士题名碑

道光十八年戊戌科进士题名碑

## 道光二十四年甲辰科进士题名碑

## 咸丰六年丙辰科进士题名碑

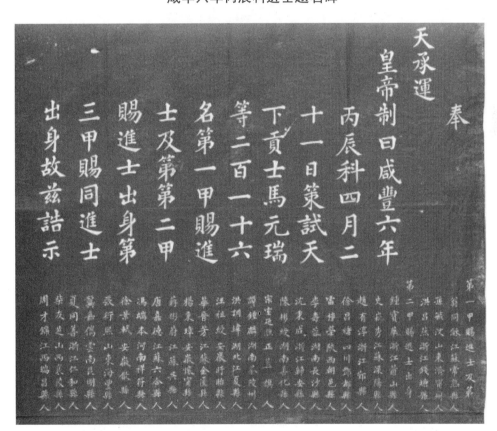

## 咸丰十年庚申恩科进士题名碑

## 咸丰六年丙辰科进士题名碑

## 同治元年壬戌科进士题名碑

## 同治四年乙丑科进士题名碑

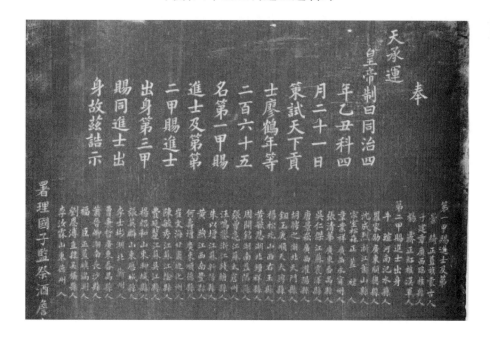

光绪九年癸未科进士题名碑

光绪九年癸未科进士题名碑